Rea Brändle · Nayo Bruce

Rea Brändle

Nayo Bruce

Geschichte einer afrikanischen Familie in Europa

Weitere Informationen zum Verlagsprogramm:
www.chronos-verlag.ch

Umschlaggestaltung: Thea Sautter, Zürich
Buchumschlag unter Verwendung eines Porträts des J. C. Nayo Bruce und zwei weiteren Fotos (Familienbesitz Emanuel Bruce, Deutsche Kolonialzeitung, Familienbesitz Regina Grisar).

ISBN 978-3-0340-0868-6

Inhalt

Prolog

Von weit her sehe ich ihn über die Piazza kommen, die linke Schulter nach vorn gestreckt, um besser vorwärts zu kommen und nirgends anzustossen im Gedränge. So schiebt er sich durch die Menschenmenge, ein auffallend schöner Mann, geht zügigen Schrittes zur nächsten Strassenkreuzung und verschwindet in einem der hohen Eckhäuser. *Per i Beni e le Attività Culturali* steht über dem Portal, das hört sich wie eine Einladung an, ins Haus hineinzugehen, vorbei am Portier in den oberen Stock, um nach ihm zu fragen.
Signore Bruce? Nayo Bruce, wer soll das sein? So wird man da zurückfragen und ungerührt in den Papieren weiterblättern. Ministerialbeamte haben Berge von Akten zu bearbeiten und können sich beim besten Willen nicht um jeden Hergelaufenen kümmern. Also bliebe mir nichts anderes übrig, als weitere Archivschachteln zu bestellen anhand der langen Listen auf dem Bildschirm. Oder in einen der altmodischen Zettelkästen hineinzumurmeln: Ich weiss, dass du da bist, Nayo Bruce.
In solchen Situationen duze ich ihn.
Vor lauter Papier habe ich ihn oft aus den Augen verloren, dann plötzlich taucht er wieder auf, in der Nähe von Bahnhöfen meistens. Wenn ich auf Reisen bin, legt er neue Fährten aus, nach Budapest, London, Dorbirn, Breda, Ludwigslust und Riga. Währenddessen stapeln sich zuhause im Briefkasten die Couverts. Die dünnen Umschläge enthalten abschlägige Bescheide, also halte ich mich an die dicken: Fundstücke aus Düsseldorf, Turin, Plauen und ein viel versprechender Hinweis aus Dortmund, der auf weitere Spuren führt, nach Hamburg, Gommern und Den Haag. Also beginnt man die nächsten Schritte zu planen, zuversichtlich, dass sie diesmal nicht in einer Sackgasse enden.
Auch eine Freundin aus Deutschland hat geschrieben. Es erstaune sie nicht, dass die Suche mühselig verlaufe, schreibt sie, vielmehr wundere sie sich darüber, wie viele Lebenszeichen ein Mensch wie Nayo Bruce hinterlassen könne, in Ämtern, Archiven, Bibliotheken, auch noch hundert Jahre nach seinem Tod.
Soviel also ist tatsächlich festzuhalten: J. C. Nayo Bruce, Schausteller von Beruf und nicht mehr ganz jung, bereiste mit seiner Familie und einem Showunternehmen weite Teile Europas. Auf einer heutigen Landkarte wären dies fast zwei Dutzend verschiedener Staaten. Über zwanzig Jahre war er unterwegs, auf einer Tournee mit zahllosen Stationen, bis zu seinem Tod am 3. März 1919

irgendwo in Eurasien. Auf dieser Reise kamen dreizehn Kinder zur Welt: in Rom, Elberfeld, Bern, Kaltenkirchen, Brüssel, Bordeaux, London, Sint-Niklaas, Liège, Dortmund, Berlin-Niederschönhausen, Kiew und Baku. Aufgewachsen in Deutschland und in der Sowjetunion und später teilweise in Afrika lebend, sind die Bruce-Kinder im Lauf ihres Lebens mit den folgenreichsten politischen Bewegungen des 20. Jahrhunderts in Berührung gekommen: Kommunismus, Nationalsozialismus, Entkolonialisierung.

Insofern erzählt mein Buch eine wahre Geschichte. Es ist eine Recherche, genau genommen, mit zahlreichen Lücken, weissen Flecken, offenen Fragen und einem Vorsatz: Ich habe versucht, die vielen Fundstücke wiederzugeben, ohne die Leerstellen auszumalen, Zusätzliches hinzuzudichten und das Ganze auszuschmücken. J. C. Nayo Bruce soll nicht zu einer Fiktion werden, seine Geschichte ist auch so schon unglaublich genug.

Die Quellen werden nachgewiesen. Im Anhang sind zudem meine Fundstücke über die Familie Bruce übersichtlich versammelt. Im Text selbst habe ich auf die übliche Schreibweise mit angeführten Zitaten und Anmerkungen verzichtet. Dieses etwas ungewöhnliche Vorgehen drängte sich auf, um die rassistischen und bürokratischen Formulierungen der historischen Dokumente nicht jedes Mal in vollem Umfang repetieren (oder sie als Auslassungen kennzeichnen) und kommentieren zu müssen.

Im Übrigen will ich gerne zugeben, dass mich die Lücken auch freuen. Die Vorstellung, dass die Familie Bruce immer wieder der Bürokratie entschlüpfen und ein paar Geheimnisse für sich behalten konnte. Dass insbesondere Nayo es fertig brachte, eigene Listen zu entwickeln, eine gewisse Schlitzohrigkeit auch, die für Emigranten seit jeher überlebenswichtig ist.

Ganz besonders würde mich freuen, wenn seine Geschichte weitererzählt würde, vervollständigt, auch aus afrikanischer Sicht, wie sie mir als Schweizerin aus nahe liegenden Gründen nicht möglich ist.

Teil I

Die Europareise des Prinzen Nayo

«Solange ein Kopf da ist, setzt man den Hut nicht dem Knie auf»

Aus der Zeit um 1900 sind allein für Berlin zwanzig Völkerschauen nachzuweisen, mehrere Dutzend dieser so genannt exotischen Spektakel in Deutschland, zahllos in ganz Europa: die Zurschaustellungen halbnackter Menschen aus entlegenen Erdteilen. So gesehen sind die Auftritte einer Togotruppe mit Kriegsgesängen, Säbeltänzen und Trommelwirbeln keine Sensation. Hervorzuheben wären allenfalls die ungewöhnliche lange Dauer ihrer Tournee und die Fähigkeit, sich an den wandelnden Geschmack eines internationalen Publikums anzupassen, beides aber nicht die ausschlaggebenden Gründe, sich mit einem einzigen Gastspielunternehmen zu beschäftigen. Exotisch ist etwas anderes: Dass es einem Afrikaner gelungen ist, jahrelang ein Showunternehmen auf eigene Rechnung zu führen. Und dass er, J. C. Nayo Bruce, im Unterschied zu den meisten Teilnehmern von Völkerschauen von Anfang an wusste, worauf er sich einlassen würde, als er 1898 zu seiner Europatournee aufbrach. Mehrmals schon war er zuvor in Deutschland gewesen und dabei aus verschiedenen Blickwinkeln mit dem Schaugewerbe vertraut geworden.

Als Statist zunächst ist er ins Völkerschauenmetier hineingerutscht: einer jener vier namenlosen jungen Afrikaner, die 1889/90 während mehreren Wochen mit Dr. Ernst Henrici auf einer Goodwilltour durch Deutschland reisen. Es ist eine Werbekampagne mit dem Ziel, zahlungskräftige Investoren für ein Plantageprojekt der neu gegründeten Deutschen Togogesellschaft zu finden. Die Auditorien in Hamburg und Berlin sind überfüllt, stumm stehen die vier Afrikaner auf dem Podest neben dem Rednerpult, während Dr. Henrici sein Unternehmen anpreist, die fruchtbaren Böden im Hinterland von Togo, das wirtschaftliche Entwicklungspotential der neuen Kolonie, gewinnträchtige Exportmöglichkeiten in allernächster Zukunft.
Solange ein Kopf da ist, setzt man den Hut nicht dem Knie auf, sagt ein Sprichwort in Togo, und da weiss man auch: Die Krabbe hat den Kopf verloren, weil sie zu viel Freundschaft pflegte. In diesem Sinn hat der aufmerksame Statist bei seinen ersten Auftritten in Deutschland wohl einiges kapiert und sich im Umgang mit Autoritäten angewöhnt, von seiner Herkunft nur bruchstückweise zu erzählen, in verschiedenen Deutungsnuancen und zurückhaltend, was Angaben zur eigenen Person betrifft.

Dies also muss fürs erste genügen: Prinz Nayo, Sohn eines Königs, der zugleich ein Händler war; als Kind die Schule der Bremer Missionare in Keta besucht, desgleichen in Accra den Unterricht der Wesleyaner aus England, dort mit sechzehn Jahren nach methodistischem Ritus getauft worden, auf die Namen John Calvert. Seither nennt er sich J. C. Bruce.
Bei den Christen jedenfalls hat er lesen und schreiben gelernt, sich auch praktische Kenntnisse in europäischen Umgangsformen, Rechnen, Allgemeinwissen und Fremdsprachen erworben. Inzwischen spricht er Ewe, Mina, Twi, Kwa, Joruba, Englisch und ein rudimentäres Deutsch. Dies befähigt ihn zum Dolmetschen, einem gesuchten Beruf, seit die europäischen Kolonialmächte sich um die westafrikanische Küste streiten. Und was er sich im Dienste der Engländer angeeignet hat, sein Knowhow als Diplomatic Agent, ist auch bei den Deutschen sehr gefragt. Eine Zeit lang begleitete er den Sprachwissenschaftler Rudolf Prietze bei linguistischen Feldforschungen im Ewe-Gebiet am Togosee, jetzt arbeitet er für Dr. Henrici und sieht sich nach neuen Aufgaben um.
Wenige Monate nach dem Europabesuch wechselt J. C. Nayo Bruce zur deutschen Kolonialverwaltung in Sebbe bei Anecho. Er soll als politischer Agent tätig werden, und kaum hat er mit der Arbeit begonnen, wird August Köhler als neuer Gouverneur nach Togo berufen. Fast gleichzeitig trifft aus Deutschland ein Schreiben ein, mit der Aufforderung, man möge sich Gedanken machen, wie das deutsche Togoland an einer grossen Ausstellung in Berlin-Treptow einem Massenpublikum einnehmend präsentiert werden könnte. Nun wird J. C. Bruce zu einer treibenden Kraft. Durchaus denkbar, dass er sich beraten liess von einem jener acht gleichaltrigen Männern aus Anecho, die ein paar Jahre zuvor im Kristallpalast von Leipzig aufgetreten waren, ebenso in Hamburg, Hannover, Magdeburg und Braunschweig. Vielleicht hatte er auf seiner Deutschlandreise mit Ernst Henrici auch selber eine Völkerschau besucht – jedenfalls überrascht er im Juli 1895 den ethnographisch wenig bewanderten Gouverneur Köhler mit einem weit gediehenen Plan. Vierzig Personen seien mit ihm nach Berlin an die Ausstellung zu schicken, so schlägt er vor, ein Netzmacher, zwei Weber mit Webstühlen, ein Grasflechter, ein Netzmacher, ein Goldschmied, vierzehn Krieger, zwanzig junge Tänzerinnen und namentlich sein Neffe Kuevi Gabba, der sich Samuel Garber nennt, seit er ein paar Jahre in Berlin verbracht und dort eine Schusterlehre gemacht hat. Auch einen Kostenvoranschlag kann Bruce dem Gouverneur unterbreiten. Demnach wären jeder Frau monatlich dreissig Mark zu bezahlen, den Männern je vierzig Mark, dem

Neffen Garber das Dreifache und ihm monatlich hundertfünfzig Mark, plus das Privileg, in einer Schiffskabine zweiter Klasse zu reisen statt auf offenem Deck wie gemeinhin die Neger. Dazu kämen Auslagen für die Kostüme, Kulissen und Requisiten, freie Verpflegung und Unterkunft in Deutschland, zudem das Recht auf die Einnahmen aus dem Souvenirverkauf und freie Rückkehr nach Togo. Allen Beteiligten müssten zwei Monatslöhne als Vorschuss bezahlt und schon jetzt aus Berlin unverzüglich vierzig wollene Unterjacken, Unterhosen und Socken als Reisebekleidung geliefert werden.
Von diesem Budget wird freilich noch einiges abgezwackt, vor allem bei den Gagen. Im Prinzip aber kann Bruce den Gouverneur und dessen Vorgesetzte in Deutschland davon überzeugen, dass Qualität eben ihren Preis hat. Zudem beginnt die Zeit zu drängen, will man pünktlich zur Ausstellungseröffnung am 1. Mai 1896 in Berlin eintreffen.

Eine Weltausstellung hätte es ursprünglich werden sollen, im Treptower Park an der Spree, von ansässigen Exportfirmen angeregt, in der Absicht, dem Ausland die wirtschaftliche Potenz Berlins vor Augen zu führen. Weil aber die rivalisierenden regionaldeutschen Handelskammern, höflich um Mitfinanzierung ersucht, anstelle eines international ausgerichteten Prestigeprojekts lieber eine vaterländische Schau veranstalten wollten, ein Abbild des provinziellen Gewerbefleisses sozusagen, galt es für das Auswärtige Amt und die adeligen Vertreter im Ehrenpräsidium an Glanz zu retten, was zu retten war. Sie hatten deshalb, als Sonderabteilung der Gewerbeschau, eine integrierte Kolonialausstellung lanciert. Sie wurde zur Publikumsattraktion einer patriotischen Veranstaltung. Man stelle sich vor: Fünf so genannte Eingeborenendörfer an einem künstlichen Teich, ein jedes steht für eine der deutschen Kolonien. Über hundert Personen sind als *unsere schwarzen Landsleute* im Einsatz, Tag für Tag damit beschäftigt, ländlichen Alltag zu mimen und den Besucherscharen zu festgelegten Zeiten eine primitive Lebensweise vorzuführen. Fünfeinhalb Monate lang soll das so weitergehen, auf einem Terrain, das in seiner Putzigkeit an einen Weltkurort erinnert, zehnfach grossartiger als Wiesbaden oder Karlsbad und umgeben von der gewaltigsten Kraft und raffiniertesten Eleganz moderner Industrie, wie der Theaterkritiker Alfred Kerr in seinem Zeitungsbericht anmerkt.
Aus Togo sind sechsundzwanzig Personen angereist, fünfzehn Männer, zehn Frauen und ein Kind. Es ist die grösste Delegation, und ihr Anführer macht bald verschiedentlich von sich reden. Auf der Bühne ist er Prinz Nayo, stumm

Abb. 1: J. C. Nayo Bruce (in der Mitte) mit seinen Ehefrauen Dassi und Ohui Creppy, dem dreijährigen Sohn Kwassi und drei weiteren Mitgliedern seiner Truppe aus Togo, im Sommer 1896 an der Kolonialausstellung in Berlin-Treptow. Aus jeder der fünf deutschen Kolonien wurde ein so genanntes Eingeborenendorf gezeigt, im Bemühen, das Alltagsleben «unserer schwarzen Landsleute» einem Massenpublikum näher zu bringen. Auf dem Schild an der Türe im Hintergrund steht «Eintritt verboten». (Stadt- und Universitätsbibliothek Frankfurt, DKG, 101,3501-05)

im Hintergrund thronend, flankiert von seinen Ehefrauen Ohui und Dassi Creppy. Huldvoll lässt er sich die Aufwartung machen, mit Trommeln und Kalabassen, verfolgt ungerührt das laute Treiben und entscheidet mit blossen Handbewegungen über Leben und Tod seiner singenden, tanzenden Kriegerschar. So will es die Show. Im Zivilleben hingegen ist er, J. C. Bruce, ein umgänglicher und vielseitig interessierter Zeitgenosse. Sein Interview in der «Kölnischen Zeitung» vom 11. Oktober 1896 ist sicher das respektvollste Gespräch, das jemals mit einem Völkerschauenteilnehmer öffentlich geführt wurde, allein das schon ist Grund genug, es hier ausführlich wiederzugeben. Seit längerer Zeit schon, berichtet einleitend der Journalist, bewundere er den *Prus* wegen seiner anmutigen Haltung. Ob er mit einem Kind spiele, seinen Leuten Anweisungen gebe oder weisse Freunde begrüsse, stets tue er dies mit der Würde eines Herrschers und gleichzeitig mit den Manieren eines weltläufigen Gentlemans, ja, in dieser untadeligen Art habe er auch alle Fragen beantwortet. Das Interview sei in englischer Sprache geführt und für die Zeitung wortwörtlich übersetzt worden, wobei man natürlich mit den üblichen Floskeln begonnen habe:

Wie gefällt es Ihnen hier?
Oh, sehr gut, ich bin zufrieden und meine Leute auch.

Was bewog Sie, hierher zu kommen?
Ich hatte ohnedies die Absicht nach Europa zu reisen, da erzählte mir ein weisser Freund, der bei der Regierung angestellt ist, dass in kurzem eine ganze Truppe von uns zur Ausstellung nach Berlin reisen solle; man bot mir an, mich anzuschliessen, und so komme ich hierher.

Sie wären auch ohnedies nach Europa gekommen – warum?
Meine Tochter ist schon seit sieben Jahren hier in einer Schule, und ich wollte sie besuchen. Sie soll alles lernen, was die weissen Mädchen lernen, und ebenso zivilisiert werden wie diese.

Wie war es mit der Seereise: fürchten Ihre Leute sich nicht?
Oh, wir leben ja an der See, viele Schiffe kommen zu uns, meine Leute sind selbst ganz gute Schiffer, und so hatte niemand Furcht vor dem Wasser.

Haben die Togo-Leute nicht heftiges Heimweh?
Oh nein, fast niemand. Viele möchten gerne hier bleiben und das Handwerk, das sie zu Hause treiben, hier noch besser lernen. Es sind unter ihnen Schmiede, Goldarbeiter, Schneider und Tischler.

Behandelt man Sie gut?
Sehr gut, man sorgt in jeder Weise für uns.

Welchen Eindruck macht Ihnen das Land, die Regierung usw.?
Einen sehr guten Eindruck. Was mir besonders hier gefällt, das ist die Gerechtigkeit, die Gesetze, die keinen Unterschied kennen. Das haben wir aber schon in Afrika gewusst, dass die Gesetze der Deutschen gerecht sind, ebenso wie die der Engländer. Bei den Franzosen ist das anders. Wenn da zwei Leute in Streit geraten, erhält gewöhnlich derjenige Recht, der zuerst zum Richter gekommen ist, denn der französische Richter nimmt sich selten die Mühe, einen Fall genau zu untersuchen, und ist der später Kommende gar ein Schwarzer, der sein Recht gegen einen Weissen sucht, so hat er seine Sache von vorneherein verloren. Die Deutschen aber gehen den Dingen auf den Grund, und haben sie das Richtige erkannt, dann gilt ihnen weiss und schwarz gleich. Das ist der Grund, warum wir gern deutsche Untertanen sind. Mit den Franzosen mögen wir nichts zu tun haben; diese sind auch sonst ungerecht gegen uns, und es kommt ihnen gar nicht darauf an, einen Schwarzen wegen eines geringen Vergehens niederzuknallen.

Wie weit ist denn Dahomey von Ihrer Heimat?
Etwa zwei Tagesreisen. Die Deutschen hätten Dahomey auch haben können, denn der König mochte die Deutschen gern, so sehr er die Franzosen hasste, aber es lag ihnen wohl nichts an dem Lande.

Wie ist es mit den Togo-Leuten, die Soldaten geworden sind; sind sie nicht unzufrieden?
Durchaus nicht. Viele wollen gar nicht wieder weg. Wir haben jetzt zweihundert schwarze Soldaten und die Musiker sind auch schwarz.

Sie haben also keinerlei Klage über die Zustände in Togo?
Oh doch, eine Klage hätte ich wohl. Sehen Sie, unsere jungen Leute möchten gern mehr lernen, und das wollen die Deutschen nicht. Sie denken, Lesen und Schreiben ist genug für die Neger, aber es ist nicht genug. Die Engländer lassen ihre schwarzen Untertanen lernen und werden was sie wollen, aber wir werden darin gar nicht unterstützt. Den jungen Leuten, die ich hierher mitgebracht habe, genügt es ja, ein Handwerk zu lernen, aber vielen andern nicht. Viele möchten wirklich studieren: die Rechte oder Medizin. Wir wollen schwarze Advokaten und Ärzte haben.

Das sind aber sehr schwierige und langwierige Studien.

Das tut nichts; mein Neffe hat in England studiert, er ist Bachelor of Arts und wird als Advokat nach Togoland zurückkommen.

Sie haben in Afrika gewiss Reisen in das Innere des Landes gemacht und auch andere schwarze Stämme kennen gelernt?
Oh, ja.

Ist es denn wirklich notwendig, den Neger zu schlagen, zu misshandeln, wie dies so oft von den Weissen geschieht?
(*Nach langer Pause*) Nein, über Afrika kann und will ich nicht sprechen. Sehen Sie, ich bin getauft – seither habe ich alles, was früher geschehen ist, hinter mich geworfen; ich will das Unrecht, das auch mir widerfahren ist, vergessen. Aber eines will ich doch sagen: Von den weissen Jägern und Reisenden, die in den Busch gewandert sind, ist an den Negern viel Schreckliches verübt worden, Dinge, die ich hier nicht wiedererzählen kann. Wir können sie nicht dafür bestrafen, aber Gott wird sie richten!

Wie ist denn die Stimmung im Togoland? Ist dort alles ruhig und zufrieden?
Hm, wenn die Regierung Togoland völlig ruhig und zufrieden sehen will, dann soll sie uns den ... *[von der Zeitung zensiert]* als Gouverneur hinschicken. Der weiss die Schwarzen zu behandeln und ist ein gerechter und guter Mann.

Nun sagen Sie mir auch noch einiges über Sie selbst; wer und was sind Sie in Afrika?
Ich? Ich besitze viel Land. Mein Vater war Händler und Häuptling, oder, wie man bei den Weissen sagt, König von Togoland, und als er starb, folgte ich ihm auf den Throne. Ich habe etwa 2000 Menschen unter meiner Herrschaft, und diese Leute will ich zivilisieren, soweit es in meiner Macht steht. Deshalb habe ich meine Tochter hierher in die Schule geschickt; ich will hier darum bitten, dass man sie Schullehrerin werden lässt, dann soll sie in Togoland die Kinder unterrichten und die Zivilisation verbreiten. Auch meine andern Kinder sollen eine vollständig europäische Erziehung erhalten und nicht so halbzivilisiert bleiben wie ich es bin.

Halten Sie denn die Zivilisation für etwas so Grosses?
Ja, das tue ich. Die Zivilisation ist etwas sehr Grosses, und wer sie unter uns zu verbreiten sucht, dem schulden wir den grössten Dank.

Ich denke, der Neger ist ohne Zivilisation auch glücklich.
Nicht alle, glauben Sie mir, nicht alle. Viele wollen klüger und besser werden, und ich will alles tun, um meinen Landsleuten vorwärts zu helfen. Aber bitte, ehe Sie gehen, geben Sie mir Ihre Adresse; hier ist meine Karte.

J. C. Bruce – wie kommen Sie zu diesem Namen?
Das ist ein schottischer Name. Einer meiner Vorfahren war ein Schotte, ein Nachkomme des schottischen Königs Robert. Er wanderte in Afrika ein, und von ihm stamme ich ab; aber da er und seine Nachkommen immer schwarze Frauen nahmen, bin ich auch ein Schwarzer.

Ist es Ihnen nicht schrecklich, die oft so einfältigen Bemerkungen der Menschen zu hören, die uns umdrängen? Viele glauben geradezu, ein Schwarzer sei kein Mensch. Ärgert Sie das nicht?
Oh nein, ich lasse sie reden. Ist doch der Herr Jesus Christus von unverständigen Menschen verspottet worden, und er war unser Heiland, wie also sollte ich, ein sündiger Mensch, mich über solche Kleinigkeiten erzürnen. Auf baldiges Wiedersehen.

Offensichtlich macht Bruce sich ein Vergnügen daraus, heikle Fragen auf liebenswürdige Weise zu unterlaufen und doch entschieden zu widersprechen, wenn es ihm nötig erscheint. Dies tut er auch in seinen Interventionen gegen die wissenschaftlichen Experimente, die der Anthropologe Felix von Luschan im Auftrag der Ausstellungsleitung durchzuführen hat. Der Sinn solcher Untersuchungen ist ohnehin schwer zu kapieren. Bruce jedenfalls will nicht einsehen, wieso die Frauen aus Togo sich nackt ausziehen sollen, um sich von den anthropologischen Gehilfen mit ihren Messgeräten abtasten zu lassen. Nein, heute sei es zu kalt dafür, sagt er, und morgen wird es sicherlich zu warm sein. Dann wieder sind die Frauen grad unpässlich, leider, am Kochen, am Waschen, beim Essen, oder sonst wie mit dringenden Arbeiten beschäftigt; und statt endlich einen Termin auszuhandeln, erzählt Bruce dem Anthropologen immer wieder die Geschichte der beiden Narben über seinen Backenknochen. Diese habe er selber eingeritzt, um sich unter den Schutz der Götter zu stellen, weil vor seiner Geburt der Mutter zehn Kinder gestorben seien. Mehr möchte er über seine afrikanische Herkunft nicht preisgeben, schon gar nicht einem Wissenschaftler wie Felix von Luschan, der ihn von Kopf bis Fuss zu mustern beginnt und sich in einem fort Notizen macht: Gesicht oval, Stirne sehr breit, hoch, gewölbt; Haar grauschwarz, nicht sehr hart, sehr kraus, Bart fast rein schwarz, die einzelnen Haare sehr dick, fast gerade, Wimpernhaare kurz; Augen gross, gerade, Iris klein, sehr dunkel, Sklera gelblich, Bindehaut stellenweise schmutzig verfärbt, besonders in der Gegend der Lidspalte; Ohren eher gross, Läppchen klein, angewachsen, nicht durchbohrt; Nasenwurzel schmal, Nasenrücken konvex, Nasenlöcher sehr breit, Ohren eher gross, Läppchen nicht angewachsen; Lippen voll, Hände sehr lang und schmal, Fingerspitzen eher flach – so ist wortwörtlich jedes Detail festgehalten, bis hinunter zu den Zehenspitzen, und im «Amtlichen Bericht» der Kolonialausstellung veröffentlicht worden, auf dass man sich aus dem Wust der Informationen den folgenden Reim machen soll: Headman Bruce, ebenmässig gebaut, sehr kräftig und gut ernährt, eine imposante Erscheinung zweifellos und ungewöhnlich intelligent mit seiner Vielsprachigkeit und einem geradezu phänomenalen Personengedächtnis; im Übrigen aber sei der Mann geistig nicht recht im Gleichgewicht, schreibt Felix von Luschan in seinem anthropologischen Gutachten, heillos überfordert wohl vom lebendigen Widerspruch, den sein Studienobjekt aus Togo ihm darbietet. Formell sei Nayo Bruce missioniert und eifriger Protestant, aber er habe mehrere Frauen und sei voller Aberglauben und Furcht vor Zaubereien. Dabei simuliere er oft und tue, als ob er von Fetischen nichts wissen wolle, schreibt Felix von Luschan, und am meisten ärgerte er sich wohl darüber, dass der Headman der Togotruppe seinen Sohn, den dreijährigen Kwassi, als Massaikrieger vor den Fotografen posieren liess. Die Journalisten zogen ihre Schlüsse daraus, ohne dass er, der berühmte Wissenschaftler, sie eines Besseren hätte belehren können.

Selbst in einem Amtlichen Bericht lässt Subversives sich nicht immer vermeiden. In der Absicht, dem kindlichen Wesen der fremden Gäste nachzuspüren, beobachtet Gustav Meinecke das Leben in den Eingeborendörfern beim Einbruch der Dunkelheit, wenn die Publikumsscharen das Ausstellungsgelände verlassen haben. Heimlich schaut er zu, wie die Afrikaner sich vor ihren Hütten beim Kartenspiel vergnügen, deutsche Hymnen üben und sich lustig machen über manches, was ihnen tagsüber an Merkwürdigem aufgefallen ist. Da hat sich einer tatsächlich einen Ring ins Auge geklemmt, als wäre es ein Monokel, seinen Spazierstock schwingend, greift er sich an den imaginären Zylinder, Tagggherrrrdoktorrrr, auf alle Seiten hin grüssend, während auf der Wiese am Karpfenteich eine Gruppe junger Afrikaner sich Arme und Beine verrenkt, die Achtungsstellung übend, ohne dass jemand sie kommandieren müsste.

Ob Nayo Bruce sich an solchen Nebenschauspielen beteiligte, lässt sich nicht rekonstruieren. Offen bleibt auch, wessen Idee es war, das Deutschlandlied an der Kolonialausstellung ins Programm einzubauen, gesungen von einem Mädchenchor aus Togo.

Am 15. Oktober 1896, einem kühlen Herbsttag, ist die Kolonialausstellung im Treptower Park ein letztes Mal zu bewundern, und kaum sind die Tore geschlossen, beginnen die Aufräumarbeiten. Die Binsendörfer werden in Stücke zerlegt, die Requisiten ins Museum für Völkerkunde gebracht, die Menschen zurück in die Kolonien spediert. Nur ein paar Privilegierte haben die Erlaubnis bekommen, zur weiteren Ausbildung in Deutschland zu bleiben. Zu ihnen gehört J. C. Nayo Bruce mit seinen beiden Ehefrauen Ohui und Dassi Creppy; sie wohnen ein paar Wochen an der Beusselstrasse 12 in Moabit. Für Ohui heisst es, Abschied zu nehmen von ihrem Sohn, dem dreijährigen Kwassi. Er soll bei wohlhabenden Pflegeeltern in Berlin aufwachsen. Seine Mutter möchte für immer nach Togo zurückkehren. Vater Nayo wird sie begleiten; doch schon jetzt setzt er alles daran, sein Comeback einzufädeln. Er nutzt den verlängerten Aufenthalt, um künftige Möglichkeiten im Showgewerbe auszuloten, verbindliche Beziehungen mit Veranstaltern zu knüpfen und seine Deutschkenntnisse zu verbessern. Viereinhalb Monate hat er Zeit dazu.

Zum Glück lernt er sehr schnell.

Ein Streit um Postkarten, Seife, Wolldecken und Zwiebeln

Nach der Rückkehr aus Berlin arbeitet J. C. Bruce wieder für die deutsche Kolonialverwaltung in Togo. Als politischer Agent hat er die Dörfer an den Lagunen bei Anecho zu bereisen, damit bei aufkeimenden Unruhen rechtzeitig eingegriffen werden kann. August Köhler verbringt die meiste Zeit im neuen Gouverneurshaus in Lome, wo etwas erhöht über dem Hafen ein kleines Regierungsviertel entstehen soll. Vermutlich ist ihm aus Deutschland längst vom auffälligen Benehmen des Headman Bruce an der Berliner Ausstellung berichtet worden, möglicherweise auch von dessen politisch heiklen Äusserungen über die Kolonien im Interview mit der «Kölnischen Zeitung». Sanktionen aber werden keine erwogen. Gouverneur Köhler wird sich in den Berichten an das Auswärtige Amt darauf herausreden, sein Gewährsmann Bruce sei leider vom Berliner Publikum masslos verwöhnt worden und habe sich deshalb wohl zu ungewöhnlichen Reaktionen hinreissen lassen. Im vertraulicheren Briefwechsel mit Konsul Zimmermann hingegen hatte der Gouverneur schon vor Beginn der Ausstellung durchblicken lassen, dass es Probleme geben könnte. Er mache sich keine Illusionen über die erheuchelte Bescheidenheit des Bruce, auch nicht über dessen schwierigen Charakter, habe ihn aber trotzdem nach Deutschland ziehen lassen müssen, weil er andernfalls riskiert hätte, keinen einzigen Mann für die Ausstellung zu bekommen. Denn mit ihrem starken Einfluss wären Bruce und sein Neffe Garber in der Lage gewesen, alle anderen von einer Reise nach Berlin abzuhalten.

Zuweilen scheint auch ein Gouverneur nicht so mächtig zu sein, wie er es gern wäre. August Köhler jedenfalls wird vor vollendete Tatsachen gestellt, am 26. Februar 1898 in seiner Residenz in Lome, als in einem Telegramm aus Anecho gemeldet wird, soeben habe der Eingeborene J. C. Bruce sich mit einem Gefolge von dreiunddreissig Personen an Bord des Dampfers Lulu Bohlen begeben und werde am nächsten Tag in Lome eintreffen. Hier wird der Sachverhalt näher untersucht. Bruce hat für all seine Leute Schiffsfahrkarten nach Deutschland gekauft, kann zudem einen Arbeitsvertrag mit dem Berliner Passage-Panoptikum und diverse Empfehlungsschreiben aus Deutschland vorweisen. Anstandslos zahlt er die Busse von 318 Mark, die auf Geheiss von Köhler eingezogen wird, gestützt auf eine Verordnung, wonach es Pflicht

gewesen wäre, den Gouverneur persönlich über die Reisepläne zu unterrichten, damit dieser vorrangig die höheren Instanzen in Deutschland hätte informieren können, mit der Empfehlung, das Projekt zu bewilligen, respektive zu verbieten. Jetzt ist es zu spät für derartige Interventionen, zumal auch schon die erforderliche Kaution für die Rückreisekosten bei der international tätigen Hamburger Treuhandfirma Liebau & Witt hinterlegt worden ist, ein Wechsel über 3300 Mark, einbezahlt vom Aktienverein des Passage-Panoptikums (und später für 2900 Mark weiterverkauft an den Schausteller Albert Urbach).
Unbelastet von solch finanztechnischen Finessen reist J. C. Nayo Bruce mit seinen Leuten über Las Palmas nach Hamburg und weiter im Zug nach Berlin, wo am 14. April 1898 seine Produktion im Passage-Panoptikum uraufgeführt werden soll.
Es ist ein kleines Festspiel und zugleich eine ausgewachsene Schau, eingeleitet von den Tänzen der Fetischmädchen und der Erscheinung des Bösen mit Geklapper und Gesang. Es öffnet sich der Vorhang, man sieht den Königspalast, wo ein Konzert zu Ehren des verstorbenen Herrschers Quajovi gegeben wird; auf dem Thron sitzt sein Sohn, Prinz Nayo. Es klirren die Spangen und der Schmuck an den Gürteln, wenn die Männer mit ihren Schwertern zum Kriegstanz ausholen, stampfend laut und lauter, bis das Böse sich zuguterletzt ergeben muss und der Mädchenchor «Deutschland über alles» singt.
Sechsunddreissig Personen sind es diesmal, acht Männer, zwei Kinder und eine Schar junger Frauen, die Prinz Nayo auf der Bühne die Ehre erweisen und sich im Bedarfsfall dezent ins so genannte Amazonencorps einfügen werden. So hat Direktor Albert Urbach sich das ausgedacht. Er führt ein mittelgrosses Unternehmen, zusammen mit seiner Frau und einigen Gehilfen, hat sich längst international im Schaugeschäft etabliert und ist nun seit zweieinhalb Jahren mit dem Amazonencorps unterwegs, den *Wilden Weibern*, wie sie auf den Plakaten genannt werden, einer Truppe von mehr als fünfzig Personen aus dem Innern der französischen Kolonie Dahomey. Daneben nimmt Urbach gelegentlich auch kleinere Formationen unter Vertrag, um für alle Fälle gerüstet zu sein. Denn die Erfahrung hat ihn gelehrt, mit seinen bald fünfzig Jahren, dass man im Sommer nie genug Leute anbieten kann für die beliebten *Negerdörfer* unter freiem Himmel und ähnlich lukrative Grossanlässe in eigens erbauten Ausstellungshallen. Im Winter hingegen fehlt es allerorts an heizbaren Lokalitäten mit Bühnen für Schautruppen solcher Grössenordnung. Also müssen die zuvor fusionierten Ensembles wieder in ihre ursprünglichen Formationen zerlegt und getrennt vorgeführt werden. Solch saisonalbedingte

Abb. 2: Titelblatt des Programmhefts, vierfarbig, von Adolph Friedländer. Das Heft, 1898 von Direktor Albert Urbach herausgegeben, enthält einen siebenseitigen Abriss über «Das Togoland und seine Bewohner von Deutsch-Westafrika», eine Liste aller sechsunddreissig Mitwirkenden (meist nur mit Vornamen) und eine stichwortartige Inhaltsangabe: «Teil 1: Nationaltanz der Fetischmädchen. Erscheinung des Bösen, Fetischtanz und Gesang. Teil 2: Konzert im Palast zu Ehren des Königs Pedro Quajovi. Volkstanz der Männer. Teil 3: Nationalgesänge der Fetischmädchen. Teil 4: Festspiele aus dem Togolande. Kriegstanz mit Tomahawks.» (StAM, Pol. Dir. 1051)

Umstellungen verlangen einiges Organisationsgeschick und verursachen erhebliche Kosten, wenn man den ganzen Winter über pausenlos mit mehreren Kleinformationen unterwegs sein will. Andererseits lassen sich so auch zusätzliche Einnahmen erwirtschaften, und dies wiederum trägt dazu bei, die enormen Gesamtinvestitionen zu amortisieren. Was also ist nahe liegender für einen Unternehmer wie Albert Urbach, als flexibel zu reagieren, wann immer eine gute Gelegenheit dies erfordert?

Auch die Togotruppe hat nach solch bewährtem Muster zu funktionieren. Nach fast sechswöchigem Gastspiel im Berliner Passage-Panoptikum, einem prächtigen Gründerzeitgebäude an der Friedrichstrasse, geht es weiter nach Turin an die Esposizione nazionale. Dort soll die Premiere der Gäste aus Dahomey und Togo bestens geklappt haben, nach den Zeitungsberichten zu schliessen. Auch die weiteren Vorstellungen sind gut besucht, ungeachtet einer wesentlichen Änderung auf der Bühne. Während das Amazonencorps fünf Monate lang auf dem Turiner Ausstellungsgelände stationiert bleibt, hat die Togotruppe eine Extratour zu absolvieren. In Lugano beginnt ihre kleine Gastspielreise quer durch die Schweiz bis Schaffhausen und Abstechern nach Konstanz, Lindau, Kempten und Augsburg. Mehr als ein Dutzend Stationen sind es insgesamt und ausreichend Gelegenheit, die Akzente anders zu setzen. Weil es in Städten wie Luzern, Zürich oder St. Gallen deplaziert wirken würde, *Unsere schwarzen Landsleute* auftreten zu lassen und auf der Bühne den deutschen Kaiser zu besingen, heisst die Truppe hier *Schöne Mädchen vom Togoland*. Die Umbenennung erfordert neues Werbematerial, mithin einen beträchtlichen finanziellen Aufwand. Allein das Gastspiel in der Zürcher Tonhalle koste ihn 700 Franken, nicht zu reden von den 15'000 Franken, die er in die Ausstattung des *Villaggio Dahomey* in Turin investiert habe, erklärt Urbach dem Berichterstatter des Schweizer Organs der reisenden Schausteller. Das muss sich rechnen. Zwölf Wochen dauert das Intermezzo der Togotruppe, mit einundsiebzig Aufführungstagen, ehe sie Anfang Oktober von Biel aus nach Turin zurückspediert wird, wo sie bis zum Abschluss der Esposizione noch einmal anderthalb Monate im Amazonencorps mitzuwirken hat. Rund 115'000 Eintritte sind für Urbachs Attraktion in Turin verkauft worden.

Mittlerweile hat die Wintersaison 1898/99 begonnen, die siebenundachtzig Mitglieder der *Dahomey-Togo-Carovana* sind weiterhin möglichst pausenlos zu beschäftigen. Es folgen längere Verpflichtungen im Cielodromo von Mailand, auf grossen Boulevardbühnen in Bologna und Rom, dann ein Monat ohne Engagement in den Notunterkünften des Römer Ospedale San Giovanni

Abb. 3: «A Ricordo ad Alberto Urbach's Dahomey-Togo-Carovana» lautet der Untertitel dieses Souvenirbilds von der Italientournee im Jahr 1899; J. C. Nayo Bruce sitzt vorn in der Mitte, zur Rechten des Mannes im weissen Gewand. (Sammlung Rea Brändle)

und in der ersten Aprilwoche die Einladung zu einem Gastspiel in einer der Baracken in Santa Lucia, dem Hafenviertel von Neapel. Wegen prekärer Platzverhältnisse muss die Szenerie nach wenigen Tagen abgeräumt werden. Urbach verlegt die Aufführungen kurzerhand ins Freie. Als gewiefter Direktor weiss er auch schwierige Situationen zu meistern. Mit einer Serie von Fotoinseraten aus Italien sorgt er dafür, dass sein Unternehmen im führenden deutschen Fachblatt der Schaustellerbranche präsent bleibt: *Original Dahomey-Togo, zur Zeit grösste Truppe auf Reisen, nur frei für zoologische Gärten und erstklassige Etablissements*, heisst es in der Bildunterschrift, etwas prahlerisch, zumal den potenziellen Veranstaltern nicht entgangen sein dürfte, dass gleichzeitig noch ein paar andere Grossformationen aus Westafrika durch Europa touren. Viktor Bamberger aus Wien bereist mit einer Aschanti-Truppe die deutschen Zoologischen Gärten. Im Eden-Theater von Aachen gastieren die *Dahomey-Amazonen* von John Hood, der in der internationalen Fachpresse, mit ebenso prägnanten Bildannoncen wie Urbach, sein nächstes Engagement im Palais d'Été von Brüssel mit anschliessender Frankreichtournee ankündigt.

Noch während die Urbachsche Truppe im April 1899 auf der Piazza Santa Lucia in Neapel auftritt und daraufhin sieben Wochen auf einem abseitigen Ausstellungsgelände in Genua gastiert, hat Direktor Urbach die Sommersaison eingefädelt. Man reist über die Côte d'Azur nach Frankreich weiter. In Marseille stossen für kurze Zeit einundzwanzig weitere Afrikaner zur Truppe,

die sich nun *108 Africains du Dahomey et du Togo* nennt, bei ihren Vorstellungen im Théâtre Alhambre und unter freiem Himmel im Prado. Nach einem kurzen Gastspiel in Arles trennt man sich wieder, in bewährter Besetzung zieht die *Dahomey-Togo-Karawane* nach Avignon in den Palmengarten, zur traditionellen Augustmesse ins elsässische Mülhausen, ins Stadtgartentheater von Karlsruhe, ans Münchner Oktoberfest und zum Afrikafest in den Centralsälen zu Nürnberg. Unterdessen ist es Spätherbst geworden, höchste Zeit, die Togotruppe wieder zu separieren. Sie bestreitet die folgenden Wintermonate mit ihrem kleinen Festspielprogramm im Kölner Panoptikum, in Düsseldorf, Mülheim, Duisburg, Essen, Münster, Stendal und Berlin, ehe sie am 15. Mai 1900 nach Hannover weiter reist, um in der Arena Goseriede wieder die Arbeit im Amazonencorps aufzunehmen, als Auftakt zur Sommersaison mit ihren Freiluftspielen.
Und so müsste es weitergehen, noch anderthalb Jahre lang, wie der Kontrakt es vorschreibt.

Bis Mitte November 1901 ist die Togotruppe an Direktor Urbach gebunden. Obwohl die Zusammenarbeit nicht immer reibungslos verlaufen war, hatte J. C. Bruce am 10. April 1899 im deutschen Generalkonsulat von Neapel seinen Vertrag mit Albert Urbach um zweieinhalb Jahre verlängert, unter der Bedingung, dass die Gagen aufzubessern und künftig monatlich auszuzahlen seien statt wie bisher pauschal zum Vertragsende. Urbach seinerseits drängte darauf, die beidseitigen Rechte und Pflichten klarer zu formulieren. Vizekonsul Geissler signierte die Urkunde, als Zeugen unterschrieben der pensionierte Hauptmann Hermann Schroeder und der Kaufmann Michael Noculak, beide vermutlich kaum in der Lage, auch nur zu erahnen, wie viel Konfliktstoff die zehn Paragraphen enthalten.

§ 1
Herr Director Albert Urbach engagiert Herrn J. C. Bruce mit seiner ihm unterstellten Truppe bestehend aus Männern, Weibern und Kindern, 35 an der Zahl, Eingeborene der deutschen Kolonie Togo (West-Afrika).

§ 2
Das Engagement beginnt mit Ende des alten Contractes vom 23. Juni 1899 und endet am 15. November 1901.

§ 3
Die Männer erhalten eine Gage von M 40 (Mark Vierzig), die Mädchen und Frauen eine solche von M 30 pro Monat. Säuglinge und Kinder bis zu 5 Jahren erhalten keinen Lohn.

§ 4
Herr J. C. Bruce bekommt pro Monat eine Vergütung von M 300 (Mark Dreihundert).

§ 5
Herr Director Albert Urbach hat die Verpflichtung für freie Reise sowie Beköstigung und Unterkunft zu sorgen. Die Beköstigung besteht aus Reis, Mais, Fleisch, Tee, Brot und Zucker. Auch hat Herr Director Urbach Doktor und Apotheke zu zahlen, jedoch fällt die Gage, falls die Krankheit länger wie 3 Tage dauert, für die Zeit der Krankheit fort. Für Waffen und Kostüme hat Herr Director Urbach zu sorgen, auch hat derselbige Seife zum Waschen der Kostüme zu liefern.

§ 6
Herr Urbach hat für freie Reise von Hamburg nach Togo (West-Afrika) zu sorgen. Das Reisegeld muss bei den Herren Kaufleuten Liebau & Witt in Hamburg für pro Kopf mit M 100 (Mark hundert) deponiert sein, Säuglinge und Kinder bis zu zwei Jahren ausgenommen. Herr J. C. Bruce bekommt zur Rückfahrt II. Klasse.

§ 7
Herr J. C. Bruce hat für Aufrechterhaltung der Ordnung seiner ihm unterstellten Truppe aufzukommen. Betteln und Verkauf von Gegenständen an das besuchende Publikum ist strengstens untersagt, ausgenommen Sachen etc., welche von Herrn Director Albert Urbach an Herrn J. C. Bruce zum Verkauf übergeben sind.

§ 8
Sollte Herr J. C. Bruce nach Beendigung des Engagements nicht direct nach seiner Heimat zurückkehren wollen, so muss das bei den Herren Liebau & Witt deponierte Geld an Herrn Director Albert Urbach zurückgezahlt werden.

§ 9
Sollten von der Truppe einer oder der andere nach Togo zurückkehren und Ersatz dafür kommen, so treten die neu Hinzukommenden, auch wenn die Anzahl grösser wird, wie die oben erwähnten 35 [Personen], in dieselben im Contrakt erwähnten Bedingungen ein.

§ 10
Sollte Herr Director Albert Urbach oder Herr J. C. Bruce den Vertrag brechen, so verfällt die zuwiderhandelnde Partei in eine Konventionalstrafe von M 5000 (Mark Fünftausend) sofort bei Wechselrecht zahlbar, wo man sich auch befinde.

Soll niemand sagen, der Teufel hocke im Detail. Einzeln betrachtet nämlich wirkt jeder Paragraph durchaus praktikabel, erst in ihrer Kombination offenbart sich die Krux, in extremen Situationen zumal, wie sommers 1898 auf der verregneten Zürcher Sihlhölzliwiese oder im bitterkalten Dezember des folgenden Jahres in Köln, wo auf Anraten der Ärzte erneut zusätzliche Decken für die Truppe anzuschaffen waren. Gemäss Paragraph 5 wäre dies Sache von Direktor Urbach gewesen, er aber war irgendwo mit dem Amazonencorps unterwegs, so bezahlte Bruce die Decken eben mit dem Erlös aus dem Souvenirverkauf, was ihm laut Paragraph 7 strengstens verboten gewesen wäre. Eine Bagatelle, würde man meinen, ohne zu bedenken, dass es sich bei den so genannten Nebeneinnahmen um beträchtliche Summen handelte. Allein mit den Postkarten wurden durchschnittlich 600 Mark pro Monat erwirtschaftet, das Doppelte dessen, was Bruce in derselben Zeit verdiente beziehungsweise zwanzig Monatsgagen eines weiblichen Mitglieds der Truppe.
Im Laufe des Sommers 1900 dann – man ist jetzt für einige Monate als *Dahomey-Togo-Karawane* auf Deutschlandtournee – spitzen die Konflikte sich zu. Seit bald einem Jahr zahlt Urbach der Truppe keine Löhne mehr aus, mit dem Argument, Bruce habe ihm die Nebeneinnahmen nicht in vollem Umfang zurückerstattet. Demgegenüber macht Bruce geltend, er habe mehrmals Decken kaufen müssen und immer wieder Seife, Zwiebeln und andere Dinge, für die laut Vertrag Urbach hätte aufkommen müssen. Und weil die ganze Togotruppe keine Gagen erhalten und somit ohne Bargeld auszukommen hätte, sei man eben gelegentlich auf Vorschüsse aus der Postkartenkasse angewiesen. Abrechnen könne man später, sagt Bruce. Urbach kann ohnehin nicht für jeden Sack Zwiebeln um Erlaubnis gefragt werden, weil er ständig

vorausreisen muss, um neue Gastspielorte ausfindig zu machen, potentielle Veranstalter aufzusuchen und mit ihnen die Aufführungsmodalitäten auszuhandeln. Wie soll er sich gleichzeitig um die Seifenvorräte kümmern? Auch seine Gehilfen können ihre Augen nicht überall haben, also muss Urbach dem Vorschlag von Bruce beistimmen. Ja, sagt auch er, abgerechnet werde später, was sich in seiner Logik selbstverständlich auch auf die Gagen bezieht. Und Bruce wiederum, der generöse Prinz, lässt sich nicht lumpen, braucht immer mehr Seife, einen enormen Konsum, als gälte es, mehrmals am Tag alle Kostüme zu waschen in Hannover, Halle, Chemnitz und erst recht in Görlitz, wo die Togotruppe zwei Wochen lang zu separaten Vorstellungen verpflichtet wird.

In Dresden wird der Streit aktenkundig. Während des Gastspiels auf der Vogelwiese im August 1900 ist es wieder zu Querelen gekommen, was Bruce nun in die Offensive treibt. Wenn die Neger aus Togo schon offiziell als deutsche Schutzbefohlene bezeichnet werden, dann möchte er dies auch tatsächlich sein, mag er sich gesagt haben, im Büro der sächsischen Polizeidirektion, wo er den Beamten seinen Arbeitsvertrag vorlegt, mit der Erklärung, er wünsche Anzeige gegen seinen Impresario Urbach zu erstatten. Ausführlich beschwert er sich über die vorenthaltenen Gagen, berichtet von den verfahrenen Zuständen, mit der beiläufigen Bemerkung, es sei zu befürchten, dass Urbach die aufgelaufenen Schulden schon jetzt nicht mehr bezahlen könne, sodass am Ende überhaupt kein Geld vorhanden sei für die Rückreise nach Togo. Und wer dann für die Truppe aufkommen müsste, wisse er nicht.

Das wirkt. Gleichentags noch wird Albert Urbach auf die sächsische Polizeidirektion vorgeladen und mit den Anschuldigungen konfrontiert. Pauschal bestreitet er alle Vorwürfe, um dann desto detaillierter seine eigene Position darzulegen. Wie er hintergangen worden sei von Bruce, der nicht nur Postkarten, sondern auch allerlei Ramschware feilbiete, die er dem Publikum stückweise als afrikanisches Originalkulturgut verkaufe und damit den guten Ruf des Schaustellunternehmens gefährde. Dies könne er nicht dulden, genauso wenig wie die notorische Bettelei der Truppe nach den Vorstellungen, betont Urbach, und über die Gründe der sistierten Löhne befragt, gibt er wörtlich zu Protokoll: Ich glaube, dass Bruce meinen Vertrag brechen würde, wenn ich ihm einmal nichts mehr schuldete.

Nun hat der Konflikt höherenorts eine verbindliche Form angenommen. Die Kolonialabteilung des Auswärtigen Amts muss sich mit dem Fall beschäftigen.

Von Berlin aus wird ein Schlichtungstermin arrangiert, auf den 10. September 1900 in Augsburg, wo ein paar Tage zuvor auf der Wiese am Schiessgraben sich über Nacht ein afrikanisches Dorf installiert hat. Und kaum haben die Vorstellungen begonnen, werden Bruce und Urbach vor die städtische Magistratskommission zitiert. Die Aussprache hinterlässt ein verworrenes Bild: Ob es wirklich nötig sei, jedem Truppenmitglied vier bis fünf Baumwolldecken zur Verfügung zu stellen und inwiefern Bruce berechtigt sein könne, eigenmächtig zusätzliche Wolldecken zu bestellen? Ob andererseits der Paragraph 2 des Vertrages bloss die Höhe der Löhne festhalte oder zwingend dahingehend zu interpretieren sei, dass Urbach die Gagen jeweils zu Monatsende tatsächlich auszuzahlen habe und wie allenfalls das Abrechnungssystem der Nebeneinnahmen zu verbessern wäre? So werden minuziös die Details erörtert, bis beide Parteien sich wiederum auf Grundsätzliches versteifen und damit drohen, den Vertrag vorzeitig zu kündigen, weil eine weitere Kooperation nicht länger zumutbar und insbesondere die Frage der Nebeneinnahmen nicht gelöst sei. Fast zwei Wochen lang ziehen die Verhandlungen sich hin, Urbach hat als Direktor zwischenzeitlich in Berlin zu tun, Bruce als Prinz Nayo täglich auf der Bühne am Augsburger Schiessgraben. Immerhin scheint sich ein Kompromiss anzubahnen, indem Urbach erklärt, zwar sehe er sich momentan tatsächlich nicht in der Lage, die hängige Lohnsumme auf einmal zu begleichen, das würde sein Unternehmen ruinieren, doch sei er bereit, am 10. Oktober anlässlich des Gastspieles in Frankfurt fürs erste 2000 Mark nachzuzahlen und von da an alle zehn Tage weitere Raten von 1000 Mark bis zum geschuldeten Gesamtbetrag. Freilich gebe er das Geld nicht Bruce und der Truppe direkt, sondern zuhanden der Legationskasse des Auswärtigen Amts – auf eine Art Sperrkonto also –, und auch dies nur unter der Bedingung, dass Bruce sich seinerseits verbürge, keine einzige Postkarte mehr auf eigene Rechnung zu verkaufen.

Die Karawane zieht weiter, auf die Theresienwiese wieder ans Münchner Oktoberfest. Damit ist für den Augsburger Magistrat der Fall erledigt. Die Unterlagen werden zur eigenen Entlastung nach Berlin an das Auswärtige Amt geschickt, das mobile *Dahomey-Togo-Dorf* gastiert jetzt in Hessen, und auch die Auseinandersetzungen nehmen ihren Lauf. In Frankfurt hat Bruce neue Wolldecken gekauft, weil seine Leute sich im zugigen Velodrom erkältet haben. Dies bestätigen ein paar stadtbekannte Persönlichkeiten, sie intervenieren beim Auswärtigen Amt zugunsten der Togotruppe und kritisieren die unhaltbaren Zustände in deren Schlafräumen. Gustav Müller-Czerny, Herausgeber der Zeitschrift «Für Wahrheit und Recht» hat in seinem Protestschrei-

Orpheum.

Nur 4 Tage! Nur 4 Tage!

Togo-Karawane

35 Personen, darunter 28 schwarze Schönheiten.

Einzigste Karawane aus dem deutschen Schutzgebiet Togo, welche sich mit besonderer Erlaubniß des deutschen Gouvernements in Lomé auf Reisen befindet.

Dazu das gesammte glänzende Specialitäten-Programm. (20235

Kartenvorverkauf in den bek. Verkaufsstellen zu gewohnten Preisen.

Abb. 4: Nach dem Doppelprogramm mit dem Amazonencorps ist die Togotruppe ab Ende Oktober 1900 wieder allein unterwegs. Gespielt wird in Sälen; die Werbung betont den kolonialen Aspekt der Aufführungen. (Darmstädter Tagblatt, 26. Oktober 1900)

ben gedroht, den Streit im ganzen Umfange zu veröffentlichen. Bruce hat sich inzwischen einen Anwalt genommen, Dr. Stulz aus Frankfurt, es kommt zu weiteren Befragungen in Darmstadt und Wiesbaden. Jedes Mal werden Rechnungen und Gegenrechnungen präsentiert, die Zahlen aktualisiert, zusätzliche Sichtweisen eingebracht, Details anders bewertet, doch am Sachverhalt ändert das nichts: Auf seine versprochene Zahlung im Oktober hat Urbach keine weiteren Raten folgen lassen, Bruce wiederum hat eigenmächtig Postkarten verkauft, die gegenseitigen Beschuldigungen drehen endlos im Kreis. Bündelweise landen die Akten im Auswärtigen Amt, doch in Berlin hat man längst die Übersicht verloren, weiss kaum noch, wo die jeweiligen Ansprechpartner sich inzwischen befinden, zumal die Wintersaison begonnen und Urbach die Togotruppe seinem Schwager Fritz Sander übergeben hat. Er selber ist mit seinem Amazonencorps ins Ausland verreist.

So holt Bruce zum Befreiungsschlag aus. Am 18. November 1900 lässt er aus Offenbach seinem Direktor per Telegramm ausrichten: Spiele ab heute Nachmittag 3 Uhr auf eigene Rechnung.

Das Offenbacher Telegramm und seine Folgen

Für die kleine Kolonialabteilung des Auswärtigen Amts in Berlin bedeutet das eigenmächtige Vorgehen des J. C. Bruce eine Herausforderung. Im ersten Moment weiss niemand so recht, was als nächstes zu tun wäre. Seit längerer Zeit schon stecken die Beamten im Dilemma. Von Amtes wegen sind sie für das Wohl der Togotruppe zuständig, weil deren Mitglieder einer deutschen Kolonie angehören; als nationale Behörde aber hat man vor allem dafür besorgt zu sein, dass die Schutzbefohlenen dem Staat finanziell nicht zur Last fallen. Beides würde ein entschiedenes Eingreifen erfordern. Andererseits scheint es ratsam, öffentliches Aufsehen zu vermeiden. Inzwischen hat Müller-Czèrny seine Drohung ein Stück weit wahr gemacht und mit einem giftigen Kommentar in seiner Zeitschrift «Für Wahrheit und Recht» amtsintern für Aufregung gesorgt. Nun will man keine weitere Publizität mehr riskieren, das heisst, sich vor allem aus einer Schiedsrichterrolle heraushalten, zumal nicht auszuschliessen ist, dass die leidige Geschichte politisch eskalieren und unliebsame Kontroversen über die Verhältnisse in den Kolonien auslösen könnte. Daher gilt es nach wie vor, auf eine gütliche Einigung zwischen Bruce und Urbach hinzuwirken und, falls dies nicht möglich sein sollte, den Streitfall in zivilrechtliche Bahnen zu lenken, selbst auf die Gefahr hin, tatenlos zuschauen zu müssen, wie die Auseinandersetzungen immer absurdere Formen annehmen.

Der Streit ist ohnehin sehr vertrackt. Beide Parteien beschuldigen einander, für den Vertragsbruch verantwortlich zu sein. Bruce beharrt auf den ausstehenden Gagen, nach seinen Berechnungen wären dies 14'000 Mark, auch ohne die bereits bezogenen Gelder aus den Nebeneinnahmen, wohingegen Urbach die Konventionalstrafe von 5000 Mark einfordert, ausserdem eine Entschädigung für Kulissen, Waffen und Kostüme der Togotruppe, beziffert auf vorläufig 1500 Mark. Im Weiteren verweist er auf seine in Frankfurt geleistete Zahlung von 2000 Mark und verschiedene detailliert aufgelistete Lohnabzüge infolge von Krankheit, Schwangerschaften und sonstiger Arbeitsausfälle einzelner Truppenmitglieder. Dazu käme die noch immer offene Abrechnung aus dem Postkartenverkauf, was ihm nach seinen Schätzungen gut und gern 7000 Mark eintragen müsste, sodass die beanstandeten Schulden mehr als beglichen wären, umso mehr als es unter den neu gegebenen Umständen nicht länger seine Sache sei, für die Rückreise der Togoleute aufzukommen. Also sei ihm die hinterlegte Kaution von 2900 Mark unverzüglich auszuzahlen, argumentiert Albert Urbach in seinem Brief vom 26. November 1900 an das Auswärtige Amt, fast übergangslos zu einer zweiten Beschwerde ausholend: Zweieinhalb Jahre habe er vergeblich versucht, die Männer und Frauen aus Togo in getrennten Schlafräumen unterzubringen, nie habe Bruce diese Anweisung befolgt. Er scheine in solchen Fragen ohnehin recht ungewöhnliche Auffassungen zu haben, ja, er lasse sich jeden Tag von den jungen Mädchen waschen und anschliessend trockenreiben. Dafür gebe es Zeugen, schreibt Urbach und schickt zum Beweis eine eidesstattliche Aussage seines Angestellten Eugen Otto, der ausserdem beobachtet haben will, wie Bruce in einem Wiesbadener Gummiwarengeschäft eine Schachtel Präservative gekauft und erklärt habe, es sei nicht gut, wenn junge Mädchen gleich Kinder bekommen. Das zeige doch, folgert Urbach, dass es in der Truppe unzüchtige Handlungen gegeben haben müsse.

Während also noch einiges auf J. C. Nayo Bruce zuzukommen droht, beschäftigt er selbst sich wie immer mit dem Nächstliegenden. An jenem 18. November noch, als er Urbach die weitere Gefolgschaft aufkündigte, schrieb er einen kurzen Brief ans Auswärtige Amt, orientierte die Beamten über die neu entstandene Situation und erbat sich ein Schriftstück, das ihn ermächtigen würde, als Unternehmer im deutschen Reich herumzureisen und in eigener Kompetenz die Schaustellungen seiner Landsleute zu organisieren. Andernfalls müsste ihm von der Firma Liebau & Witt unverzüglich die Kaution für die Heimreise der ganzen Truppe ausbezahlt werden, argumentiert er. Und ohne eine Antwort abzuwarten, zieht er mit der Truppe von Offenbach nach Worms und, auf der längst geplanten Gastspielroute, nach Bonn, Solingen und weiter nach Elberfeld.

Während da die Togotruppe im Edentheater auftritt, erhält Bruce die erwünschten Papiere. Im Auftrag des Auswärtigen Amts werden sie ihm vom Elberfelder Polizeikommissär ausgehändigt, mit dem Bemerken, ein Barbezug der Kaution komme nicht solange in Frage, bis der Streit mit Urbach gerichtlich entschieden sei. Bruce nimmt den Bescheid zur Kenntnis, ebenso die Beteuerungen des Elberfelder Polizeikommissärs, dass man als Lokalbehörde wegen ausstehender Lohnzahlungen nichts unternehmen könne, solange die erforderlichen Gerichtsprozesse anderswo noch hängig seien.

Umso brennender interessiert sich der Polizeikommissär für Urbachs zweite Beschwerde, die inzwischen ebenfalls in Elberfeld eingetroffen ist und im

Auftrag des Auswärtigen Amts im Detail abgeklärt werden soll. Welch süffisanten Szenen sich während diesen Ermittlungen im Polizeikommissariat abspielten, lässt sich anhand der Protokollauszüge erahnen:

verhandelt zu Elberfeld, den 17. Dezember 1900

Der Geschäftsführer Max Linser, geboren am 13. Juni 1866 in Schneidemühl, evangelischer Religion, zur Zeit hier im Eden-Theater, sagt aus:
Ich reise seit etwas mehr als zwei Jahren mit der Truppe des Bruce. Seit dem 18. des vorangegangenen Monats, also nach dem Abgang des Urbach, stehe ich in Diensten des Bruce selbst. Wenn ich auch nicht in den Räumen der Truppe selbst schlafe, so kann ich doch bezeugen, dass es in denselben gesittet zugeht.
Ich betrachte das Gebaren des Urbach als einen Racheakt. In Offenbach kam es zwischen Bruce und Urbach zum Streit, weil ersterer seinen Verbindlichkeiten nicht nachkam. Urbach forderte mich auf, die Truppe des Bruce zu verlassen, um mit ihm zu gehen. Da ich dieses Anerbieten nicht annahm, stiess er die Drohung aus, die Truppe würde nicht mehr lange reisen, er wolle schon dafür sorgen; sonderbar ist es, dass Urbach erst jetzt mit seiner Anzeige kommt.
Alle Direktoren, bei denen die Truppe engagiert war, haben sich lobend über das Verhalten derselben ausgesprochen.

verhandelt eodem

Der Händler John Karl Bruce, geboren am 3. März 1859 in Klein Popo im deutschen Schutzgebiet, Sohn des verstorbenen Prinzen Chemsky Bruce, zur Zeit hier im Edentheater wohnhaft, verheiratet mit vier Frauen, verantwortlich vernommen erklärt:
Die Anzeige des Albert Urbach gegen mich betrachte ich als einen Racheakt, die darin angeführten Behauptungen beruhen auf Unwahrheit. Es ist sonderbar, dass Urbach gerade jetzt derartige Dinge zur Sprache bringt. Ich habe mit Urbach zweieinhalb Jahre Europa bereist. Am 18. vorhergehenden Monats habe ich mit ihm den Kontrakt gelöst, weil er seinen Verpflichtungen mir und meiner Truppe gegenüber nicht nachgekommen ist. Ich setzte eine Ehre darin, meine Truppe so wieder in die Heimat zurückzubringen, wie ich solche dort fortgeführt habe, also unbefleckt.
Es ist nicht wahr, dass ich den geschlechtlichen Verkehr zwischen den männlichen Mitgliedern mit den weiblichen dulde. Mit mir befinden sich sechs

Männer bei der Truppe. Wir sind sämtlich verheiratet, jede Familie ist getrennt. Sollte sich irgendeiner meiner Leute in geschlechtlicher Beziehung vergehen, so muss ich für jeden Fall nach der Rückkehr nach Afrika 300 Mark zahlen. Wir leben hier genau so, wie es den Sitten unseres Landes entspricht, kein junges Mädchen darf ohne Einwilligung der Eltern mit einem anderen Mann verkehren. Die ganze Truppe sind Verwandte untereinander.
Ein Freund, den ich in Darmstadt kennen lernte, machte mich auf die Präservative aufmerksam. Ich sprach hierüber mit Eugen Otto und kaufte dann auch zwölf Stück davon, aber nicht in der Absicht, solche für mich gebrauchen wollen.
Nach der Sitte unseres Landes gebärt jede Frau alle drei Jahre, eine frühere Beschwängerung vermeiden wir, da das vorher geborene Kind nur von der Muttermilch lebt und ihm sonst die Nahrung entzogen wird.
Beim Baden lege ich nie den Lendenschurz ab, ich lasse mich abreiben, wie dies in Afrika geschieht, die Mädchen reichen mir nur hierzu das Wasser.
Ich versichere nochmals, dass es in meiner Truppe gesittet zugeht und setze ich eine Ehre darin, sie vor Schande zu hüten.

verhandelt Elberfeld, den 18. Dezember 1900

Der Geschäftsführer Fritz Sander, 40 Jahre alt, in Hannover, Andreasstr. Nr. 11 wohnhaft, sagt aus:
Der Anzeiger Albert Urbach ist mein Schwager, dieser forderte mich bereits am 10. vorhergehenden Monats auf, eine ähnliche Anzeige, wie sie hier von ihm vorliegt, dem Auswärtigen Amt zu unterbreiten. Ich selbst kann zur Sache gar keine Angaben machen, mir ist von Unsittlichkeiten innerhalb der Truppe nichts bekannt.
Mein Schwager hat die Anzeige erstattet, nur in der Absicht, Bruce zu schädigen.
Die Protokolle werden zu weiteren Ermittlungen an die königliche Staatsanwaltschaft von Elberfeld überwiesen.

Wenn die Eidechse Pfeffer frisst, so schwitzt deswegen der Wels im Wasser nicht, sagt man in der Ewe-Sprache. Soll also Albert Urbach sich zusammenreimen, was er will, in seiner ohnmächtigen Wut, J. C. Nayo Bruce sieht keinen Grund, sich aufzuregen, ihm geht es prächtig, beruflich ebenso wie privat. Vor ein paar Tagen ist er Vater geworden, zum zweiten Mal auf der Europareise. Im Edentheater von Elberfeld hat Dassi Creppy die kleine Regina geboren; der zweijährige Pietro war auf dem Weg nach Rom auf die Welt gekommen, seine Mutter ist Dovi Kumi und Vater Nayo nun ein selbständiger Unternehmer. Er besitzt einen Wandergewerbeschein, hat eine eigene Truppe und einen deutschen Angestellten. Max Linser wird ihn auf der Weiterreise als geschäftsführender Mitarbeiter begleiten. Fritz Sander hat sich einstweilen verabschiedet, um eine Singhalesentruppe zu übernehmen, bestehend aus zwölf Männern, die zuvor an der Pariser Weltausstellung aufgetreten waren. Für den kommenden Frühling werden gemeinsame Vorstellungen vereinbart.

Am Muster der saisonalen Rhythmen hat sich nichts verändert. Nur die Route wechselt, in immer kürzeren Intervallen. Von Elberfeld reist die Togotruppe ins benachbarte Unna, gastiert über die Weihnachtstage im Bremer Tivolitheater, dann einen Tag in Verden, einen weiteren in Nienburg, tourt weiter nach Hannover und von dort ins Hinterland, entlang der Eisenbahnroute, mit Station in Peine, Hildesheim, Alfeld, Goslar, Aschersleben, Quedlinburg. In Halberstadt lässt Bruce neue Postkarten drucken, mit Porträts seiner Ehefrauen, die sich sehr gut verkaufen. Vor allem Dassi Creppy wird in vielen Zeitungsberichten namentlich erwähnt und als die schönste der Frauen aus Togo bezeichnet.

Reihum werden nun die mittelgrossen Städte in Sachsen-Anhalt und Thüringen anvisiert, in losem Kontakt mit der Kolonialabteilung des Auswärtigen Amts, das sich immer noch sehr schwer tut mit dem Fait accompli von Offenbach und seinen möglichen Folgen. Bevor man von Berlin aus weitere Schritte riskieren will, muss grundsätzlich abgeklärt werden, ob J. C. Bruce aus Togo vor einem deutschen Gericht als Ausländer oder als Eingeborener aus deutschem Schutzgebiet zu gelten und was dies allenfalls zu bedeuten hätte. Der Justizminister persönlich hat sich mit dieser Frage zu befassen, da es sich um einen Präzedenzfall handelt, mit unerwünschten Konsequenzen für die Rechtssprechung in den Kolonien womöglich. So mag verwaltungsintern diskutiert worden sein, in diversen Sitzungen und Konsultationen – wie auch immer, die leidige Geschichte der Truppe aus Togo jedenfalls hatte wesentlichen Einfluss auf den Erlass Nr. 82 vom 17. April 1901, der fortan in sämtlichen deutschen Kolonien die «Ausführung von Eingeborenen zu Schaustellungszwecken» verbietet. Wobei für die Togotruppe ausdrücklich eine Ausnahmeregelung in Kraft gesetzt wurde, was J. C. Bruce zu schätzen weiss, vor allem für die eigene Werbung: Erste und einzigste Truppe, welche sich mit besonderer Erlaubnis des Kaiserlichen Gouverneurs von Lome auf Reisen befindet, verheissen die Zeitungsinserate auf der weiteren Route

Abb. 5: Zwei Frauen aus der Togotruppe auf einer Postkarte des J. C. Nayo Bruce. Die Karten wurden massenhaft als Souvenirs abgesetzt und oft auch für alltägliche Mitteilungen benutzt, mit kurzer Randbemerkung zu den Schaustellungen; so schreibt am 18. Februar 1901 in Quedlinburg ein junger Mann an seine Eltern: «Dieses Bild hier ist von einer Gruppe, welche gestern Vorstellung gab. Sonst aber alles wohl. Mit Grüssen verbleibe ich von Haus zu Haus, Euer Max. Brief folgt!» (Sammlung Adam Jones, Leipzig)

innerhalb des geschichtsträchtigen deutschen Dreiecks von Wittenberg, Bitterfeld und Weimar.

Inzwischen gastiert die Togotruppe in der Vereinsbrauerei von Coburg. Die Wintersaison geht dem Ende entgegen, in den ersten Maitagen wird Fritz Sander mit der Singhalesentruppe im Schützenhaus von Hildburghausen eintreffen und zusammen mit Geschäftspartner Bruce ein paar sommerliche Grossanlässe bedienen. Gemeinsam reisen sie weiter durch Thüringen und Sachsen mit ihrem Doppelunternehmen, der *Togo-Singhalesen-Truppe*, gastieren in mehreren Kleinstädten, als Generalprobe gewissermassen für das zweimonatige Engagement an der Kolonialausstellung von Eisenach. Sie wird am 16. Juni 1901 eröffnet, und wie meistens bei politisch motivierten Grossanlässen gibt die Presse sich überwältigt. Etwas Grossartigeres sei hier noch nie zu sehen gewesen, ist in der «Eisenacher Tagespost» zu lesen, und man sei zuversichtlich, durch die Vorführungen belehrend in weiten Volkskreisen zu wirken, versprechen die Annoncen. Was dies tatsächlich bedeutet haben könnte, davon erzählt ein Foto aus dem Eisenacher Staatsarchiv: im Hintergrund eine Häuserzeile und ein paar Bäume, davor ein kleiner Platz, ringsum gesäumt von Jutebahnen und mannshohen Bretterwänden. Sie sollen Einhalt gebieten, den Bühnenraum vor Zaungästen schützen und verdeutlichen so auch physisch die Erbärmlichkeit einer offiziell verordneten Exotik. Kulissen aus Sperrholzplatten, aufgemalte Palmen, zehn Bankreihen, kaum zur Hälfte besetzt von einem sonntäglich gekleideten Publikum, das sichtlich Wert auf körperliche Distanz legt. Etwas verloren steht ein Referent an der Bühnenrampe, ein Rednerpult ist nicht zu sehen, auch kein Manuskript, doch offenbar hält der Mann eine Ansprache, mit vorgebeugten Knien, derweil die Truppenmitglieder, leger an die Bühnenrückwand gelehnt, auf ihren Auftritt warten.

Später werden die Vorstellungen mit Schulklassen gefüllt.

Zwei Monate dauert das Gastspiel in Eisenach, es folgt ein längeres Engagement im Kaiser-Wilhelm-Park von Breslau (heute Wroclaw), weiter geht es in die preussischen Ostprovinzen mit Station im Elysium-Theater von Bromberg (Bydgoszcz), im Tierpark zu Königsberg (Kaliningrad), im Gewerbehaus von Elbing (Elblag) und im Schützenhaus in Danzig (Gdansk). Es ist Herbst geworden, im Auswärtigen Amt werden noch immer fleissig Akten kopiert, dieselben Schriftstücke wieder und wieder – der Vertrag von Neapel, die Verhandlungsprotokolle aus Dresden und Augsburg, die Korrespondenzen aus Wiesbaden und Elberfeld – und die Abschriften allen involvierten Justizorganen zugestellt. Urbachs Anwälte hatten ihre Klage im Grossen Landgericht von Darmstadt anhängig gemacht, Advokat Stultz versuchte im Auftrag von Bruce einen Prozess in Frankfurt zu erwirken, zudem ein Gerichtsverfahren in Offenbach. Das erfordert jedes Mal aufs Neue zeitraubende Abklärungen, zusätzliche Anfragen, weitere Unterlagen, im wechselseitigen Schriftverkehr, was den Fortgang beträchtlich verkompliziert, bis letzten Endes überall in aller Form festgehalten werden kann, als ortsgebundene Instanz sei man leider für diesen Gerichtsprozess nicht zuständig, weil beide Parteien längst weiter gezogen seien, sich fortwährend auf Reisen befänden. Und, ach ja, auch die Ermittlungen der Elberfelder Staatsanwaltschaft sind stillschweigend ad acta gelegt worden. Urbachs Beschuldigungen hätten sich als haltlos erwiesen, wird auf Anfrage hin nach Berlin gemeldet. Der Gemeinplatz vom geilen Afrikaner hatte sich wie von selber deklassiert.

Abb. 6 : Von Mitte Juni bis Mitte August 1901 gastiert die «Togo- u. Singhalesentruppe» an der Kolonialausstellung in Eisenach. Die Kulissen sind wohl etwas aufwändiger als im üblichen Tourneebetrieb; Fritz Sander hält ein kurzes Einführungsreferat. Die Reaktionen auf die Darbietungen sind sehr gemischt. Nach anfänglicher Begeisterung schreibt die «Eisenacher Post» am 10. Juli 1901: «Freilich vermag uns das monotone Geschrei und Gesinge dieser Exoten, die abgesehen von der dunklen Fleischfarbe sich wohlgewachsen und nicht übel präsentieren, nicht lange zu fesseln.» (Stadtarchiv Eisenach, 41/3 J.559.01)

Schon mehr als zwölf Monate ist J. C. Bruce als selbständiger Unternehmer unterwegs, als er an Weihnachten 1901 mit der Togotruppe wieder im Berliner Passage-Panoptikum gastiert. Die Zwischenbilanz ergäbe ein durchzogenes Bild. Was die Anzahl der Tourneestationen betrifft, kann er auf ein überaus betriebsames Jahr zurückblicken. Über fünfzig Städte hat er mit seinen Leuten bereist, während der ganzen Zeit praktisch keinen Ruhetag eingeschaltet, pausenlos Vorstellungen gegeben, mehrmals am Tag, – wer hat noch nicht, wer will noch mal? – von morgens bis spät in die Nacht. Eine Ochsentour, die bei allen Beteiligten übers Jahr hinweg ihre Spuren hinterliess. Immer wieder war es zwischen den Männern zu Spannungen gekommen. Am 4. März gerieten sie in einem Gasthaus zu Coswig in Streit, so heftig, dass Max Linser dazwischen-

fahren und dem wütenden Sosu das Messer entreissen musste. Bruce blieb nichts anderes übrig, als den überreizten jungen Mann nach Togo zurückzuschicken. Zwei Monate später musste der achtundvierzigjährige Agbetoho im Spital von Ilmenau zurückgelassen werden, wo er an fortgeschrittener Auszehrung verstarb. Bei der Beerdigung am 26. April auf dem katholischen Friedhof von Ilmenau konnte nur eine kleine Delegation seiner Landsleute teilnehmen, weil die Truppe gleichentags in der Turnhalle von Sonneberg aufzutreten hatte. Der Vorfall wurde nach Berlin gemeldet und auf Nachfrage des Auswärtigen Amts vom Grossherzoglichen Sächsischen Staatsministerium mitgeteilt, dass es sich bei Agbetoho um einen Neger ohne Vorname handle, von Beruf sei er Weber gewesen, hinterlassen habe er nichts, abgesehen von ein paar Kleidungsstücken, die dem Häuptling Bruce übergeben worden seien. Dieser beschwerte sich am 28. August aus Breslau, dass trotz bester Erfolgsaussichten sein Gerichtsprozess gegen Urbach verschleppt werde und er selber wegen verschiedener Vorschüsse an seinen Frankfurter Rechtsanwalt Stultz fast kein Bargeld mehr habe, weshalb er der Truppe bis auf weiteres keine Gagen mehr auszahlen könne. Weil es überdies in verschiedenen Städten bürokratische Probleme mit den Gastspielbewilligungen gegeben habe, zeichnet jetzt – vorübergehend, wie Bruce betont – Fritz Sander als Direktor der Togotruppe. Er selbst ist in der Zwischenzeit nach Augsburg gereist, um sich Abschriften der seinerzeitigen Verhandlungsprotokolle aushändigen zu lassen und sie persönlich seinem Anwalt in Frankfurt zu übergeben. Im November muss der junge Quadjovi mit einer schweren Lungenentzündung in der Berliner Charité eingeliefert werden, und neuerdings machen in der Truppe sich Depressionen bemerkbar. Die jungen Frauen sind erschöpft und wollen nach Hause. Dies hat ein Referendar des Auswärtigen Amts mit Hilfe von Dolmetschern ermittelt. Das Heimweh, so notiert er, sei an sich verständlich. Unterstützen aber kann er die Wünsche der Togoerinnen nicht, solange die Rechtslage noch immer in der Schwebe und somit ungeklärt bleibt, wer für die Heimreisekosten aufkommen müsste. Zudem wäre, nach den Überlegungen des Referendars, für die Frauen eine baldige Seereise mit gesundheitlichen Gefahren verbunden, sodass es auf jeden Fall besser sei, mit der Überfahrt bis zum Sommer zuzuwarten. Deshalb bekommt J. C. Bruce nun, wie er dies seit langem beantragt hat, einen zusätzlichen Wandergewerbeschein, der es ihm ermöglichen soll, mit seinen Leuten künftig auch ausserhalb von Deutschland aufzutreten.
Am Silvester 1901 reist die Togotruppe mit Fritz Sander nach München weiter, zu einem längeren Gastspiel im Handelspanoptikum. J. C. Nayo Bruce

Abb. 7: «Andenken an die Togo-Karawane, unsere Landsleute» heisst die Bildunterschrift zu dieser Postkarte, entstanden im Frühling 1901. In der zweiten Reihe rechts aussen sitzt J. C. Nayo Bruce mit seinen Kindern Pietro und Baby Regina und den Ehefrauen Dassi Creppy und Dovi Kumi. Das dritte Kleinkind könnte Maule sein, geboren im Januar 1900 in Düsseldorf, als Sohn des Ehepaars Abotsi. Fritz Sander in seinem dunklen Anzug kennzeichnet sich als Direktor. Der ältere Mann zuhinterst in der Mitte ist vermutlich der Weber Agbetoho, der im April 1901 in Ilmenau verstarb. (© Collection Gérard Lévy, Paris)

bleibt noch einige Zeit in Berlin, um mit den *Mandingokriegern*, einer neu eingetroffenen Truppe aus Sierra Leone, ein Bühnenprogramm einzustudieren, ehe er in München wieder bei seinen Landsleuten eintrifft. Mit ihnen reist er, als selbständiger Direktor, erstmals in eigner Regie ins Ausland, zu Gastspielen nach Salzburg und Urfahr bei Linz.

Nur mit dem Gerichtsprozess will es nicht vorwärts gehen. Ob es jemals zu einem ordentlichen Verfahren kam, wird kaum mehr zu klären sein, weil das Auswärtige Amt die umfangreiche Akte über die Togotruppe ab 1902 in Personaldossiers weiterführte; diese sind im Zweiten Weltkrieg verbrannt. Trotzdem finden sich ein paar Hinweise, wie sich der Rechtsstreit hätte im Sand verlaufen können: Von Oktober bis Dezember 1902 war J. C. Bruce in St. Pauli gemeldet, als Untermieter an der Hopfenstrasse. Mit einem festen Wohnsitz hatte er zweifellos bessere Chancen, die gerichtliche Auseinandersetzung vorantreiben zu können, zumal auch Albert Urbach in der näheren Umgebung sesshaft geworden war, als Hotelier in Cuxhaven. Er hatte sich aus dem Showgeschäft zurückgezogen, das Amazonencorps dem jungen Tom Brown übergeben – verpachtet oder verkauft vermutlich – und scheint ein kleines Vermögen angehäuft zu haben, genug jedenfalls, um die ausstehenden Löhne an Bruce bezahlen zu können. Offenbar aber wollte er es nicht so weit kommen lassen, am 5. Februar 1903 erwirkt er vom Amtsgericht Ritzebüttel die Gütertrennung von seiner Ehefrau Marie und überschreibt ihr seinen Besitz; dazu gehört unter anderem das Hansahotel in Cuxhaven. Zwei Jahre später ziehen die beiden nach Bremen und kaufen ein Haus am Ostertorsteinweg 37. Hier betreibt Marie Urbach das Cafe Monopol bis zu ihrem Konkurs im Jahr 1910.

He do mõ me, mefaa ko vi o, sagt man in Ewe-Sprache: Ein Vogel, der seinen Kopf in die Falle steckt, soll nicht über Halsschmerzen klagen. J. C. Nayo Bruce sieht sich nicht veranlasst zum Jammern. Zwar schimpft er bei jeder Gelegenheit über seinen ehemaligen Direktor, der ihm die Heimreise nach Afrika verunmöglicht habe. Solange niemand sein Guthaben begleichen und das Auswärtige Amt für den Rücktransport nicht aufkommen will, muss er mit seiner Togotruppe in Europa bleiben.

Ihm kann das Recht sein, es ist genau das, was er selbst gern möchte.

Strategien und Konfusionen zweier Unternehmer

Und doch ist es zu einem Gerichtsprozess gekommen. Kaum hat sich J. C. Bruce im Oktober 1902 im Melderegister der Stadt Hamburg eintragen lassen, als Unternehmer aus Westafrika, beauftragt er die Anwaltskanzlei Möring & Bruntsch, gegen Zirkusdirektor Paul Busch vorzugehen. Ein paar Wochen später wird seine Klage beim Hamburger Landgericht eingereicht. Es geht um eine offene Rechnung und ist eine seltsame Geschichte.

Tausend Mark beträgt der Streitwert. Das ist zwar keine Bagatelle, aber auch kein exorbitant hoher Betrag. Nicht im professionellen Showbusiness jedenfalls, da hat man in grösseren Dimensionen zu rechnen, wenn man erfolgreich im Geschäft bleiben will. Und man muss stets mehrere Eisen im Feuer haben, wie die Deutschen sagen, soviel weiss J. C. Bruce, seit er selbst zum Unternehmer geworden ist. Sukzessive hat er seine beruflichen Aktivitäten erweitert und sich im Frühling 1902 bereit erklärt, nebenher als Impresario für Zirkusdirektor Busch tätig zu werden, für ihn nach Afrika zu reisen, in die britische Kolonie an der Goldküste, um vierzig junge Frauen anzuwerben und sie zu Schaustellungen nach Deutschland zu bringen, exklusiv für ein Dahomey-Programm im Zirkus Busch. Die Premiere ist für Anfang September 1902 in Berlin geplant, mit weiteren Vorstellungen en suite bis mindestens Ende August des folgenden Jahres. Eine so genannte Pantomime soll es werden, Folklore, viel Tanz und Gesang, mit einer spannenden Handlung und weithin goutierbarer Moral. Den Plot hat J. C. Bruce in eigener Regie zu entwickeln und mit den Afrikanerinnen einzustudieren, als alleiniger Chef der Truppe, wie im Vertrag ausdrücklich festgehalten ist.

Achtzehn Paragraphen sind es diesmal. J. C. Nayo Bruce hat offensichtlich aus seinen Fehlern gelernt und mit Paul Busch ein ausführliches Regelwerk ausgearbeitet, um all die vertrackten Mehrdeutigkeiten aus der Welt zu schaffen. Ja, man wird bei der Lektüre förmlich an den Streit mit Albert Urbach erinnert, angesichts von Sätzen zum Beispiel, dass jede Afrikanerin ein Anrecht auf zwei Wolldecken, einen Strohsack und ein eigenes Kopfkissen haben soll und die Gagen alle zwei Wochen auszuzahlen seien, jeweils zwanzig Mark pro Person. Für sich selbst hat Bruce einen Monatslohn von 500 Mark ausgehandelt, zuzüglich einer Pauschale von täglich zwanzig Mark für die Mahlzeiten der ganzen Truppe. Und damit die Gelder auch tatsächlich vorhanden sein werden, hat Zirkusdirektor Busch sich verpflichtet, die Summe von 19'200 Mark während der ganzen Dauer des zwölfmonatigen Engagements bei einem Berliner Bankhaus zu hinterlegen, nebst einer Garantie von 4000 Mark für die Rückreise der Frauen nach Afrika und darüber hinaus 320 englische Pfund beim britischen Generalkonsulat in Hamburg zu deponieren. Auch die Reisekosten für J. C. Bruce sowie alle Spesen in Afrika – im Vertrag mit 4400 Mark beziffert – muss der Zirkusdirektor übernehmen und diesen Betrag mittels Wechsel in der Factory der Basler Mission in Accra sicherstellen. Gut die Hälfte davon soll Bruce sofort nach seiner Ankunft in Afrika erhalten, den Rest in kleineren Tranchen bis zu seiner Rückkehr nach Deutschland.

Punkt für Punkt also sind die möglichen Missverständnisse bedacht und eindeutige Regelungen getroffen worden, von der Beschaffung der Kostüme bis zur Anzahl der Schlafräume während der Vorstellungen in Berlin, mit all den zahllosen Details, wie sie der Alltag im Zirkus mit sich bringt: hygienische Mindestanforderungen in Küche und Waschräumen, Zuständigkeiten für die Einkäufe der Lebensmittel, für Heizkosten und Krankenversicherung, Haftung bei Lohnausfällen infolge von Erkältungen, Unfällen, Epidemien, polizeilichen Interventionen, politischen Unruhen – ja, selbst dann soll der Vertrag in jedem Land der Welt gültig sein und im Fall von Unstimmigkeiten das Landgericht von Berlin letztinstanzlich zu entscheiden haben. Die Konventionalstrafe ist mit 10'000 Mark sehr hoch angesetzt und muss bei Vertragsverletzungen unverzüglich zur Anwendung kommen, es sei denn, dass ein Krieg ausbrechen oder Paul Busch mit seinen zweiundfünfzig Jahren plötzlich sterben sollte.

Am 11. April 1902 wird der Vertrag unterzeichnet in Köln, wo Paul Busch schon seit ein paar Wochen gastiert, während Prinz Nayo mit der Togotruppe aus Würzburg zu einem längeren Engagement in Castans Panoptikum an der Hohestrasse eintrifft. Wieder wird auf der Bühne ein afrikanisches Dorf aufgebaut und vorn an der Rampe die deutsche Flagge gehievt, als herausragendes Merkmal des bewährten kolonialen Schauspiels. Das Publikum ist begeistert, in den Zeitungsrezensionen werden die Gäste aus Togo wie alte Bekannte begrüsst, auch wenn den Journalisten eine eigenartige Betriebsamkeit nicht entgangen sein konnte. Im Panoptikum sei das Reisefieber ausgebrochen, meldet der «Stadtanzeiger der Kölnischen Zeitung» gegen Ende des dreiwöchigen Gastspiels, ein Teil der Togotruppe werde demnächst nach Bremen reisen und von dort definitiv nach Afrika zurückkehren, die andern hätten noch bis Mai eine Verpflichtung in Budapest, um dann von Triest aus nach Togo heimzufahren. Schon jetzt seien alle lebhaft am Packen, seit Tagen damit beschäftigt, ihre in Europa erworbenen Besitztümer in Kisten zu verpacken, Berge von Neuanschaffungen und nicht zu übersehen die zahllosen Geschenke für die weitläufige afrikanische Verwandtschaft: Perlen, Ketten und Rosenkränze vor allem.

Ganz unzutreffend sind diese Beobachtungen nicht. Tatsächlich wird J. C. Bruce mit einem Grossteil seiner Leute nach Budapest weiterziehen und ein kleineres Trüppchen mit vielen, vielen Kisten nach Hamburg reisen. Dort liegt für Bruce, auf Veranlassung von Paul Busch, im britischen Generalkonsulat ein Empfehlungsschreiben bereit, adressiert an den Gouverneur der Goldküste. Auch den Basler Missionaren in Accra hat er einige Schriftstücke zu übergeben, um den hinterlegten Wechsel auslösen zu können. Er besitzt mittlerweile Papiere, die ihn als Kaufmann mit Wohnsitz in Budapest ausweisen. Und für die britischen Kolonialbehörden hat er, dank seiner Taufurkunde der Wesleyaner von Accra, als ein Eingeborener der Goldküste zu gelten, ist also ein Schutzbefohlener des britischen Empires.

Die Kisten sind unterdessen in Kollis umgefüllt worden. Hundertzwanzig Stück sind es insgesamt, voll mit Kleidern, Stoffen und Effekten, wie es in der Deklaration heisst. Sie werden der Hamburger Firma Bohde & Co in Verwahrung gegeben. J. C. Bruce erhält eine Quittung, die er am 22. Mai 1902 zu Gunsten von Paul Busch verpfändet, als Garantie seinerseits, dass er seinen Auftrag erfüllen und nicht mit den bezogenen Vorschüssen für immer in Afrika verschwinden wird. Am nächsten Tag reist er nach Accra ab. Seine afrikanischen Kistenträger sind zur Truppe zurückgekehrt, in die Obhut von Christian Karl Fuhrberg, einem erfahrenen Berliner Schausteller. Er soll interimistisch die Tournee weiterführen und zudem die Verantwortung übernehmen für die kleine Truppe aus Sierra Leone, die J. C. Bruce zwischenzeitlich unter Vertrag genommen hatte. *Togo- und Mandingo-Karawane* nennt sich das Unternehmen nun und gastiert im Juni 1902 in Prag, dem Auftakt zu einer ausgedehnten Sommertournee durch das Kaiserreich Österreich-Ungarn.

Einen Monat etwa dauert die Dampferfahrt von Hamburg nach Accra, und eine Woche später schon, am 27. Juni, kann J. C. Nayo Bruce per Telegramm nach Deutschland melden, dass er die vierzig jungen Afrikanerinnen beisammen habe. Die Truppe sei im Prinzip startbereit, nur mit den Ausreiseformalitäten gebe es leider Probleme, weil ein neues Gesetz der Engländer die Ausfuhr von Einheimischen zu Showzwecken verbiete. Dies bestätigen die Basler Missionare aus Accra und auch der britische Vizekonsul Ambrose

Pogson in Hamburg, der sich auf offiziellem Weg dafür einsetzen will, für das Zirkusprojekt von Direktor Paul Busch eine Sondergenehmigung zu erhalten. Doch der Gouverneur in Accra lässt sich nicht umstimmen, weder von den diplomatischen Vorstössen aus Europa noch vom Charme des Nayo Bruce, der mehrmals in der Kolonialresidenz sein Anliegen vorgetragen und dazu auch eine Petition afrikanischer Persönlichkeiten eingereicht hat. Die Angelegenheit erweist sich als ein heikles Politikum. Interventionen sind im Grunde sinnlos, denn nur zu gut wissen alle Beteiligten, dass das Auswärtige Amt in Berlin bereits im Vorjahr dasselbe Ausfuhrverbot für die deutschen Kolonien in Kraft gesetzt hat. Warum also sollte der Gouverneur von der benachbarten Goldküste jetzt eine Ausnahme bewilligen, zu Gunsten ausgerechnet einer Truppe, die in Deutschland auftreten möchte; nein, es wird nichts nützen, weitere Instanzen zu mobilisieren, die britische Botschaft in Berlin, die deutsche Gesandtschaft in London, das Mutterhaus der Basler Mission.
Das alles kostet Zeit und Geld. Allein die Kosten der Depeschen nach Europa belaufen sich inzwischen auf 875 Mark. J. C. Nayo Bruce hat bald seine gesamten Vorschüsse aufgebraucht, Paul Busch ist nicht zu bewegen, weitere Kredite zu gewähren. So beschliesst Impresario Bruce, unverrichteter Dinge aus Accra abzureisen. Er nimmt das nächste Schiff nach Deutschland und trifft gegen Ende September 1902 in Hamburg ein.

Inzwischen ist die *Togo-ès-Mandingokaraván* von Ljubljana nach Szombathely weiter gezogen, sie gastiert im Badehaus Györszigetben und an der landwirtschaftlichen Ausstellung in Bratislava und wird im Oktober in Deutschland zurückerwartet, wo Bruce, wäre alles nach Plan verlaufen, in Berlin mit dem neuen Dahomey-Programm im Zirkus Busch hätte auftreten sollen. Auch ohne diese Zusatzaufgabe hat er nun die Zukunft seiner eigenen Truppen zu regeln. Wahrlich keine leichte Aufgabe, sie bringt ihn in Bedrängnis. Da gibt es noch immer die vielen Kisten in Hamburg und das seinerzeitige Versprechen an die jungen Togoerinnen, dass sie bei nächster Gelegenheit heimreisen dürften. Sie nehmen ihn jetzt beim Wort, angeführt vom Händler Abotsi und seiner Frau. Ihnen ist auf der Tournee das einzige Kind gestorben, der zweijährige Maule. Seit seiner Geburt in Düsseldorf litt Maule an einer chronischen Bronchitis, daran ist er erstickt während des Gastspiels im Grazer Orpheum. Pneumonia, zu deutsch Lungenentzündung, ist als Todesursache in den Kirchenbüchern von Maria Hilf eingetragen und der kleine Maule ein paar Tage später auf dem Grazer Zentralfriedhof beerdigt worden. Seither

wollen seine Eltern nach Togo zurück und mit ihnen vierzehn junge Frauen. Sie sind unter keinen Umständen bereit, ihre Heimreise ein weiteres Mal zu verschieben und bringen es tatsächlich fertig, dass sie Fahrkarten für das Schiff vom 22. Oktober 1902 erhalten. Gleichzeitig beginnt Zirkusdirektor Busch ebenfalls Druck zu machen, indem er sich weigert, die verpfändeten Kollis freizugeben. Er betrachtet sie solange als sein Eigentum, bis die Folgen des verpatzten Auftrages einvernehmlich geklärt oder allenfalls gerichtlich geregelt sind. Zwar will er nicht bis zum Äussersten gehen und die Konventionalstrafe einfordern, sondern die erschwerten Umstände an der Goldküste und auch den guten Willen seines Impresarios anerkennen, mit Ausnahme eines gravierenden Versäumnisses: Wenn es schon nicht möglich gewesen sei, vierzig junge Frauen aus Accra zu bekommen, hätte Bruce eben fixer sein und sofort nach Liberia, Sierra Leone oder sonst wohin weiterreisen müssen, um eine so genannte Dahomey-Truppe zusammenzustellen, beanstandet der Zirkusdirektor und beruft sich auf den Vertrag, wo lediglich festgehalten sei, die vierzig Negerinnen hätten aus Afrika (und nicht etwa aus Amerika) zu stammen. In diesem Falle aber, erwidert Bruce, sei ihm unverständlich, wieso er ausdrücklich an die Goldküste habe reisen müssen. Und was es denn genützt hätte, von Accra aus in die Nachbarländer weiterzufahren, zumal doch seines Wissens an der ganzen westafrikanischen Küste von den Kolonialisten dieselben Ausfuhrverbote erlassen worden seien, von den Deutschen, den Engländern, den Franzosen, den Portugiesen; also sei es eindeutig der Fehler von Busch gewesen, seinen Impresario ausdrücklich an die Westküste zu schicken statt nach Zentralafrika beispielsweise und ihm überdies weitere Vollmachten und Spesen für die Weiterreise zu verweigern.
Mit solchen Spitzfindigkeiten könnte wohl noch endlos am Wortlaut einzelner Paragraphen herumgeklaubt werden, würde die Zeit nicht zu einer Entscheidung drängen. Der 22. Oktober rückt näher, die Abreisenden werden nervös, sie möchten ihre Kisten wieder haben, weil es eine Blamage wäre, von einer mehrjährigen Reise ohne Gepäck in Togo einzutreffen. So schalten sich im Streit zwischen Bruce und Busch verschiedene Vermittler ein, namentlich der britische Vizekonsul Ambrose Pogson, der eine Bürgschaft für J. C. Bruce übernimmt, sodass Paul Busch die Kollis im letzten Moment doch noch ausliefern lässt, unter der Bedingung, dafür mindestens tausend Mark zu erhalten. Im Übrigen will er sich weitere Schritte vorbehalten.
Angriff sei die beste Verteidigung, behaupten seit alters die Europäer, und J. C. Nayo Bruce möchte deshalb mittels Entscheid des Hamburger Landgerichts

festgestellt haben, dass Paul Busch weder Anspruch auf die tausend Mark noch auf sonstige Rückerstattungen habe. Sechs Monate werden allein die Vorabklärungen dauern, in Koordination mit dem Landgericht von Berlin, das laut Vertrag letztinstanzlich zu entscheiden hat. Über zwei Jahre werden dann die eigentlichen Verhandlungen sich hinziehen und schliesslich zu einem Rechtsstreit auswachsen, ausgefochten von der Anwaltkanzlei Möring & Bruntsch gegen ihre Kollegen Kümpel & Bleckwedel, die Rechtsvertreter von Paul Busch. Mit dem Resultat, dass der Zirkusdirektor sehr wohl tausend Mark von seinem Impresario einfordern darf und Bruce überdies die Prozesskosten von 196.87 Mark (einschliesslich zehn Pfennig für Porto des Urteils) zu entrichten hat. Weil er aber landesabwesend ist, kann ihm der Gerichtsentscheid nicht zugestellt und somit die offene Rechnung nie beglichen werden.

Ein richtiger Unternehmer darf sich nie auf eine einzige Sache versteifen. Weder Paul Busch noch J. C. Nayo Bruce haben sich ausschliesslich auf ihr gemeinsames Projekt konzentriert, sondern von Anfang an verschiedene Optionen weiterverfolgt. Bruce ist in Accra nicht untätig geblieben, es gab einiges in die Wege zu leiten, vorzubereiten von langer Hand, zumal ihm auch nach dem Exodus vom 22. Oktober 1902 noch immer mehr als die Hälfte seiner Leute aus Togo verpflichtet sind, dazu die kleine Mandingotruppe, also dreissig Personen insgesamt, für die weitere Gastspiele zu organisieren sind. In Lübeck startet die Wintersaison 1902/03, sie führt in kurzen Stationen durch Schleswig-Holstein und über die dänischen Inseln nach Warnemünde und einige Hansastädte in Mecklenburg; und von Köln aus beginnt im darauffolgenden Frühling die nächste internationale Etappe.
Auch Paul Busch hat mehrere Fäden gezogen und es doch noch fertig gebracht, in seinem Berliner Zirkuspalast eine abendfüllende Dahomey-Pantomime zu präsentieren. Zwar hat die Premiere um knapp zwei Monate verschoben werden müssen, auf den 28. Oktober 1902, die Dramatik aber lässt nichts zu wünschen übrig, man stelle sich vor: Der erste Akt spielt in einer französischen Garnisonstadt an der elsässischen Grenze. Soeben hat eine Missionarstochter schweren Herzens ihre Verlobung aufgelöst, um frei zu sein für einen höheren Auftrag. Sie verlässt das Elternhaus, zieht weg aus dem Elsass, fort in die afrikanische Wildnis, wo sie das Christentum verbreiten möchte. Mitten im Urwald, so beginnt der zweite Akt, hat sie eine kleine Anhängerschaft um sich versammelt. Wenn sie von ihrem Heiland erzählt, zwitschern ringsum die Vögel. Was Wunder also, dass die Station sich grossen Zulaufs erfreut. Von weit

her kommen die Heiden und laufen zum Christentum über, was wiederum den nomadisierenden Tuareg gar nicht gefällt. Bei anbrechender Dunkelheit überfallen sie die Dorfgemeinschaft, verschleppen die bekehrten Afrikaner samt der Missionarin, mit der Drohung, sie als Sklavin zu verkaufen. Im dritten Akt verliebt Hao, ein junger Targi, sich in die schöne Missionarin. Andächtig lauscht er ihren Gebeten, derart hingerissen, dass er sich über die Stammessitten hinwegsetzt und die Frau nachts aus der Gefangenschaft befreit. Zusammen fliehen sie über Felsschrunden, durch eine enge Schlucht, die sich als eine Falle erweist. Hier müssen die beiden sich ihren Verfolgern ergeben. Hao wird des Hochverrats beschuldigt, zur Strafe auf einen wilden Hengst gebunden, das Tier in die Wüste gepeitscht und dort dem Schicksal überlassen. Immer deutlicher sind jetzt die Muschelhörner der Dahomeys zu hören, ein Getrampel auch, eine Elefantenherde kommt ins Blickfeld, die Amazonen sind auf der Jagd. Sie entdecken den gefesselten Hao auf dem ermatteten Hengst und nehmen die Spur auf, stossen auf das Lager der Tuareg, fallen darüber her, nehmen alle gefangen, vorab die weisse Frau, um sie König Behanzin als Schlachtopfer zu übergeben. Am Hof des Herrschers von Dahomey wird im letzten Akt die grausliche Zeremonie vorbereitet, ein blutiges Fest zu Ehren einer Schar von französischen Dragoneroffizieren, die in kunstvoller Parade auf ihren Pferden dahergestürmt kommen. Während des Begrüssungrituals erkennt einer dieser Reiter in der Missionarin seine ehemalige Verlobte und erhebt ein mächtiges Geschrei: Dass er aus Gram über die geplatzte Heirat zum Militär gegangen sei, dass er seine einstige Braut noch immer sehr liebe und sie endlich glücklich machen wolle. Daraufhin setzt Behanzin sich auf seinen Thron, auch er mit Geschrei, und lässt schliesslich Milde walten. So endet die Geschichte in einem Freudenfest, wie man es sich, nach einhelliger Meinung der Zeitungsrezensenten, schöner kaum vorstellen könnte.

Fast gleichzeitig mit der Premiere der Dahomey-Pantomime findet die nächste Premiere statt. In Castans Panoptikum an der Friedrichstrasse, nicht weit vom Zirkuspalast des Paul Busch, ist eine neue Attraktion ausgestellt. Sie wird in den Inseraten als jüngstes Wunder Afrikas bezeichnet: weisse Haut, weisses Haar, hellgraue Augen. Auch Rudolf Virchow, der berühmte Anthropologe, hat sich das Schauspiel nicht entgehen lassen und berichtet in der Sitzung vom 20. Dezember 1902 im Kollegenkreis, dass es sich bei der *Weissen Negerin* um Amanua Kpapo aus Accra handle und tatsächlich um eine Rarität. Und wort-

Abb. 8: Undatierbare Postkarte mit Amanoua Ankrah Kpapo und einer unbekannten Partnerin in der Rolle der «schwarzen Schwester». (© Collection Gérard Lévy, Paris)

wörtlich erklärt er zu Handen des Protokolls der wissenschaftlichen Gesellschaft: Die Gesichtsbildung, der Abstand der Augen, die Form von Nase und Mund zeigen die typischen Merkmale des Negers. Die Beine sind dünn und wadenlos. Unter den Armen fehlt der Haarwuchs vollkommen. Die Hautfarbe ist am ganzen Körper, so weit wir ihn sehen konnten, ein blasses Weiss. Auf Schultern, Armen und Brust sind zahlreiche ungefähr kirschgrosse schwarzbraune Punkte verstreut. Sie sind besonders dicht in der Mitte und am untern Teil des Rückens, dagegen fehlen sie vollständig an den Beinen und Füssen. Das Auge ist hellbläulich und scheint gegen grelles Licht empfindlich. Das krause, kurze Haar ist gelblich weiss. Amanua mag ungefähr Mitte der zwanzig sein und macht sonst einen normalen und gesunden Eindruck.

Swiss Connection, Schweizer Freundschaften

Auf seiner neuen Postkarte mit der Togomandingotruppe ist J. C. Nayo Bruce europäisch gekleidet. Im dunklen Anzug, mit Gilet und Krawatte, steifem Hemdkragen, graumeliertem Bart und gelichtetem Haarwuchs, so hebt er sich ab von seinen afrikanischen Gefährten. Er ist der Chef, unverkennbar, Direktor zweier Truppen, die sich innert Kürze auf gemeinsame Vorstellungen einzustellen hatten. Ihre Schau war wohl auf pragmatische Weise zustande gekommen: Die beliebten Fetischtänze der Togomädchen, kontrastierend mit den Kämpfen muskulöser Ringer und Boxer aus Sierra Leone. Offensichtlich hatten die Mandingos ihre Rollen weitgehend von der ebenfalls männlich dominierten Singhalesentruppe des Fritz Sander übernommen. Diese Komponente wurde noch verstärkt mit zeitweiligen Engagements der beiden Kraftprotze Morrow und Nilson. Auch aus dem Programm des Urbachschen Amanzonencorps sind einige Teile adaptiert worden, namentlich *Eine Nacht in Dahomey*, die jetzt als *Nacht im Togoland* auf die Bühne kommt. *Der Überfall und Raub einer Amazone* ist zum *Überfall der Buschmänner* uminterpretiert worden. Beides sind Pantomimen, ebenso wie *Der Sklavenmarkt*, und gehören nebst den Kriegsspielen zu den zugkräftigsten Nummern. Neu dazugekommen ist eine Sonnenuntergangsszene mit Abendgesang und Gebet. Deutsche Hymnen, das Markenzeichen der früheren Togotruppe, werden nur noch zu speziellen Anlässen vorgetragen. Im Übrigen schöpfen die Frauen aus ihrem bewährten Repertoire.

Prinz Nayo tritt auf der Bühne kaum mehr in Erscheinung. Umso öfter bewegt J. C. Bruce sich ausserhalb des Showgewerbes. Er kann sich inzwischen mündlich wie schriftlich auf Deutsch verständigen und hat es fertig gebracht, dass neun Mitglieder der Truppe im Kölner Dom katholisch getauft werden, am späten Nachmittag des 13. März 1903, vor ausgewähltem Publikum. Auf die Zeitungsreporter wirkt der sakrale Akt eher befremdlich. Sie halten sich kurz in ihren Berichten, viel gibt es ohnehin nicht zu sehen. Joerto Quajo wird laut Eintrag im Kirchenbuch künftig Johannes heissen, aus Quete Ajaron ist Joseph geworden, die Frauen erhalten Vornamen nach der Art ihrer deutschen Patinnen: Elisabeth, Agnes, Maria, Christine, Anna, Katharina, Cäcilie. Agnes, die jüngste der Getauften, ist die zwanzigjährige Kekui, jene Tochter des Bruce, die als Schulkind nach Berlin-Tegel gebracht worden war,

Abb. 9: J. C. Nayo Bruce, im dunkeln Anzug, mit der verkleinerten Formation seiner Truppe auf einer Postkarte, aufgenommen im Herbst 1902 vor bemalter Kulisse im Studio der Kunstanstalt Kremnitz in Eberswalde. Die Frau neben Bruce trägt das Kostüm einer Amazone, dieses korreliert mit den Helmen und Brustbändern der Männer. Auch die Requisiten – Trommel und mehrere Schwerter – deuten auf Kriegstänze hin. Vier Männer und alle Frauen waren schon in der ursprünglichen Togotruppe engagiert, die übrigen Personen, Mandingos genannt, stammen aus Sierra Leone. (© Collection Gérard Lévy, Paris)

auf dass sie zur Lehrerin ausgebildet werde und den Kindern in Afrika die Zivilisation näher bringen möge. So hat es sich ihr Vater einst ausgemalt, in seinem Interview an der Berliner Kolonialausstellung. Mittlerweile ist Kekui-Agnes schon fünf Jahre lang mit der Togotruppe unterwegs und kniet nun mit ihren älteren Cousinen zu Köln am Taufstein.

Ein ähnliches Schauspiel bietet sich zwei Monate später in Zürich. Zahlreich hat das Publikum sich in der reformierten Predigerkirche eingefunden, kaum ein Platz ist mehr frei, als eine farbenfroh gekleidete Gesellschaft in Kutschen vom nahen Panoptikum herübergefahren wird. Wie von selber richtet die Aufmerksamkeit sich auf zwei Frauen in weissen Gewändern. Die beiden seien Schwestern, notiert ein Zeitungsreporter und wiederholt damit etwas unvollständig eine Formulierung aus der Eröffnungsansprache: Schwestern im Herrn.

Schwestern im Herrn, das sind sie tatsächlich an diesem 14. Mai in den Augen der reformierten Kirche. Yenoussi Johnson will zum christlichen Glauben übertreten, Dassi Creppy möchte sich konfirmieren lassen. Pfarrer Oskar Pfister leitet die Doppelzeremonie. Seine Frau Erika übernimmt die Patenschaft für die junge Frau aus Togo, die sich, streng genommen, von nun ab Erika-Yenoussi nennen müsste. Als Dolmetscher assistiert Missionar Ernst Bürgi, übersetzt Wort für Wort in die Ewe-Sprache und zurück ins Deutsche: E meho ese, ja, ich glaube.
Aus ernsten Gesichtern schauen die zwei Frauen in die Kamera des Zeitungsfotografen. Zwischen ihnen sitzt Regina, die kleine Tochter von Dassi Creppy. Yenoussi im unförmigen Taufkleid ist schwanger. Mit ihren einundzwanzig Jahren ist sie die jüngste der Ehefrauen von J. C. Nayo Bruce. Ihr Vater heisse Aklobosi und gehöre in Togo zu den bedeutendsten Fetischpriestern, weiss einer der Zürcher Reporter zu berichten. Ein anderer schreibt, ein ähnlich denkwürdiger Tag habe sich in Zürich vor rund dreihundert Jahren ereignet, als hier ein Türke getauft worden sei.
Der Vorgang liesse an eine Publicityveranstaltung denken, wäre J. C. Bruce nicht an zwei sehr seriöse Persönlichkeiten geraten. Der junge Pfarrer Oskar Pfister, ein vielseitig interessierter Theologe, arbeitet an einem Buch über die menschliche Willensfreiheit, in ein paar Jahren wird er mit Sigmund Freud korrespondieren und sich schriftstellerisch der Psychoanalyse zuwenden. Und Missionar Bürgi, auch er ein Mann des Wortes, erachtet es als seine persönliche Aufgabe, sich um das Wohl der Afrikaner zu kümmern. Er hat die beiden Frauen im evangelischen Glauben unterwiesen, seine Vorgesetzten in Bremen fortwährend über den Unterricht informiert und schildert seine Begegnungen mit der Togomandingotruppe in einem ausführlichen Text, der als Fortsetzungsbericht in den Missionsblättchen «Brosamen» und «Grüss Gott!» und ein paar Monate später integral im Periodikum der Bremer Mission abgedruckt wird.

Über die Taufvorbereitungen berichtet Missionar Bürgi: Es war am 22. April, als ich von unserem Missionsinspektor in Bremen aufgefordert wurde, wenn irgend möglich nach Zürich zu reisen und mich dort der Togotruppe im Panoptikum anzunehmen. Da ich gerade in der Nähe sei und ihre Sprache spreche, sei es meine Pflicht, ihnen meine Dienste anzubieten. Nachdem ich die nötigen Erkundigungen eingezogen hatte, begab ich mich am Freitag, dem 24. April nach Zürich. Es war schon recht spät, als ich im Panoptikum ankam. Ich hatte eben noch Zeit, einer Aufführung der Truppe beizuwohnen, die mir gleich zeigte, in welch traurige Verhältnisse diese Leute hineingeraten waren. Obwohl ihre Vorstellungen durchaus anständig gehalten sind, so muss es doch einen Missionar, der unter diesem Volk gearbeitet hat, ganz besonders schmerzen, afrikanisches Volksleben und afrikanische Bräuche auf diese Art aufgespielt zu sehen. Herr Pfarrer Pfister hatte mir ein Empfehlungsschreiben ausgestellt samt der Bestätigung, dass er den Taufunterricht an mich abgetreten habe. So bekam ich vom Direktor des Panoptikums die Erlaubnis, frei mit den Afrikanern verkehren zu dürfen. Daraufhin begab ich mich ins so genannte Negerlager im obersten Stockwerk, um zunächst den Führer Bruce zu sprechen. Ich war erstaunt, mich nun einem Neger gegenüberzusehen, den ich zwar persönlich nicht kannte, weil er aus Anecho kommt, also dem östlichen Grenzland unseres Missionsgebiets, dessen Name mir jedoch in literarischen Arbeiten schon mehrmals begegnet war, vor allem in den Schriften von Dr. Henrici und Rudolf Prietze. So war unsere Freude gegenseitig, indem ich mit Interesse diesen Mann kennen lernte, während Mr. Bruce sich freute, in seiner Sprache angeredet und von einem Ewe-Missionar besucht zu werden. Sofort rief er die andern Leute seiner Truppe herbei, mit denen sich bald ein lebhaftes Gespräch entspann. Bruce erzählte, dass er mit einem Teil seiner Leute schon längere Zeit unterwegs sei und auf dieser Reise immer wieder christliche Nächstenliebe erfahren habe. So in Berlin, wo eine Pfarrfrau sich um die Leute kümmerte; in Elberfeld, wo sein Kind Regina christlich getauft wurde; in München, wo unser früherer Missionar Müller sie besucht hat, desgleichen in Bremen von Lehrer Fies und Frau Tolch. Äusserlich ging es der Truppe überall gut, und mehr konnte man für sie nicht tun, da sie an einen Vertrag gebunden war. Ich fand ihrer aller Zustimmung, als ich sagte, Gott habe sie nicht vergessen, das sähen sie schon darin, dass er mich hierher gesandt habe, um ihnen sein Wort zu bringen.

Es wurde nun ausgemacht, dass ich der jungen Frau – ihr ursprünglicher Name ist Yenusi, abgeleitet vom Fetisch Yenu – im Beisein ihres Mannes jeden Morgen von acht bis halb zehn Taufunterricht gäbe. Aber nach zwei Tagen war mir klar, dass im Panoptikum selber von einem ungestörten Unterricht nicht die Rede sein könne, und so nahm ich von da an die Leute auf mein Zimmer im evangelischen Hospiz Augustinerhof. Hier durfte ich den Unterricht bis zum 3. Mai weiterführen. Es war eine kurze Zeit, aber da die Yenusi schon einige Kenntnisse in der biblischen Geschichte hatte und der Unterricht in ihrer eigenen Sprache gegeben werden konnte, entschied Pfarrer Pfister, sie noch während ihres Zürcher Aufenthalts zu taufen statt den Unterricht noch

weiter auszudehnen, was bei dem oftmaligen Ortswechsel der Leute ohnehin viel Umtriebe verursacht hätte. Anhand des Glaubensbekenntnisses konnte ich mit ihr die Hauptheilslehren des Evangeliums durchgehen, mit ständiger Beziehung auf die biblische Geschichte, und dabei der Frau das Zeugnis geben, dass sie aufmerksam und empfänglich war und gewissenhaft lernte, was ihr aufgegeben wurde: das Glaubensbekenntnis, das Gebet des Herrn und die zehn Gebote. Ob die erste Anregung zum christlichen Glauben aus ihrem eigenen Herzen kam oder ob ihr Mann es so wollte, ist mir nicht klar geworden. Er jedenfalls hatte sonntags den Gottesdienst in der Predigerkirche besucht und seinem Banknachbarn von den Taufabsichten seiner Frau erzählt. So war es zu einem ersten Treffen mit Herrn Pfarrer Pfister gekommen.
Arbeitshalber musste ich am 3. Mai nach Bern zurückfahren. Doch hatte der Basler Missionar Hürlimann sich bereit erklärt, die Leute noch weiter zu besuchen und ihnen täglich eine Andacht zu halten, die Bruce dann übersetzt hätte, während Herr Pfarrer Pfister den Taufunterricht fortsetzen wollte. Nach einigen Tagen aber kam die Bitte an mich, ich möchte, wenn irgend möglich, wieder nach Zürich kommen und den Unterricht bis zur Taufe am 14. Mai wieder aufnehmen. Also reiste ich am 9. Mai wieder nach Zürich. Als wir am nächsten Morgen in meinem Zimmer zusammenkamen, hatten sich den Togo-Leuten noch zwei andere Neger aus der Mandingotruppe des Bruce angeschlossen. Sie verstanden zwar nur wenig Englisch, sprachen aber gleichwohl den Wunsch aus, dem Gottesdienste beizuwohnen. Man mag nun über solchen Kirchenbesuch denken, was man will, ihn als bloss äusseren Schein abtun, als eine Sucht gar, sich zu zeigen und anstaunen zu lassen, und doch kann es solchen Leuten zum Segen sein, wenn sie einmal in der Christenheit eine andächtig versammelte Gemeinde vor sich haben und sich an ihrem Gesang freuen können. Durch diese beiden neuen Leute lernte ich nun auch die übrigen Mandingoleute aus Sierra Leone kennen – neun Männer und zwei Frauen –, die ich jeden Morgen um zehn zu einer kurzen Andacht versammeln konnte. Sie in Taufunterricht zu nehmen, konnte ich mich nicht entschliessen wegen ihrer mangelhaften Englischkenntnisse sowie der traurigen Verhältnisse, in denen sie sich derzeit befinden. Doch ist es unsere Pflicht, sie im Auge zu behalten und sie auch in andern Städten an solche christlichen Freunde zu empfehlen, die ein Herz für sie haben.

Nach der Morgenandacht beginnt im Panoptikum der Alltag, ein langer Arbeitstag mit fünf Aufführungen und einem Kurzprogramm zu jeder vollen

Stunde, von morgens um zehn Uhr bis um zehn in der Nacht. Und obwohl kaum die gesamte Truppe gleichzeitig auf der Bühne im kleinen Theatersaal auftreten kann, sind doch alle ständig im Einsatz. Im Panoptikum gibt es keine Rückzugsmöglichkeiten. Gegen ein zusätzliches Eintrittsgeld ist im Dachstock ein so genanntes Negerlager zu besichtigen, mithin das Privatleben der Afrikaner. In vier kleinen Räumen sind sie untergebracht, auf hundertzwanzig Quadratmetern insgesamt, an den Wänden türmen sich die Laubsäcke und haufenweise Wolldecken. Das zweitgrösste Schlafzimmer ist zugleich die Küche, mit Gasherd und einem Tisch für die gesamte Truppe. Somit stehen pro Person – das Publikum nicht mitgerechnet – vier Quadratmeter zur Verfügung, respektive ein Luftraum von zehneinhalb Kubikmeter, exakt so viel, wie die Zürcher Baupolizei als absolut notwendiges Minimum vorschreibt. In ihrem Rapport ist auch ausdrücklich festgehalten, dass es nur auf einstweiliges Zusehen hin erlaubt werde, die Küche zugleich als Schlafraum zu benutzen.

Ein Provisorium also, es währt fünfundachtzig Tage lang, bis endlich im Juni die Vorstellungen im Freien beginnen. Auf der Genfer Kasernenwiese, an der kantonalen Jubiläumsausstellung in Lausanne, im Garten des Ausflugsrestaurants Bierhübeli hinter dem Berner Bahnhof, an der Kettenbrücke in Aarau, zu Solothurn – allerorts ist reichlich Platz vorhanden für das sommerliche Schauspiel der Afrikaner mit ihren festlichen Umzügen und einem exotisch anmutenden Alltag im eigens mitgeführten Hüttendorf. Unterdessen ist Amanua Kpapo definitiv zur Truppe zurückgekommen. Wie schon bei ihrem kurzen Gastspiel mit den Togomandingos im Zürcher Panoptikum geniesst sie als *Négresse blanche* einen Sonderstatus, beim breiten Publikum genauso wie in gebildeten Kreisen. In Genf ist sie von Professor Emile Yung begutachtet worden, einem Ordinarius für vergleichende Amatomie und Zoologie, ohne dass J. C. Bruce etwas dagegen unternommen hätte. Er sträubt sich nicht mehr, wie früher im Machtkampf mit Felix von Luschan, seine Frauen den Gelehrten als Studienobjekte zur Verfügung zu stellen. Die wissenschaftlichen Befunde sind für ihn jetzt wertvolle Zertifikate, die er den Zeitungsredaktionen in amtlich beglaubigten Kopien zustellt. Auch neue Postkarten hat er drucken lassen. *La Négresse blanche avec sa soeur de la Côté-d'Or* heisst die Bildunterschrift. Wie es sich für Schwestern im Schaugewerbe gehört, tragen beide die gleiche Frisur und einen ärmellosen Umhang aus demselben gemusterten Stoff, so kommen die weissen Schultern der Amanua Kpapo am besten zur Geltung. Die junge Frau neben ihr, laut Zeitungsberichten eine leibliche Schwester namens Ama, wird manchmal von Yenoussi Johnson, manchmal von Dassi Creppy gespielt.

Leider habe Mr. Bruce gegenwärtig drei Frauen und diese Tatsache erst nach längerem Zögern zugegeben, berichtet Missionar Bürgi in seinem Aufsatz für die Missionsblätter. Draussen in Afrika, schreibt er, würde ein Mann wie Bruce so lange aus der Abendmahlgemeinschaft ausgeschlossen, bis er seine Lebensverhältnisse in christlichem Sinne geregelt, das heisst, sich für eine der Frauen entschieden und die andern zu deren Familien zurückgeschickt hätte. Wie aber soll Bruce dies in Europa bewerkstelligen und überhaupt: Welche seiner Ehefrauen wäre als die rechtmässige zu erachten? Nach christlicher Auffassung müsste es die Erstvermählte sein, also Dovi Kumi, die in Europa als erste Frau ein Kind von Bruce bekommen hat. Doch zum Bedauern von Missionar Bürgi ist sie an religiösen Fragen nicht interessiert. Auch hat sie ihren Sohn Pietro in Rom katholisch taufen lassen. Die zweite Frau hingegen, Dassi Creppy, ist schon vor Jahren zum evangelischen Glauben übergetreten und hat in Afrika den christlichen Namen Comfort erhalten. Sie wäre deshalb, aus Sicht von Missionar Bürgi, als rechtmässige Ehefrau eindeutig vorzuziehen, würde das andererseits nicht bedeuten, dass Bruce seine dritte Frau verstossen müsste, Yenoussi Johnson ausgerechnet, die sich mit so viel Eifer auf ihre Taufe vorbereitet hat. Ausserdem ist sie schwanger. Es liege deshalb auf der Hand, argumentiert Missionar Bürgi, dass dieses Problem in Europa nicht gelöst werden könne, und natürlich habe er den Leuten zugeredet, dass sie so schnell wie möglich in ihre afrikanische Heimat zurückreisen und dort den Anschluss an eine christliche Gemeinschaft suchen sollten. Dem habe Mr. Bruce zwar zugestimmt, doch stets von neuem beteuert, dass an eine Heimreise nicht zu denken sei, solange sein früherer Direktor ihm noch 14'000 Mark schulde, zweieinhalb Jahre lang habe sich dieser Gerichtsprozess schon hingezogen, immer neue Vorschüsse verschlungen, sodass er vorderhand hier bleiben müsse. Eben daran sehe man, entgegnete ihm der Missionar, dass die Schaustellerei keinen Segen bringe und am Ende noch die ganze Truppe in den Ruin treiben werde. Das habe Mr. Bruce einen tiefen Eindruck gemacht, bemerkt Missionar Bürgi in seinem Aufsatz.

Noch ehe im Garten des Restaurants Bierhübeli die erste Vorstellung begonnen hat, setzen die Wehen ein, so heftig, dass der Wirt gegen Abend die Hebamme holen lässt. Sie bleibt die ganze Nacht. Es sei eine schwere Geburt gewesen, wird anderntags in den Berner Zeitungen berichtet. Zum Glück aber sei das Kind gesund, die Mutter wohlauf und Vater Bruce ausser sich vor Freude, schreiben die Reporter, und nun könne man in Bern ein einmali-

Bierhübeli-Garten.

Zum ersten Mal in Bern — Nur einige Tage

Afrika in Bern

Togomandingo-Truppe

30 Personen, Männer, Frauen und Kinder. Vorführung von heimatlichen Gesängen, Tänzen, Kriegsspielen, Boxen, Ringkämpfen 2c. Afrikanisches Dorf, afrikan. Küche, Lagerleben 2c. **Eröffnung** Donnerstag den 16. Juli, 3 Uhr nachm. Die folgenden Tage eröffnet von 10 Uhr vorm. bis 10 Uhr abends. Besichtigung des Dorfes von 10 Uhr vorm. bis halb 3 Uhr nachm. **Eintritt:** Erwachsene **30** Cts. Kinder, Schüler und Militär **15** Cts. Die Vorstellungen finden statt an Wochentagen um 3—5 Uhr nachm. und 7 Uhr abends. Am Sonntag um 11 Uhr vorm. u. von halb 3 Uhr bis 1/2 8 Uhr stündlich. Eintritt von halb 3 Uhr nachm.: Erwachsene **50** Cts. Kinder, Schüler und Militär **20** Cts. Täglich um 9 Uhr abends im Saal: **Hauptvorstellung nebst großer afrikan. Pantomime** Ueberfall der Buschmänner oder eine Nacht in Togoland. (Bei ungünstiger Witterung finden die Nachmittagsvorstellungen im Saal statt. **Achtung:** Gegen Spezial-Eintritt von 20 Cts. (Kinder die Hälfte) ist auch das größte Naturwunder der Gegenwart zu sehen: **Das Negergeschwisterpaar aus Westafrika** Weiße Negerin Amuana und ihre schwarze Schwester Ama von schwarzen Eltern (Negern) geboren. Das einzige Exemplar seines Genre und als Phänomen von der anthropologischen und ethnologischen Gesellschaft zu Berlin und von Herrn Professor Jung aus Genf bezeichnet. NB. Zeugnisse und Rezensionen stehen dem hochgeehrten Publikum zur Verfügung. **Die Direktion.**

Abb. 10: Ein Programm für verschiedene Publikumssegmente, mit Unterhaltung von morgens um zehn Uhr bis zehn in der Nacht. (Berner Tagblatt, 15. Juli 1903)

ges Naturschauspiel beobachten: sich mit eigenen Augen vergewissern, dass Negerkinder weiss auf die Welt kommen und innert einer Woche jeden Tag ein bisschen nachdunkeln. Scharenweise kommt deshalb das Publikum ins Bierhübeli, jeden Tag von neuem, um das Baby zu besichtigen. Auch Missionar Bürgi ist wieder zur Stelle. Er hat einen jungen Mann mitgebracht, den Theologiestudenten Alfred Hopf, der sich bereit erklärt hat, für den kleinen Richard das Göttiamt im Berner Münster zu übernehmen, ohne wohl auch nur zu ahnen, dass er durch das Taufgelübde mit der Familie Bruce zeitlebens in Verbindung bleiben wird. Zweiter Pate ist der Bierhübeli-Wirt. Er zeigt sich auf seine Weise erkenntlich, spendiert im Anschluss an die offizielle

Tauffeier ein Volksfest im Gartenrestaurant, nach afrikanischem Brauch, wie die Inserate ankünden. Es gibt Hammelbraten, von den Togomandingos am Lagerfeuer zubreitet. Die Besucher erhalten gratis Kostproben.

Für Bremer Missionare scheint es im Umgang mit den Vorgesetzten keine Geheimnisse zu geben. Ihre Briefe an den Inspektor Hermann Schreiber lesen sich wie Rechenschaftsberichte. Einleitend sind die zu behandelnden Themen stichwortartig aufgezählt, das sieht wie eine Traktandenliste aus und erleichtert die Übersichtlichkeit. Auch darf der Inspektor nach eigenem Gutdünken ganze Briefpassagen im Missionsblatt publizieren, dies hat bei den Bremern eine lange Tradition. Inspektor Schreiber scheint sich sehr für die Togomandingotruppe interessiert zu haben. Im August lässt er den Aufsatz von Ernst Bürgi über die Zürcher Taufe im Missionsblatt drucken und empört sich in einem nachgeschobenen Kommentar über die Unsitte der Völkerschauen. Er kündigt an, dass er namens der Missionsgesellschaft beim Auswärtigen Amt in Berlin intervenieren und von Ernst Bürgi über die weiteren Aktivitäten des J. C. Bruce auf dem Laufenden gehalten werden möchte. Auch die Schweizer Behörden werden angehalten, sich für eine baldige Heimreise der Afrikaner einzusetzen. Dies bringt Missionar Bürgi in einen Loyalitätskonflikt, wie sich seinen fortan sehr knappen Briefauszügen zum Thema Togomandingotruppe entnehmen lässt:

Büren an der Aare, den 15. September 1903

Inzwischen war Mr. Bruce mit seiner Truppe zweimal in Bern und hat dort viel christliche Liebe erfahren. Aus dem beiliegenden Brief von Herrn Kandidat Hopf ist ersichtlich, wie ernst dieser sein Amt als Pate nimmt. Auch ist sein Missionstrieb durch die Begegnung mit Bruce wieder neu entfacht. Doch glaube ich kaum, dass wir mit ihm rechnen können, da er diesbezüglich bereits Kontakt mit dem Sekretär der Basler Mission aufgenommen hat. Er hat mich eingeladen, im akademischen Missionsverein einen Vortrag zu machen. Auch Herr Pfarrer Eng und Frau haben sich des Bruce' sehr angenommen. Es hat mich sehr gefreut, seine Bekanntschaft zu machen, weil er katholischer Konvertit ist und nach sechsjähriger Wartezeit jetzt endlich Vikar im Amt Nidau geworden ist.
Ende August zog die Truppe nach Freiburg, Payern und Vevey. Augenblicklich aber kann ich nichts Genaueres berichten, da Bruce mich mit Nachrichten im Stich lässt. Es ist, als hätte er etwas gewittert und sich deswegen in Still-

schweigen hüllt. Vielleicht geht er auch absichtlich nicht über die Grenze, denn es ist auffällig, dass er jetzt auch die kleinen Städte nicht verschmäht. Sollte er wieder in meine Nähe kommen, werde ich ihn aufsuchen und persönlich mit ihm reden. Das Schreiben des Auswärtigen Amtes habe ich an Herrn Pfarrer Pfister geschickt, da ich dachte, es werde ihn interessieren.

Büren an der Aare, den 13. November 1903

Von der Negertruppe habe ich keine Nachricht erhalten, da Mr. Bruce sich noch immer in Stillschweigen hüllt. Auch Herr Student Hopf weiss derzeit nicht, wo die Truppe sich aufhält. Von anderer Seite habe ich gehört, dass die Leute, besonders die Frauen, bei ihren Schaustellungen keinen guten Eindruck gemacht hätten, da sie betrunken gewesen seien. Hoffentlich gehen sie hier in der Christenheit nicht noch ganz zu Grunde. -

So viel Nächstenliebe kann einem Schausteller auf Dauer lästig fallen. J. C. Nayo jedenfalls sah sich veranlasst, seine Tourneeroute abzuändern. Statt auf direktem Weg zu einem mehrmonatigen Gastspiel nach Budapest zu fahren, wie er dies in verschiedenen Schweizer Zeitungen angekündigt hatte, ist er Mitte September mit den Togomandingos von Genf aus in die Savoyerberge gefahren. In Chambéry machen sie Zwischenstation, mit mehrtägigen Auftritten im Jardin publique, um dann die nächste Grenze zu passieren: durch den Fréjus-Tunnel ins Piemont, zu einem zweiwöchigen Engagement nach Turin.

In Italien verliert sich die Spur.

Freak Show und Familienleben

In seinem siebenundvierzigsten Lebensjahr ist J. C. Nayo Bruce dreimal Vater geworden, in Kaltenkirchen, Brüssel und Bordeaux, und hat auch innert weniger Monate sein schaustellerisches Konzept mehrmals verändert. Zwangsläufig, so wäre zu ergänzen, musste er die Aktivitäten neuen Gegebenheiten anpassen, weil seine Gefolgschaft drastisch zusammengeschrumpft war, auf ein afrikanisches Familienunternehmen im wörtlichen Sinn: Vater Nayo mit seinen Ehefrauen Dassi Creppy und Yenoussi Johnson, ihren Kindern und Amanua Kpapo, der *weissen Negerin*, die mittlerweile zum innersten Kreis der Familie gehört.
Seit längerem schon war diese Entwicklung im Gange und wohl nicht mehr aufzuhalten. Als erste setzten die Männer aus Sierra Leone sich von der Truppe ab, bald waren auch die eigenen Landsleute nicht mehr zu halten. So wurde das Berliner Gastspiel der *Togo-Mädchen* im Herbst 1904 zur unwiderruflichen Abschiedsvorstellung. Am 16. November kehrten die jungen Frauen nach Afrika zurück. Zur Gruppe der zehn Heimreisenden gehörte Dovi Kumi, eine der Ehefrauen des J. C. Nayo Bruce. Er begleitete sie nach Hamburg und wohnt nun, wie vor zwei Jahren, als Untermieter bei Handken an der Hopfenstrasse in St. Pauli, um die nächste Zukunft zu organisieren. Die Klage gegen Zirkusdirektor Busch ist vor dem hanseatischen Obergericht in eine weitere Runde gegangen. Amanua Kpapo wird als *weisse Negerin* im Tivoli engagiert, Dassi Creppy spielt die Rolle ihrer *schwarzen Schwester Ama*. Es ist Dom-Zeit in Hamburg, also viel Rummel. Wie immer im Dezember kommen von weit her Impresarios, Agenten, internationale Veranstalter und Variétébesitzer, um sich über die neuesten Attraktionen zu informieren und Verträge abzuschliessen. Man trifft sich im Hammonia, dem Stammlokal der Artisten, und im Café Gröber.

Manches deutet darauf hin, dass das Auswärtige Amt die Heimreise der Togotruppe angeordnet oder zumindest aktiv unterstützt haben könnte, um weiteren Beschwerden zuvorzukommen. Bruce und seine Familie hingegen lässt man gewähren. Möglicherweise hat der laufende Gerichtsprozess gegen Zirkusdirektor Busch zur abwartenden Haltung der Behörden beigetragen, ausschlaggebend aber waren solch juristische Bedenken kaum, ebenso wenig wie zuvor der Rechtsstreit gegen Albert Urbach oder die chronisch erwähnten Probleme mit der Kaution für die Heimreise. Man stelle sich vor: Hundert Mark kostete die billigste Schiffspassage von Hamburg nach Togo, für Kleinkinder noch weniger, auf rund fünfhundert Mark also wäre ein Rücktransport der Familie Bruce zu stehen gekommen. Diesen Betrag hätte das Auswärtige Amt sicher aufgebracht, wenn es darum gegangen wäre, einen Unerwünschten endlich loszuwerden. Wie aber hätte es in Togo weitergehen sollen – Gouverneur Köhler war in der Zwischenzeit verstorben und sein Nachfolger kaum erpicht darauf, einen derart überlegenen Afrikaner unter seinen Angestellten zu haben. Einen weit gereisten Mann, der die Sprache und Gesetze der Deutschen kennt und ihre Schwächen durchschaut. Und der für sein fabelhaftes Gedächtnis bekannt ist, für tadellose Manieren, ein formvollendetes Auftreten, und dennoch sehr störrisch werden kann, wenn etwas ihm zuwider läuft. Nicht auszudenken, was er mit seinen Überredungskünsten hätte anrichten können in einem störungsanfälligen Gebilde, wie die Kolonien es waren. Da scheint es auf jeden Fall klüger, aus Sicht der deutschen Behörden, diesen Bruce von Togo fernzuhalten, ihn von seinen Landsleuten zu isolieren und vorderhand in Europa im Auge zu behalten, zumal er bisher für den Lebensunterhalt seiner Familie stets selber aufgekommen ist.

Auch jetzt wieder finden sich genügend Erwerbsmöglichkeiten. Amanua Kpapo und Dassi Creppy erhalten weiterhin Engagements als *Afrikanisches Geschwisterpaar*, vom Kieler Variété Zauberflöte, der Tonhalle von Rendsburg, dem Zentralgasthof in Kaltenkirchen. Und während sie kleinräumig durch das südliche Schleswig-Holstein tingeln, macht entlang ihrer Tourneeroute eine Strassenaktion von sich reden. Sechs waschechte Mohren, so berichten übereinstimmend diverse Lokalzeitungen, seien im Dienste der Firma Mohr, der bekannten Margarinenfabrik von Hamburg-Barenfeld, in der Gegend unterwegs, um kleine Musterpackungen der neuen Mohra-Margarine zu verteilen. Auf den Annoncenseiten erscheinen Inserate für das frisch lancierte Pflanzenextrakt. Den einheimischen Bauern mit ihren vielen Milchkühen mag die Werbekampagne für billigen Butterersatz als Affront vorkommen, für die sechs Afrikaner ist es ein willkommener Gelegenheitsjob. Auch die Familie Bruce ist auf Zusatzverdienste angewiesen. Sie hat für die Wintermonate ein festes Quartier in Ulzburg bezogen, im Gasthaus zum Weissen Ross. Dieses liegt an einer viel befahrenen Überlandstrasse, ist eine beliebte Haltestelle der Fuhrleute. So spricht sich die Anwesenheit der afrikanischen Gäste rasch in der weiteren Umgebung herum, die Frauen werden aushilfsweise als Kellnerinnen in verschiedenen Gasthäusern beschäftigt, und verbürgt ist auch, dass etliche Lokalmatadoren, namentlich Wirte, Viehhändler und

Abb. 11: Am 23. März 1905, dem Tauftag von Annie Bruce, vor dem Gasthaus zum Weissen Ross in Ulzburg: der Wirt Hinrich Wördemann, Wilhelm Krohn, Yenoussi Johnson, Johannes Riecken, J. C. Nayo Bruce mit Richard, die Lindenhof-Wirtin Frau Karll mit Annie, der Viehhändler Johann Pruns, Dassi Creppy, Ernst Reumann, Amanoua Kpapo und Erich Karll. Auf der Rückseite des Fotos ist vermerkt: «Der Neger hatte drei Frauen. Waren als Schautruppe in der alten Wirtschaft des Hinrich Wördemann untergekommen und machten mit den Aufnahmen ihr Geschäft.» (Stadtarchiv Henstedt-Ulzburg, XIII – 02.06.05/12)

Grossbauern, sich gegen ein kleines Entgelt zusammen mit der afrikanischen Familie haben fotografieren lassen.

Ein schönes Nebeneinkommen auch für den Ulzbuger Fotografen, ganz besonders am 23. März 1905, dem Tauftag von Annie Bruce. Vor jedem Gasthof in den umliegenden Dörfern werden Aufnahmen gemacht, Gruppenbilder in wechselnden Formationen. Je mehr Leute ins Bild drängen, desto unschärfer werden die Fotos. Trotzdem kann man sie später als Postkarten kaufen. Gruss aus Ulzburg, lautet eine der Bildunterschriften. Über vierzig Personen haben sich vor der Backsteinfassade des Gasthauses zum Weissen Ross zusammengeschart. In der Mitte posiert das Wirtepaar mit dem Taufkissen, flankiert von Vater Nayo und Mutter Yenoussi, neben ihr steht Amanua, mit nackten Schultern wie immer, in der Frühlingssonne. Dassi hält ein deutsches Mädchen an der Hand. Eine weitere Afrikanerin ist im Gedränge schwer auszumachen, halbverdeckt von einer Ulzburgerin in dunkler Sonntagskleidung, die den kleinen Richard auf den Arm genommen hat. Noch keine zwei Jahre ist es her, seit er selber in Bern getauft wurde, jetzt ist er unter den Kindern der Grösste, weil keines seiner älteren Geschwister nach Ulzburg mitgekommen ist. Pietro geht in Warnemünde zur Schule, er lebt als Pflegkind in der Familie des Barons George von Fircks, ebenso wie Regina. Kwassi besucht das Realgymnasium in Berlin. Auch Kekui-Agnes ist immer noch in Deutschland.

Zwei Monate nach der Ulzburger Taufe ist auf dem Exerzierplatz von Schwerin eine *Togo-Negerfamilie* angekündigt. Vier Erwachsene, zwei Kinder, darunter *Amanua, die weisse Negerin*, täglich von vier Uhr nachmittags bis abends um zehn, heisst es in den Zeitungsinseraten. Es gibt keine Bühne, keine Binsenhütten, kein Programm, nichts, was hätte Abstand schaffen und Respekt einflössen können. Nirgends die Andeutung einer Fiktion, und sei es auch nur eine Spanplatte mit aufgemalter Palme. Gerade das sei das Beruhigende, schreiben die «Mecklenburger Nachrichten», dass die Gäste aus Afrika sich nicht produzieren, also kein Feuer schlucken, auch nicht mit Ketten rasseln, sondern in ruhiger und friedlicher Weise sich nur sehen lassen.
Wie aber schafft man das, einen halben Tag lang sich selber als eine Familie spielen, Holz aufschichten, Feuer machen, die vielen Tücher einseifen, sie ausspülen und in die Sonne hängen, Trinkgelder einziehen, Gemüse rüsten, die kleine Annie stillen, Reis kochen, Fleisch braten, essend auf dem Boden sitzen und plaudern, dem älteren Kind etwas zurufen, Fackeln anzünden, Postkarten verkaufen, singen und tanzen ohne Musik. Und was sonst sollte derart interessant sein, dass man stundenlang zusehen möchte, hinschauen auf sechs Menschen, ihre täglichen Verrichtungen und die weissen Schultern einer Frau aus Accra? Auch die Zeitung weiss keine Antwort darauf. Ihr Reporter ist nicht mehr vor Ort, bis eine Woche später der Zirkus Sarrasani seine Zelte auf dem kleinen Exerzierplatz aufgestellt und die afrikanische Familie vertrieben hat.
Vielleicht war die Präsentation friedlichen Familienalltags in Schwerin tatsächlich eine Art des Exerzierens. Eine selbst geschaffene Möglichkeit, etwas Anderes auszuprobieren, im öffentlichen Raum mittels eigner Erfahrung auszuloten, ob es funktionieren würde, einen Sommer lang sich selber überlassen zu bleiben. Ebenso gut aber könnte das Schweriner Intermezzo eine Verlegenheitslösung gewesen sein, ein Überbrückungsversuch also oder bereits die Hauptprobe für das nächste Projekt. Denn vor einiger Zeit schon, während der

Dom-Zeit in Hamburg vermutlich, ist J. C. Nayo Bruce mit Fritz Geissler in Kontakt gekommen, einem Spezialisten für Abnormitäten, Phänomene und Sensationen, wie der branchengängige Ausdruck für diese Art von Vergnügen lautet. Oder Freak Shows, ein Begriff, der sich auch im Deutschen allmählich durchzusetzen beginnt. Geissler selber bezeichnet sein Unternehmen als amerikanische Novelty Show oder, um den Firmeneintrag ausführlich wiederzugeben, *The American Living Novelty and Curiosity Compagnie*. Das klingt verheissungsvoll für einen jungen Mann wie Geissler, der ursprünglich aus Sachsen stammt, aus Winkel im Kreis Leipzig. Am Roermondsplein in Arnheim hat er seine Firma installiert, mit eigener Agentur am Boulevard Clichy in Paris. Dort soll sich melden, wer etwas zu bieten hat, lässt die amerikanische Novelty Show mittels Annoncen in den Artistenfachblättern ausrichten, auf der Suche nach weiteren Sehenswürdigkeiten für eine längere Tournee durch Frankreich. Verlangt werden, heisst es fettgedruckt in den Inseraten: tätowierte Damen, gute Zwerge, Riesen, Albinos, Bartdamen, Schlangentänzerinnen.
Hauptattraktion von Geisslers Novelty Show sind Bartola und Maximo, zwei Behinderte aus San Salvador, Geschwister angeblich und vom mexikanischen Hochland stammend. Auf den Tempelruinen von Iximaya seien sie von den Eltern ausgesetzt worden, ist in ihrer Vita nachzulesen. Findelkinder also und tatsächlich von klein auf als Schauobjekte herumgezeigt worden, in Zentralamerika zuerst, 1849 in New York, 1856 in Wien und seither weitherum in Europa, ununterbrochen, von einem Unternehmer an den nächsten verkauft und von neuem ausgestellt, mal als *Menschen mit den Vogelköpfen*, mal als *letzte lebende Azteken*. In Wissenschaftskreisen gelten sie als seltene Fälle von Microcephalen, was mit Kleinköpfigkeit zu übersetzen wäre. Rudolf Virchow verfasste anlässlich ihres Gastspiels 1891 im Berliner Panoptikum einen Aufsatz über das merkwürdige Phänomen, wie er es nennt, samt einer Tabelle seiner eigenen Vermessungen. Inzwischen können Bartola und Maximo sich kaum mehr auf den Beinen halten, sie müssen beide weit über sechzig Jahre alt sein, ihre Rücken sind krumm geworden, die Schenkel steif, die Gelenke verkrüppelt. Man hat ihnen abenteuerliche Perücken aufgesetzt, das erinnert an Hahnenkämme und lässt ihre Köpfe kurioserweise noch kleiner erscheinen.
Auch an der Foire du Midi von 1905 in Brüssel sollen Bartola und Maximo der amerikanischen Novelty Show regen Zulauf bescheren, ausgestellt wieder als les deux derniers Aztèques, zusammen mit der kleinwüchsigen Nouwa Hawa, einer *Négresse blanche*, den *Nègres Togo* und weiteren Attraktionen, die auf den Affichen namenlos bleiben. Und am 20. August kann Fritz Geissler

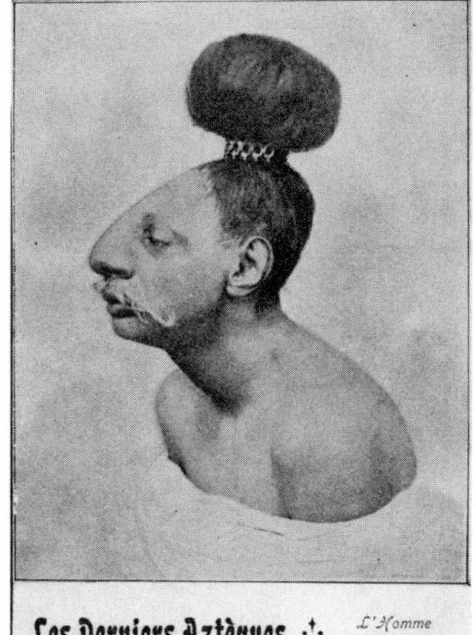

Abb. 12/13: Bartola und Maximo, zwei Behinderte aus San Salvador, wurden während mehr als fünfzig Jahren in Europa als «letzte Azteken» ausgestellt. Mit ihnen ist die Familie Bruce sechs Monate lang in den Freak Shows des Schaustellers Fritz Geissler engagiert, erstmals im Sommer 1905 an der Foire du Midi in Brüssel, anschliessend in Frankreich auf Jahrmärkten und in einer fahrenden «Exposition anthropologique». (Sammlung Rea Brändle)

eine zusätzliche Attraktion vermelden, das neugeborene Kind der weissen Negerin. Benannt wird es nach ihm und dem König von Belgien: Léopold Fritz Bruce. So ist der Junge im standesamtlichen Register der Stadt Brüssel eingetragen worden, als Vater figuriert John Carvat Bruce aus Accra, Amanua Kpapo gilt seither offiziell als seine Ehefrau. Innerhalb der Familie heisst sie bis heute Mémé Amanoua, sie ist zur Mama geworden, für alle Kinder und Kindeskinder, nicht nur für ihre leiblichen Nachkommen.

Von der Brüsseler Kermess geht es nach Frankreich weiter. Dort hat die Zeit der langen Herbstmärkte begonnen, richtiggehende Volksfeste in jahrhundertealter Tradition, eine lohnende Angelegenheit für die amerikanische Novelty Show. Im September die Foire de Lille, dann die Foire Saint-Michel in Le Havre, Foire Saint-Romain in Rouen. Fritz Geissler wirbt mit gruseligen Plakaten für den afrikanischen Teil seiner Show: Amanoua, als weisse Negerin, eine Lichtgestalt, die ihre Landsleute in Schrecken und Panik versetzt.

Abb. 14: Undatiertes Plakat, vierfarbig, vermutlich um 1905 entstanden; Amanoua Kpapo als «weisse Negerin» stilisiert zu einer Lichtgestalt, die ihre Landsleute in Angst und Schrecken versetzt. Die Afrikaner haben keinen Bezug zu den Mitwirkenden in den Freak Shows von Fritz Geissler, sein Name aber steht auf einem winzigen Stempelaufdruck unterhalb des Schriftzugs am linken Bildrand. (Sammlung Rea Brändle)

Die Werbung ist mehrsprachig, französisch, englisch und deutsch, wie es dem Gebaren einer American Novelty entspricht. Von Internationalität indes ist vorerst nicht viel zu verspüren, es folgt ein mehrwöchiges Gastspiel an der Rue nationale in Tours, ein weiteres in Bordeaux an der Rue Sainte-Catherine. Unterdessen hat Fritz Geissler seinem Unternehmen einen frankophonen Namen verpasst, *Exposition anthropologique*, das klingt nicht mehr so penetrant nach Jahrmarkt, Monster und Showbusiness und soll während der Wintermonate ein gebildetes Publikum und auch Schulklassen ansprechen. Die Besetzung freilich ist dieselbe geblieben. Seitens der Familie Bruce wird wie zuvor in Norddeutschland das *Afrikanische Geschwisterpaar* in Szene gesetzt, mit dem Unterschied freilich, dass Dassi Creppy die Nebenrolle der schwarzen Schwester wieder an Yenoussi Johnson hat abtreten müssen, weil sie selbst, im neunten Monat schwanger, auf der Bühne zu sehr zum Mittelpunkt würde. Yenoussi kann problemlos von einem Tag auf den nächsten einspringen, so oft schon hat sie im Programm der Bruceschen Standardnummer mitgewirkt.

In Bordeaux hat Dassi Creppy ein Mädchen geboren, am 23. Januar 1906, an der Rue Sainte-Catherine, im Parterre läuft die Freakshow weiter. J. C. Bruce meldet die Geburt seines Töchterchens in der Mairie von Bordeaux, Lisa soll das Kind heissen. So könnte man jetzt die Taufe vorbereiten, sie samt afrikanischem Fest ins Gastspiel integrieren, als publikumswirksamen Anlass wieder, unvergesslich wie es die früheren Kindertaufen in Rom, Elberfeld, Bern, Ulzburg und Brüssel waren. Stattdessen ist die Familie Bruce plötzlich aus Bordeaux verschwunden, reist mit der kleinen Lisa quer durch Frankreich ins Elsass, mietet in Strassburg eine Unterkunft am Fischmarkt und lässt ein paar Tage später das Kind in der Jung-St.-Peterkirche evangelisch taufen. Die Paten sind Sakristan Selge und die Hebamme Riebna. Als Mutter ist Dassi Creppy im Taufbuch eingetragen, als Vater John Calvert Bruce, derzeit Schauspieler in Strassburg.

Der Wortlaut irritiert. Nicht wegen des deutschen Sprachgebrauchs – das Elsass ist für ein paar Jahrzehnte zu deutschem Staatsgebiet geworden –, sondern weil J. C. Nayo Bruce sich in amtlichen Angelegenheiten bisher mit Vorliebe als Händler, Kaufmann oder Unternehmer ausgab. Und weil während seines Aufenthalts in Strassburg kein afrikanisches Gastspiel stattgefunden hat. Im ganzen Elsass lässt sich nirgends eine Annonce für eine entsprechende Veranstaltung finden. Selbst in den ausführlichen Zeitungsberichten über Lisas Taufe wird kein Wort über afrikanische Vorstellungen verloren, weder in den

«Strassburger Neuesten Nachrichten» noch in der «Strassburger Post», die beide über die afrikanischen Gäste berichten. Eine weisse Negerin ist in den Berichten nicht erwähnt. Die Taufgesellschaft in der Jung-St.-Peterkirche habe aus sieben Familienmitgliedern bestanden, wird in beiden Blättern übereinstimmend berichtet, die Babys seien nach afrikanischem Brauch auf dem Rücken getragen worden, selbst während des Gottesdienstes, und eine der schwarzen Frauen gehöre immer noch zu den Heiden. Wäre Amanoua dabei gewesen, müsste das einem Reporter aufgefallen sein. Hingegen ist aus beiden Zeitungen zu erfahren, dass Herr Bruce sich mit seiner Familie nur für kurze Zeit in der Stadt aufhalten und demnächst nach Mailand weiterreisen werde. Tatsächlich wird Herr Johan Bruce aus Togo, Artist von Beruf, sich ein paar Tage später aus Strassburg abmelden, in Begleitung seiner Ehefrau Dassi Creppy und den Kindern Richard, Annie, Fritz und Elisabeth, wie das im Melderegister vermerkt ist. Als Reiseziel ist Mailand angegeben.
In Mailand wird in nächster Zeit einiges los sein. Die Einweihung des neuen Eisenbahntunnels durch den Simplon soll mit einer mehrmonatigen Ausstellung gefeiert werden, der Esposizione internazionale del Sempione. Im Februar bereits sind die Bauarbeiten im vollen Gange, wie im «Corriere della Sera» tagtäglich nachzulesen ist. Während den nächsten Wochen wird im Lokalteil ausführlich über die Fortschritte des Grossereignisses berichtet. Ende April ist die Wildwestshow des Amerikaners Bill Cody alias Buffalo Bill für ein einige Tage in Milano zu Gast, mit Hunderten von Indianern, Cowboys, Mexikanern, Arabern, Kosaken, Kunstreitern und Scharfschützen. Congress of Rough Riders of the World nennt sich das Unternehmen. Bill Cody hat eine eigene Arena aus den USA mitgebracht, auf einem der Nebenschauplätze ist eine Samuraitruppe aus Japan zu bestaunen. Auf der Piazza d'Armi wird unterdessen ein Villaggio eritreo aufgebaut, als Kulisse für Menschen und Tiere aus der italienischen Kolonie im nordöstlichen Afrika. Es ist dieselbe Produktion, die im Jahr zuvor von der Firma Hagenbeck als Somali-Dorf im Londoner Crystall Palace präsentiert wurde. Im internationalen Rahmen der Sempione nun wird dem afrikanischen Dorfleben höchste Beachtung zuteil. Gemeinsam mit Kardinal Ferrari ist die italienische Königsfamilie zur Eröffnung der Sempione nach Mailand gekommen, zudem eine Reihe von Staatsmännern aus allen benachbarten Ländern und mit ihnen zahlreiche Sonderkorrespondenten. Einmal mehr sei Hagenbeck ein Coup gelungen, werden sie in ihren Gazetten vom Villaggio eritreo schwärmen, eine meisterhafte Inszenierung, die punkto Vergnügen alles andere in den Schatten stelle.

Der königliche Tross ist weiter gezogen, das afrikanische Dorf bleibt in Milano. Bis anfangs November dauert die Ausstellung. Dann kommt der Winter, in Hamburg ist wieder Dom-Zeit, die Variétés wetteifern mit ihren jüngsten Entdeckungen, in der Hauptreihe am Spielbudenplatz sind der grösste und der kleinste Mensch der Welt ausgestellt, im Zelt nebenan Bartola und Maximo als letzte lebende Azteken. Und während in den Cafés Gröber und Hammonia neue Verträge ausgehandelt werden, ist J. C. Nayo Bruce in London eingetroffen. Dort soll, wie ein deutsches Fachblatt schreibt, eine Konkurrenzveranstaltung zum Hamburger Dom lanciert werden. Im Stadtteil Hammersmith, ganz in der Nähe des Olympiastadions mit seinen populären Veranstaltungen, hat die Familie Bruce für ein paar Wochen eine Unterkunft gemietet. Nicht auf dem Schiff nach England, wie die Familiensaga es so eindrücklich will, sondern in der Wohnung des Tabakhändlers Lawrence an der Beaconsfield Terrace Road 3 in South-Hammersmith ist am 12. Januar 1907 das dritte Kind von Yenoussi Johnson zur Welt gekommen. Es wird Victoria getauft, auf den Namen der englischen Königin.
Zu öffentlichen Auftritten jedoch ist die Familie Bruce in den nächsten Wochen kaum engagiert worden, weder im Olympiastadion noch sonst wo im Westend, denn bis Ende Februar bleiben in London nahezu alle Vergnügungslokale geschlossen, weil die Artisten streiken.
Nayo Bruce kann sich in den Arm kneifen: Er ist in London, tatsächlich, auf den britischen Inseln, dem gelobten Land seiner Familie. Von hier soll einer seiner Vorfahren stammen und vor mehr als hundert Jahren nach Afrika ausgewandert sein, wie J. C. Bruce in seinem Interview an der Berliner Kolonialausstellung erzählte. Und einer seiner Verwandten aus Accra, Dr. Alexander Nanka-Bruce, hatte in England studiert.

Die Übergangsjahre im Variété

Noch ist es nicht das Kino, was in den nächsten Jahren dem herkömmlichen Unterhaltungsgewerbe in Deutschland am meisten zu schaffen macht. Es ist der eigene Erfolg paradoxerweise, eine rasante Expansion: Die einzelnen Betriebe konkurrieren sich selber. 1908 sind allein in Berlin über vierzig Variétébühnen registriert, nebst einer Reihe so genannter Sommertheater. Auch aus Frankfurt, Leipzig, Dresden und Hamburg werden beträchtliche Zuwächse vermeldet, ja, selbst in kleineren Städten wie Bochum, Kiel oder Bremen existieren mittlerweile ein halbes Dutzend Variétés, eine beachtliche Zahl verglichen mit Italien etwa, wo sich landesweit nur gerade zehn Etablissements dieser neuen Art von Unterhaltung verschrieben haben. In der deutschsprachigen Schweiz sind es drei Unternehmen, die internationales Ansehen geniessen: das Cardinaltheater in Basel, der Luzerner Kursaal und das Theater Corso in Zürich.

Vom Selbstverständnis her orientieren die deutschsprachigen Variétés sich gerne an den Pariser Vorbildern, auch wenn sie in der Praxis noch immer nach dem Muster des totgesagten Tingeltangels funktionieren. Höchstens alle zwei Wochen wird in der Regel das Programm umgestellt und im Bemühen, à la mode zu sein, meist längere Zeit überall auf Immergleiches gesetzt: Damenkapellen und Ringkämpfe für beide Geschlechter. Oder man hofft auf einen Zufallstreffer unter all den zahllosen Füllern, eine Zugnummer, die zum Renner der Saison werden könnte wie einst das behaarte Siammädchen, der einbeinige Radfahrer oder ein zweiter Houdini womöglich – so erfolgreich wie er, der internationale Star des Variétés, in vornehmen Theaterhäusern gefeiert, unbezahlbar mittlerweile mit seinen Entfesslungskünsten.

Für die Korrespondenten von führenden Fachzeitschriften wie «Der Artist» ist solches Wunschdenken passé. Was sie auf ihren Reisen durch Deutschland zu sehen bekommen, will ihnen prinzipiell veraltet vorkommen, zu langfädig, monoton in jeder Hinsicht. Ein wirklich gutes Variété müsse sein Programm häufiger wechseln, der Spielplan sollte zehn kurze Nummern enthalten und in der Abfolge so geschickt austariert sein, dass im Idealfall das Publikum sich nach Vorstellungsschluss kaum mehr an die einzelnen Bausteine erinnern könne, schreiben die Unterhaltungsexperten und bemühen sich sehr, ihre reformerischen Absichten anhand geglückter Beispiele zu verdeutlichen. So wird im Februar 1908 das Stadtvariété Krefeld zum Vorbild erklärt. Da sei alles grossstädtisch, wie aus einem Guss und zugleich ein spannungsvoller Mix: von leidenschaftlichem Temperament die Tänze und Gesänge der beiden Geschwister Chigotti; schwedisch-deutsche Kunstlieder des Original-Landström-Terzetts; die vielseitige Syra, eine Instrumentalistin und gleichzeitig Interpretin plastischer Posen; Improvisator Herbert Stein mit schlagenden Witzen und Stegreifversen auf Anregungen aus dem Publikum; ein neu entwickelter Balanceakt des Kunstturners Toni Nelson; das Tschuschkesche Liliputanertrio in Tiroler Tracht, umwerfend komisch mit ihren Klapphornversen und Schnadahupferln; nach der Pause dann Man de With, ein junger Herr in Frauenröcken, mal mädchenhaft kichernd, mal unverfroren sich als Madame sans-gêne produzierend, dann wieder unnahbar künstlich wie eine Meissener Porzellanfigur und immer in prächtigster Toilette; vollendete Luftakrobatik der drei Orions; Alice Markert mit Imitationen von Berliner Volkstypen; mitreissende Volkstänze des Zigeunerinnenquartetts Kiss; zum Schluss die neuesten lebenden Bilder im Kinematographen.

Solch perfekte Mischungen jede Woche neu zusammenzustellen, sei von einzelnen Variétébetreibern nicht mehr zu bewerkstelligen, gibt «Der Artist» zu bedenken und empfiehlt deshalb in seinen Leitartikeln, jeweils für ein paar Tage eine der spezialisierten Reisegesellschaften mit fixfertig präpariertem Nummernprogramm zu engagieren, weil diese auf internationalem Niveau aufgebaut seien, kompetent mit verschiedenen Genres experimentierend, einer Verschmelzung von Artistik, Kleinkunst und theatralischen Elementen samt einer Vielzahl der erforderlichen Zwischenformen wie englischem Sketch, komischen Einaktern à la français, klassischer Pantomime, literarischen Einlagen, folkloristischen Tanznummern, Kostproben aus Operette und deutschem Singspiel.

Die Häufigkeit solcher Appelle mag ein Indiz dafür sein, wie energisch die Professionalisierung des Variétés vorangetrieben wurde. Die repetitive Art der Ermahnungen deutet aber auch darauf hin, dass der Modernisierungsprozess sich über mehrere Jahre hinzog. Dass es im Vergnügungsmetier, trotz wiederholter Plädoyers der Meinungsmacher, sehr unterschiedliche Auffassungen und Praktiken gab und noch immer eine Reihe namhafter Veranstalter, die nach eigenem Gutdünken programmierten.

Für unabhängige Kleinunternehmer wie J. C. Nayo Bruce wirkt sich die Übergangsphase zwiespältig aus. Zum einen wird es schwieriger, deutsche Städte auf eigene Rechnung zu bereisen, sich inmitten des riesigen Angebots eigenständig zu profilieren und sich einen Namen zu machen in den Zeitungen,

Abb. 15: Die Lyoner Postkarte, aufgenommen um 1906 im Fotostudio Joguet, mit Nayo Bruce und seinen Ehefrauen Amanoua Ankrah Kpapo, Yenoussi Johnson und Dassi Creppy. In der Bildmitte ist Richard, die Kleinkinder sind vermutlich Fritz, Lisa und Annie. (Sammlung Rainer E. Lotz)

die vom Gros der Veranstaltungen kaum mehr Notiz nehmen. Andererseits öffnet sich dank der Expansion des Variétés eine Fülle zusätzlicher Auftrittmöglichkeiten. Im Vielerlei bieten sich Überlebenschancen, auch für so genannte Programmfüller, wenn man keinen allzu grossen Ehrgeiz hat und sich den neuen Gegebenheiten mit kurzen Nummern anzupassen weiss. Ansonsten gibt es für abendfüllende Vorstellungen noch immer traditionelle Saalwirtschaften, in den Vorstädten ebenso wie in ländlichen Regionen, und als weitere Ausweichmöglichkeit die umliegenden Länder, ja, Europa ist gross und Deutschland nicht die Welt.

Afi be, dekadeka wotsone wòdea do gbo, heisst es in der Ewe-Sprache, die Maus sagt, man bringt eins nach dem andern ins Loch.

Auch wenn die Tourneeroute der Jahre 1907–1911 nicht mehr rekonstruiert werden kann, ist nicht zu übersehen, dass J. C. Nayo Bruce mit seiner afrikanischen

Abb. 16: Jahrmarktspostkarte, um 1908 entstanden; J. C. Nayo Bruce kennzeichnet sich, wie auch in seinen amtlichen Papieren, als Fourzeiger (Schausteller) und als Forain (Marktfahrer). Die Frauen mit den Kleinkindern sind Dassi Creppy, Amanoua Ankrah Kpapo und Yenoussi Johnson. Der Junge rechts ist Richard, die andern Kinder sind nicht zweifelsfrei zu identifizieren. Für die Aufführungen der «Famille Amoema» sind zwei weibliche Gäste engagiert. Dieses Bildsujet wurde in den folgenden Jahren, vermutlich bis 1914, als Vorlage für weitere Postkarten mit neuen Bildunterschriften verwendet. (© Collection Gérard Lévy, Paris)

Familie weiterhin im Showgewerbe tätig war. Davon zeugen verschiedene Postkarten. Sie alle tragen Bildunterschriften, die Auskünfte zum Programm enthalten. *La famille de la Négresse blanche* beispielsweise, *La famille Amoema de la Négresse blanche: Souvenir de la Foire* und *West afrikanisch Familie mit weisser Negerin (Naturwunder)*, lauten einige der geläufigsten Titel. Zudem scheinen die Karten mehr oder weniger deutliche Hinweise auf die jeweiligen Gastspielorte zu geben. Das erstgenannte Familienbild wurde im Fotostudio Joguet in Lyon aufgenommen, ein weiteres entstand im niederländischen Breda. Die Souvenirkarte wurde, nach der Bildlegende zu schliessen, auf französischen und belgisch-wallonischen Jahrmärkten feilgeboten, dasselbe Sujet jedoch wurde auch verwendet für die Postkarte mit der flämisch-deutschen Bildlegende, einem babylonischen Sprachengemisch, was vermuten lässt, dass die Tournee der Familie Bruce nicht auf eine einzige Region ausgerichtet war.

Man behält sich, wie Umbruchsituationen es erfordern, am besten mehrere Optionen offen. Das kommt auch in den Bildern selbst zum Ausdruck. Auf

der Jahrmarktpostkarte lässt J. C. Nayo Bruce sich in dunklem Anzug und weissem Hemd fotografieren, der Berufskleidung eines Impresarios, was ihm innerhalb der *Familie Amoema* den Status eines Aussenseiters verleiht. Im Studio von Lyon hingegen kennzeichnet er sich als Familienmitglied, Vater Nayo mit einem Kind auf dem Arm. Sein Oberkörper ist zur Hälfte entblösst, über der Schulter hängt lässig ein Tuch, nach afrikanischer Art offensichtlich. Es ist mit Ornamenten bedruckt, mit ähnlichen Mustern wie die knöchellangen Umhangkleider seiner Frauen. Auch die Rolle von Mémé Amanoua ist auf den beiden Postkarten unterschiedlich akzentuiert. Die Aufnahme aus Lyon spielt auf die erfolgreiche Produktion der *Soeurs africaines* an. Amanoua und Yenoussi sitzen im Schwesternlook nebeneinander, in gleicher Haltung, mit derselben Frisur und beide mit einem kleinen Mädchen im Schoss. Auf der Jahrmarktpostkarte dagegen wird Amanoua ins Zentrum gerückt. Sie sitzt in der Mitte, mit einem Taufkind im Schoss, während alle andern Erwachsenen stehen, die Frauen symmetrisch gruppiert. Auffallend ist auch, dass auf den Postkarten die Kinder immer wichtiger werden; dies entspricht wohl den Vorlieben des Publikums, das sich an Babys in den Rückentaschen und an krausköpfigen Kleinkindern nicht satt sehen wollte.
Wann die einzelnen Aufnahmen entstanden sind, ist nicht schlüssig zu beantworten. Am ehesten möglich ist dies für die Karte aus Lyon. Der Junge mit dem festlichen Hemdkragen ist wahrscheinlich Richard, die Babys wären demnach Annie, Fritz und Lisa, das Foto müsste also um 1906/07 aufgenommen worden sein. Bei andern Postkarten ist es viel schwieriger, von der Anzahl der abgebildeten Personen oder vom Alter einzelner Kinder auf ein Datum zu schliessen. Immer neu kombinierbare Spekulationen drängen sich auf, ein endloses Werweissen, bis man sich kleinlaut eingesteht, Werbeaufnahmen mit Familienfotos verwechselt zu haben. Im Showbusiness gelten offensichtlich andere Regeln als im Privatleben, da ist es nicht zwingend, dass alle Angehörigen auf einem Bild versammelt sind, und es müssen nicht die leiblichen Mütter sein, die sich dem Taufkind liebevoll zuwenden. Die Postkarte der *Familie Amoema* führt einem überdies vor Augen, dass J. C. Nayo Bruce gelegentlich Gäste in sein Ensemble aufnahm, zwei Frauen, die eine schon älter, die andere könnte Kekui-Agnes sein.

Am Jahresende 1908 wird im flämischen Sint-Niklaas mittels Zeitungsannonce ein Familienschouwspel angekündigt. *Togo Neger of de familie Amoema en de Witte Negerin* werden in der Wirtschaft De Drij Fonteinen erwartet, mit

Tanz, Gesang und sonstigen Darbietungen über Leben und Arbeit in Westafrika, *ten uiterste zedelijk* allerdings, will heissen von höchster Moral. Insbesondere die *witte Negerin* sei von Doktoren aus Amerika, Asien und Europa zum merkwürdigsten Wunder der Welt ernannt worden, heisst es weiter, sie komme aus dem heissesten Land der Erde und sehe während der Nacht genauso gut wie bei Tag.

Die Aufführungen dauern von zehn Uhr morgens bis spät abends um elf. Es treten zwölf Personen auf, sechs Erwachsene und sechs Kinder, also Nayo Bruce mit seinen Ehefrauen Dassi Creppy, Yenoussi Johnson, Mémé Amanoua und zwei Begleiterinnen sowie den Kindern Richard, Annie, Fritz, Lisa, Victoria und Baby Marika, das drei Wochen zuvor an der Hofstraat in Sint-Niklaas zur Welt gekommen ist, als dritte Tochter von Dassi Creppy. In der Geburtsurkunde ist John Calvert Bruce als Vater eingetragen, Schausteller von Beruf und laut seinen amtlichen Papieren wohnhaft im deutschen Warnemünde.

Leider ist das Familienschauspiel in keiner der fünf Zeitungen von Sint-Niklaas besprochen worden.

Auch in der Lokalpresse von Liège ist nichts über ein afrikanisches Gastspiel nachzulesen, als am 8. November 1910 der Geburtsschein für die kleine Christine ausgestellt wird. Als Vater ist John Calvert Bruce eingetragen, Marktfahrer von Beruf, als Mutter Erika Yenoussi. Als amtliche Zeugen figurieren der Marktfahrer William Obi aus Gent und Walthère Matoul, Schiessbudenbetreiber in Liège.

Wenn man über endlos viel Zeit verfügen könnte, wären in diesem mittleren Abschnitt der Europareise des J. C. Nayo Bruce sicher noch weitere Tourneestationen auszumachen. Andererseits scheint es zwischen intensiven Gastspielphasen auch immer wieder ausgiebige Ruhepausen gegeben zu haben – wie schon im Winter 1904/05 im norddeutschen Ulzburg oder zwei Jahre später in London –, mit Gelegenheitsarbeiten am Rande des Unterhaltungsmetiers vermutlich, längere Aufenthalte in grossen Städten, wo J. C. Nayo Bruce mit einigen Westafrikanern befreundet war. Namentlich in Berlin existierte eine kleine, gut vernetzte Community aus Togo. Ihre Kontaktadresse war das Deutsche Kolonialhaus von Bruno Antelmann, dem Pflegevater von Kwassi Bruce. Er beschäftigte in seinem Handelsunternehmen mehrere Afrikaner, war mit seinem Kolonialwarensortiment an internationalen Ausstellungen und Verkaufsmessen präsent und hatte da jeweils befristete Jobs für afrikanische Hilfskräfte zu vergeben.

In Berlin gab es auch ideelle Gönnerinnen. Davon zeugt das kurz saloppe Schreiben der Professorenwitwe Louise Marcelle aus Schöneberg. Begeistert berichtet sie am 5. Februar 1909 dem Auswärtigen Amt über die erfreuliche Zusammenarbeit mit den Togoleuten an der internationalen Volksausstellung, einer Wohltätigkeitsveranstaltung des Frauen-Lyceumsclubs im Kaufhaus Wertheim. Die Königin von Rumänien hatte das Patronat übernommen, was zahlreiche Hofdamen anzog, wie die «Vossische Zeitung» berichtet. Die deutsche Kaiserin gar war mehrmals in die Ausstellung gekommen und hatte sich allerlei Handgemachtes erworben. Ihre Schwiegertochter, die Kronprinzessin, kaufte ihrem ältesten Sohn eine Puppe in samojedischer Tracht.
Was im Falle der Louise Marcelle als diffuse Schwärmerei für fremde Kulturen abgetan werden könnte, basierte bei der Schriftstellerin Paula Karsten auf ernsthafter Arbeit. Im Selbststudium hatte sie in jungen Jahren damit begonnen, afrikanische Sprachen zu erlernen, mit Hilfe verschiedener Emigranten aus Westafrika, wie sie ausdrücklich betonte. Auch J. C. Nayo Bruce hatte sie in Berlin kennen gelernt, schon beim allerersten Gastspiel der Togotruppe, und damals in einem Brief an das Reichspostamt die Aufführungen im Passage-Panoptikum sehr gelobt. Es seien alles äusserst begabte und lernbegierige Leute, schrieb sie an seine Exzellenz, den obersten deutschen Postbeamten und setzte sich namentlich ein für den jungen Nelson Garber, der mit der Truppe seines Onkels Nayo nach Europa gekommen war, in der Absicht, sich im deutschen Telegrafendienst weiterzubilden. Weil dieser Wunsch sich aber nicht realisieren liess, kehrte Nelson Garber schon im Sommer 1898 nach Togo zurück.
1903 veröffentlichte Paula Karsten ihren Roman «Wer ist mein Nächster?», ein warmherziges Plädoyer für einen respektvollen Umgang mit den Menschen aus den deutschen Kolonien. Fünf Jahre später erschien eine zweite Auflage. Im dreissigseitigen Vorwort kommt auch das Singspiel der *Togoleute* ausführlich zur Sprache. Minuziös beschreibt die Autorin das Bühnendekor, die Kostüme, Musikinstrumente und übersetzt einzelne Liedtexte aus dem Ewe. Es sind Huldigungen an Kaiser Wilhelm und Grossherzog Johann Albrecht zu Mecklenburg; Paula Karsten zitiert sie ausführlich, als müsste sie ihre Leserschaft von der deutschfreundlichen Gesinnung der Togoleute überzeugen. Zugleich steckt sie so den äusseren Rahmen des Schauspiels ab, vermittelt ein Bild seiner kolonialen Tendenz. Dies dürfte wenig überraschen, im Gegensatz zu den nonverbalen Äusserungen auf der Bühne, speziell in den Tanzchoreografien, die Paula Karsten exakt wiederzugeben versucht. Ein schwieriges Unternehmen, wie sie anmerkt, weil in den einzelnen Aufführ-

rungen immer wieder kleine Änderungen gemacht worden seien. Dennoch lässt sich mit ihrer Hilfe ein Eindruck gewinnen vom subversiven Charakter der Inszenierung, angefangen bei den Kriegsszenen bis zur Schlussszene, von Paula Karsten kenntnisreich erläutert: Ein Sängerinnenchor kniet zum Gruss nieder und klatscht dreimal in die Hände. Nachdem die Frauen sich wieder erhoben haben, markieren sie den Rhythmus ihres Gesanges durch festes Auftreten des linken Fusses. Dann umfassen sie sich paarweise um die Hüfte, bewegen die Hände auf und ab und legen eine Hand auf den Mund. Daraufhin den linken Arm hin und her schwingend, strecken sie den rechten Arm aus und schlagen mit der rechten Hand auf den Oberschenkel. Damit werde von den Frauen zum Ausdruck gebracht, erklärt die Autorin, dass sie weit übers Meer gekommen seien und hoffen, hier gute Geschäfte zu machen.
Wie intensiv Paula Karsten ihre Freundschaft mit der Familie Bruce weiterpflegte, ist nicht verbürgt. Auch die mehrmals erwähnten Aufenthalte des Schaustellers Bruce in Warnemünde, wo seine beiden Kinder Pietro und Regina bei adeligen Pflegeeltern untergebracht waren, hat in den dortigen Archiven keine Spuren hinterlassen. Sicher aber blieb J. C. Nayo Bruce in Kontakt mit dem Ehepaar Antelmann und fand möglicherweise im Deutschen Kolonialhaus zeitweilige Mitarbeiter aus Westafrika für seine weiteren Shows.

Noch immer müht sich «Der Artist», mit seinen Leitartikeln auf eine qualitative Verbesserung des Variétés hinzuwirken, als J. C. Nayo Bruce mit seiner Familie aus Liège nach Deutschland herübergereist ist. In fast identischer Besetzung wie zuvor in Belgien gastieren sie im Frühling 1911 drei Wochen lang im Düsseldorfer Restaurant zur Krücke, einem selbsternannten Spezialhaus für Sehenswürdigkeiten und anschliessend im Abnormitätensaal des Konzerthauses Wolff am Kopfsteinplatz in Essen. Die Wahl der beiden Lokalitäten deutet auf eine Freak Show hin, was die Werbetexte bestätigen: *Die weisse Negerin aus Afrika mit ihren Stammesangehörigen in Nationaltracht* heisst das einstige Familienschouwspel in den deutschen Zeitungsannoncen, wo vor allem auf den wissenschaftlichen Charakter der Veranstaltung hingewiesen wird, die Atteste namhafter Anthropologen. Was allerdings die Düsseldorfer Lokalreporter nicht dazu bewegen kann, die Darbietung auch nur zu erwähnen. Dem «Generalanzeiger» in Essen ist die Schau wohl ein paar Zeilen wert, doch muss das Gastspiel im Abnormitätensaal früher als geplant abgebrochen werden, wegen anderweitiger Verpflichtungen, wie man dem Publikum in einer kurzen Zeitungsnotiz ausrichten lässt.

Dass Freak Shows in Deutschland an Anziehungskraft verloren hatten, dürfte einem Profi wie J. C. Nayo Bruce nicht entgangen sein. Tatsächlich beschäftigt er sich seit längerer Zeit mit dem Plan, sein Familienunternehmen wieder in eine grössere Truppe zu integrieren. Anfang 1907 bereits, während des Aufenthalts in London, hatte er seinen Verwandten in Togo geschrieben, man möchte ihm Stoich Clovi nach Europa schicken, seine erwachsene Tochter aus einer früheren Ehe. Man hätte ihm seinen Wunsch gerne erfüllt, doch kurz vor ihrer Abreise war Stoich Clovi aus Lome entführt, nach Fernando Po verschleppt und dort auf eine Kakaoplantage verkauft worden. Zwei Jahre lang bemühte sich ihr ältester Bruder, sie aus der Gewalt des Sklavenhalters zu befreien.

Umso erstaunlicher deshalb, dass Stoich Clovi im Frühling 1912 leibhaftig in Deutschland auftaucht, als Mitglied der *30 Neger vom Kongo* in den Aufführungen, die ihr Vater Nayo zur Eröffnung des Vergnügungsparks Fredenbaum in Dortmund inszeniert hat.

Ein schwerwiegender Entscheid

Zwölf Tage nach der Geburt ihrer Tochter Cäcilia, einem viel beachteten Ereignis im Vergnügungspark Fredenbaum, muss Mémé Amanoua ihren ältesten Sohn nach Neu-Düsselthal weggeben. Fritz wird demnächst sieben Jahre alt und soll deshalb eingeschult werden, im selben Internatsbetrieb, wo seine gleichaltrigen Schwestern Annie und Lisa seit bald zwölf Monaten untergebracht sind. Sie scheinen sich gut eingelebt zu haben, nach ihren Schulnoten zu schliessen, ohne nennenswerte Probleme mit der deutschen Sprache jedenfalls, obwohl sie von klein auf die meiste Zeit im Ausland unterwegs waren. Zwar wird es in den Zeugnissen immer wieder einiges zu bemängeln geben, Annie sei oft vorlaut, Lisa manchmal bockig und zu sehr aufs Essen bedacht, ausserdem könnten beide entschieden mehr leisten, so haben ihre Lehrerinnen in den Randspalten vermerkt, doch solche Einträge sind gang und gäbe, Ausdruck eines weit verbreiteten Konzepts christlicher Charakterschulung, im öffentlichen genauso wie im privaten Bildungswesen.

Das Internat Neudüsselthal gehört zur Graf-Recke-Stiftung, einer jener wohltätigen Institutionen, die sich ursprünglich als Rettungsanstalt für verwahrloste Kinder verstanden. Dieser Gründungsgedanke, aus der Zeit der napoleonischen Besetzung herrührend, ist auch im frühen 20. Jahrhundert noch virulent vorhanden, trotz modernem Neubau im Grünen, kleinen Wohngruppen und weiterführendem Bildungsangebot. Nach wie vor kommen die meisten Kinder aus schwierigen Familienverhältnissen. Einige bleiben nur für kurze Zeit in Neu-Düsselthal, andere bis zur Volljährigkeit. Für sie gibt es Unterhaltsbeiträge von staatlichen Fürsorgestellen. J. C. Bruce jedoch macht davon keinen Gebrauch, er zahlt 179 Mark pro Jahr für jedes seiner drei Kinder.

Der Ausbau seines Showunternehmens hat sich gelohnt. Von Ostern bis weit in den Juni hinein bleibt die Truppe im Vergnügungspark Fredenbaum in Dortmund stationiert. Während den folgenden Monaten dürfte es kein Problem sein, die *30 Neger vom Kongo* auf einer der zahllosen Festwiesen im Ruhrgebiet vorzuführen. Und für die Wintersaison hat J. C. Nayo Bruce sich ein neues Programm ausgedacht, ein Schauspiel mit geheimnisvollem Titel, der mit kruden Afrikabildern des Publikums spielt: *Die heilige weisse Negerin und ihre schwarze Priester-Schwester*. Premiere ist am 1. November 1912 im Berliner Passage-Panoptikum, also an vertrautem Ort. Die Vorstellungen einen ganzen Monat lang überaus gut besucht. Auch andere Berliner Veranstalter sind in-

Abb. 17: Im November 1912 wurde im Berliner Passage-Panoptikum das Programm «Die heilige weisse Negerin und ihre schwarze Priesterschwester» aufgeführt. Darauf bezieht sich das Plakat (im Format 72 x 95 cm) eines anonymen Künstlers. Datiert ist es mit 1913, dies könnte ein Hinweis darauf sein, dass Verlängerungen des Gastspiels geplant waren. (LAB, F-Rep. 260-01-Acc. 6161)

teressiert daran. So geht es nahtlos weiter, sieben Wochen im Etablissement Strauchgarten in Niederschönhausen, dann ein paar Tage im Restaurant Lindenpark am Hermannplatz in Neukölln.

Offenbar legt die Truppe es darauf an, ihre Herkunft zu verwischen. *Togo* kommt als Wort nicht mehr vor. Beim Engagement im Vergnügungspark Fredenbaum mag der Wunsch mitgespielt haben, dem deutschen Publikum mit einem *Kongodorf* etwas Neues zu bieten. Und merkwürdigerweise ist nicht nur J. C. Nayo Bruce auf diese Idee gekommen. Schon seit zwei Jahren zieht ein ähnliches Unternehmen durch Europa, angeführt von einem dreiunddreissigjährigen Albino aus Dahomey. *Der weisse Neger Ama mit seiner schwarzen Familie* heisst seine Truppe. Premiere hatte sie im Pariser Jardin d'Acclimatation, gab anschliessend ein kurzes Gastspiel an der Brüsseler Weltausstellung und war, ebenfalls im Ruhrgebiet, im Sommer 1912 als *Kon-*

Abb. 18: Familienbild, aufgenommen in einem Berliner Fotostudio. Es dürfte zwischen 1910 und 1913 entstanden sein. Zweifelsfrei zu identifizieren sind einzig J. C. Nayo Bruce und Amanoua Kpapo. Die Flecken auf dem Bild zeugen vom bewegten Leben seiner Besitzerin: Christine Bruce, geboren 1910 in Liège, hat es als Kind nach Russland und um 1935 auf die lange Reise nach Togo mitgenommen. (Familienbesitz Emanuel Bruce)

godorf in Wuppertal engagiert – ja, die Parallelen sind dermassen verblüffend, dass man, gäbe es nicht Fotos von Ama, an eine Verwechslung mit Mémé Amanoua glauben könnte.

In Berlin-Niederschönhausen ist die Brucesche Truppe als *Kongolesen mit ihrer weissen Königin* angekündigt. Für das nachfolgende Gastspiel am Herrmannplatz hingegen wird im «Neuköllner Tagblatt» zur etwas schwerfälligen Formulierung ausgeholt, es handle sich um fünf Negerfamilien aus dem uns zugeteilten Kongo-Gebiet mit der weissen Negerin und einem vier Wochen alten Kind.

Wie immer man sich die Zusammensetzung der fünf Familien im Detail erklären will, an der Identität des Babys ist nicht zu zweifeln. Es ist Emma Bruce, geboren am 2. Januar 1913 an der Schlossallee in Niederschönhausen, die vierte Tochter von Dassi Creppy. Die Tauffeier in der evangelischen Friedenskirche wird, ebenso anschliessend das öffentliche Hammelbratenfestessen, im Strauchgarten als zusätzliche Publikumsattraktion ins Gastspiel integriert, nach dem selben Muster, das man schon für Emmas ältere Geschwister erfolgreich praktiziert. Als Paten sind Emma Krüger aus Neukölln und

der Stabsarzt Dr. Alfred Bernsdorf von der nah gelegenen Kaiser-Wilhelm-Strasse eingetragen, was das tonangebende Lokalblatt «Nördlicher Vorbote» zu phantastischer Berichterstattung angeregt hat. Mit eigenen Augen will der Reporter gesehen haben, wie hilfreich der Herr Doktor bei Emmas Geburt zugegen war. Und interessant sei vor allem gewesen, die Familie Bruce in ihrem Verhalten dem Arzt gegenüber zu beobachten, so schreibt er wörtlich: Zuerst betrachteten sie ihn äusserst misstrauisch und hätten ihn am liebsten mit den Augen gefressen. Als sie dann aber sahen, welch unschätzbare Dienste er der Wöchnerin leistete, verwandelte sich ihr Misstrauen in Dankbarkeit, was sie durch überreiches Händeküssen zum Ausdruck brachten.
Zwei Tage später ist im selben Blatt zu lesen, die Patin der kleinen Emma sei in Neukölln mit einem Bäckermeister Krüger verheiratet, in kinderloser Ehe leider, weshalb sie nun, ganz vernarrt in das süsse Afrikanerbaby, sich bereit erklärt habe, die kleine Emma an Kindesstatt aufzuziehen. Demnächst werde sie das Mädchen zu sich nach Hause nehmen, schreibt der Reporter, ohne leiseste Ahnung wohl, wie gründlich er mit seinen Sätzen den Bruceschen Familiensinn verkannt hat. Ein derartiges Anerbieten würde Vater Nayo rundweg abgelehnt haben. Nicht dass es ihm Mühe bereitet hätte, seine Söhne und Töchter geeigneten Pflegefamilien anzuvertrauen, doch niemals im Säuglingsalter!
Und kein einziges seiner Kinder ist zur Adoption freigegeben worden.
Wenn immer möglich wurden mehrere Kinder am selben Ort untergebracht und, das ist ebenfalls verbürgt, Vater Nayo blieb mit ihnen selbst über weite Distanzen brieflich in Kontakt.
Noch während die Truppe mit der kleinen Emma am Hermannplatz in Neukölln auftritt, müssen die nächsten Engagements sondiert werden. Ein schwieriger Entscheid für Vater Nayo, der wohl schwerste seines Lebens, denn zwei Tourneeangebote seien ihm vorgelegen, eines aus Amerika, das andere aus Russland, erklärt fast neunzig Jahre später seine Tochter Christine Bruce. Ausführlichere Angaben weiss sie beim besten Willen nicht zu machen, wie sollte sie sich erinnern können, zweijährig damals auf der Bühne im Restaurant Lindenpark am Hermannplatz.
Amerika oder Russland – die Entscheidung muss schon sehr bald gefallen sein. Am 4. Februar 1913 wird im Polizeipräsidium Neukölln ein Pass ausgestellt, auf den Namen John C. Bruce, Schausteller. Zwölf Monate ist das Dokument gültig, für eine Reise nach Russland, wie ausdrücklich festgehalten ist. Als Begleitpersonen sind die Ehefrauen Dassi, Yenoussi und Amanoua Bruce aufgeführt, mit

ihren Kindern Victoria, Marika, Christine, Cäcilia und Emma. Auch Kekui-Agnes ist im Familienpass eingetragen, als Tochter aus früherer Ehe des Bruce. Neun Familienmitglieder also sind es, die mit Vater Nayo nach Russland reisen. Vergeblich sucht man im Reisepass nach Stoich Clovi und anderen Gefolgsleuten, die während der vergangenen zehn Monate mit J. C. Bruce zusammengearbeitet haben. So ist das *Kongodorf* vermutlich wieder zur Familiencompany eingeschrumpft, einer Art Wanderzirkus respektive troupe folkloristique, wie Christine Bruce es formuliert. Einem beweglichen Unternehmen jedenfalls, daran kann sie sich lebhaft erinnern: dass sie als Kind bei den Vorstellungen mitwirkte, während den nächsten Jahren auf der Russlandreise, einer ausgewachsenen Tournee mit längeren Zwischenstationen in St. Petersburg, Kiew, Odessa, auf der Krim, mehrmals in Moskau, in Kazan, Astrachan, Kislovodsk, Zanakot, Ashkhabad und Baku. Die Reihenfolge und sicher auch ein paar weitere Gastspielorte wären mit Hilfe des Familienpasses zu ermitteln, winzige Registrierungsvermerke in kyrillischer Schrift und Stempeldrucke, ausgebleicht vom Lauf der Jahre. Noch immer gut leserlich hingegen sind die Geburtsdaten der beiden jüngsten Kinder: Lydia Gelicassy Bruce am 21. Oktober 1913 in Kiew. Und 1917, am 31. Juli, respektive dem 12. August nach gregorianischem Kalender, wird in Baku das letzte Kind der Familie Bruce geboren. Es wird evangelisch getauft, erhält die Namen Wilhelm Gabriel Benjamin. Was doch recht seltsam berührt: dass eine afrikanische Familie in Aserbeidschan ihren Sohn nach dem deutschen Kaiser benennt.

Und wenn es tatsächlich eine Alternative gegeben hätte? Das Tourneeangebot aus Amerika, in Berlin-Neukölln damals? Oder möglicherweise erst im folgenden Jahr, wie Christine Bruce sich zu erinnern glaubt. Im Februar 1914 müsste dies gewesen sein, noch ehe am 5. März 1914 im deutschen Generalkonsulat von Odessa der Reisepass von Nayo Bruce verlängert wurde.

Ein reichlich hypothetisches Terrain, für die Familie Bruce jedoch zu einer Schicksalsfrage geworden, über Generationen wieder und wieder erörtert: Wie anders alles hätte werden können, wenn Vater Nayo sich für Amerika entschieden hätte. Und man in den Vereinigten Staaten gewesen wäre in jenen Tagen, als in Europa der Krieg ausgebrochen und Russland mit ins Kriegsgeschehen hineingezogen wurde. So gab es für die afrikanische Familie kein Zurück mehr, sie wurde vom Weltgeschehen immer weiter in den Süden abgedrängt, in den Kaukasus mit seinen kleinen Republiken, in die Ölstadt Baku am Kaspischen Meer.

«Führe meine Kinder nach Afrika zurück»

Irgendwo auf der Reise durch Russland hat sich J. C. Nayo Bruce wieder fotografieren lassen. Ohne seine Familie diesmal, keine Entourage, keine Requisiten und Kulissen, nichts, was auf kommerzielle Absichten hindeuten würde. Ganz allein sitzt er im Studio, ein Gentleman im vorgerückten Alter, sein Anzug comme il faut, die Haltung aufrecht, nur das Gesicht ist ein bisschen voller geworden. Lange sucht man in seinem Ausdruck nach der forschen Art von Prinz Nayo, dem Eigensinn, der Nonchalance und Energie der früheren Jahre. Jetzt ist J. C. Bruce ein gesetzter Herr, er wirkt stattlich nach wie vor und sehr selbstbewusst. Es kann also nicht an seiner Gelassenheit liegen, auch nicht am nachdenklichen Blick, was sein Aussehen verändert hat. Irritierend ist etwas anderes: Es fehlt der Bart. Erstmals ist das Kinn rasiert, umso mehr kommt der Schnauz zur Geltung. Er ist gepflegt, zurechtgestutzt in der Art, wie es damals in den mitteleuropäischen Monarchien unter Patrioten üblich war.
Die Aufnahme wurde übrigens als Vorlage für vergrösserbare Porträts verwendet. Medaillonartig zugeschnitten dienten diese als private Erinnerungsfotos, die auch als Totenbildchen verwendet werden konnten.

Ein vaterländischer Schnurrbart und den jüngsten Sohn nach dem deutschen Kaiser benannt – dazu passt eine Bemerkung seiner Tochter Christine Bruce. Als Kind, erinnert sie sich, habe sie mit ihrer Mutter Yenoussi und den andern Frauen in der Familie meistens Mina gesprochen, eine Lingua franca, bis heute verbreitet an der Küste von Togo und dem benachbarten Ghana. Vater Nayo hingegen habe immer deutsch gesprochen, daran könne sie sich gut entsinnen, auch wenn sie das meiste vergessen habe, fügt sie hinzu. Ohne Bedauern, denn so viele Sprachen sind im Lauf ihres Lebens dazugekommen.
Merkwürdig aber, dass Nayo Bruce nie vom Gebrauch der deutschen Sprache abzubringen war, weder in Russland noch im benachbarten Eurasien. Als wäre für ihn dieser Abschnitt der langen Reise nur ein Abstecher gewesen und bloss eine Frage der Zeit, bis er mit seiner Familie wieder nach Berlin zurückkehren würde. Und als dürften seine Kinder auf keinen Fall ihr bisschen Deutsch verlernen, weil sie es später in der Schule brauchen würden, wie ihre älteren Geschwister, um eine gute Ausbildung zu erhalten und sich im Dienste der Zivilisation nützlich machen zu können.
In Togo, der deutschen Kolonie.

Abb. 19: J. C. Nayo Bruce, in den Jahren 1913–1916 auf der Russlandreise in einem Fotostudio aufgenommen. (Familienbesitz Emanuel Bruce)

Eine seltsame Vorstellung angesichts des aktuellen Weltgeschehens. Im August 1914, während den Anfängen des Ersten Weltkriegs bereits, wurde Togo von den benachbarten Kolonialmächten besetzt, im Westen von Grossbritannien, im Osten von den Franzosen. Doch vielleicht hatte J. C. Nayo Bruce dies alles in Russland nicht mitbekommen: dass es in Lome keinen Gouverneur mehr gab und bald auch keinen deutschen Kaiser mehr geben würde.
Vielleicht aber war Nayo Bruce nicht mehr am aktuellen Zeitgeschehen interessiert. Seit er ein älterer Mann geworden war, erzählte er seinen Kindern oft von früher, aus seinem Leben damals in Afrika.

1917 ist Dassi Creppy gestorben, mit fünfunddreissig Jahren, und auf dem Friedhof der deutschen Community in Baku beerdigt worden. Zwei Jahre später stirbt Yenoussi-Erika Johnson, auch sie sehr jung und nicht vom Nomadenleben geschwächt oder, wie man vermuten könnte, an jener verheerenden Grippe gestorben, die nach dem Ersten Weltkrieg in ganz Europa unzählige Todesopfer forderte. Sondern an den Folgen eines jämmerlichen Zwischenfalls, wie ihre Tochter Christine berichtet. Die Mutter sei eine gesunde Frau gewesen, attraktiv und ihrem Mann in Liebe zugetan, ja, bis ans Ende der Welt wäre sie ihm gefolgt. So muss es für Yenoussi ein Schock gewesen sein, dass sie nicht zu Hilfe eilen konnte, als Nayo Bruce eine Herzattacke erlitten hatte, auf einer öffentlichen Toilette ausgerechnet, wo ihr der Zutritt verweigert wurde. Verzweifelt habe die Mutter versucht, den Umstehenden begreiflich zu machen, dass es ihr Ehemann sei, der nach ihr rufe. Man habe sie vor der Toilette festgehalten, sei handgreiflich geworden, als sie sich zu befreien versuchte. Da sei sie zusammengebrochen und am selben Tag gestorben, dem 15. Januar 1919.
Eine Verkettung unglücklicher Umstände: Davon wird Nayo Bruce sich nicht mehr erholen.
Keine Frage, wer sich nun als Stütze der afrikanischen Familie erweisen wird. Mémé Amanoua kümmert sich um ihren kranken Ehemann und übernimmt Mutterstelle am anderthalbjährigen Wilhelm und seinen Schwestern – sie, die all ihre eigenen Kinder verloren hat, drei Söhne schon bald nach der Geburt. Die kleine Cäcilia ist auf der Reise in Russland ums Leben gekommen. Fritz, der Älteste, starb mit dreizehn Jahren im Krankenhaus von Kaiserswerth an Tuberkulose.

Nayo Bruce hätte sich niemals eingestanden, dass er auf seiner Reise gestrandet ist. Dies ist in seiner Familie zu einem unerschöpflichen Thema

geworden. Aus plausiblen Erinnerungspartikeln hat sich eine Legende herausgebildet, mit fast biblisch anmutenden Zügen. Ihr Vater sei seit jeher etwas kurzatmig gewesen, erzählt Christine Bruce. Dies habe sich im Alter zu einer Angina Pectoris ausgewachsen, die Anfälle wurden immer schlimmer, und nach einer dieser Attacken habe Vater Nayo die Stimme verloren. Man habe ihn nicht mehr verstehen können, auch nicht seine Handbewegungen, die einzig Mémé Amanoua zu deuten verstanden habe. Ihr habe er seine letzten Wünsche anvertraut, in einer Art Zeichensprache, auf dem Sterbebett noch habe er ihr den Auftrag gegeben – die Tochter formuliert es auf Französisch: Amanoua, tu dois ramener mes enfants en Afrique.
Sie hat es ihm versprochen.

Wo J. C. Nayo Bruce gestorben ist, lässt sich nicht eindeutig beantworten. Die einen sagen, es sei in Askhabad gewesen. Für die andern war es in Baku, wo alles Unglück über die Familie hereingebrochen sei. Christine Bruce hingegen ist überzeugt, dass beide ihrer Eltern in Astrakhan begraben wurden.
Im Kaukasus jedenfalls muss es gewesen sein, und auch über das Todesdatum sind sich alle einig: Am 3. März 1919, seinem sechzigsten Geburtstag.

Nekrologe sind nirgends zu finden. Innerhalb der Familie indessen hat sich ein Nachruf herausgebildet. Regina Grisar, eine seiner Enkelinnen, hat Nayos Geschichte aufgeschrieben, wie sie ihr von einer Tante erzählt wurde: Nayo Bruce verliess seine Heimat im Jahre 1896 und ging nach Deutschland, einer Aufforderung der deutschen Regierung folgend, eine Kolonialausstellung zu gestalten. Er hatte eine sehr gute Schulausbildung und arbeitete als Dolmetscher. Bevor er nach Deutschland ging, war er Aufseher. Es war seine Aufgabe, Einwohner des Nordens von Togo als Zwangsarbeiter –als Sklaven eigentlich – an die Küste zu bringen. Sie wurden mit Gewalt und in Ketten an die Küste geführt. Er konnte die Ungerechtigkeit, die seinen Landsleuten widerfuhr, nicht ertragen und sprach darüber mit seinen togolesischen Kollegen, und so beschlossen sie, dieses dem deutschen Kaiser zu berichten. Der erste Besuch in Europa machte auf Nayo einen grossen Eindruck. Er hatte seine Beschwerde beim Kaiser eingereicht, doch es änderte sich nichts! Der Gouverneur lud Nayos Freunde ein. Sie waren korrupt und unterschrieben, dass Nayo Bruce übertrieben habe. Er erfuhr von diesen Verleumdungen und nahm ein Angebot aus Europa an, seine Afrika-Schau dort zu zeigen. Er fuhr später noch einmal zurück nach Afrika, um einen Teil seiner Familie nach

Europa zu bringen und vor allem seine anderen Frauen zu holen, weil er polygam war. Eigentlich wollte er nach Togo zurück, dies aber kam nicht mehr zustande, weil er mit seiner Afrika-Schau immer wieder Engagements aus dem Ausland erhielt.

Teil II

Mr. Bruce und Mr. Bürgi: Jugendträume übers Kreuz

Togo im Zeitalter der Kolonialisierung

Tagbatsu be:
Hehe le megbe le ngo

Die Fliege sagt:
Die Welt ist hinten und vorn.

Sie sind im gleichen Jahr auf die Welt gekommen, Mr. Bruce an der westafrikanischen Küste, Mr. Bürgi in Oberbipp bei Wangen an der Aare. Die Vorfahren von Mr. Bruce stammen von der Gold Coast, dem heutigen Ghana. Von da waren sie an den Togosee gezogen, in die Gegend von Anecho, das bald einmal Klein Popo hiess und zu Deutschland gehörte. Die Familie Bürgi lebte im Oberaargau, seit Menschengedenken, und also in der Schweiz.
In jungen Jahren war Mr. Bruce als politischer Agent tätig, Mr. Bürgi als Missionslehrer in Togo, beide in deutschen Diensten. Dass sie sich also früher oder später über den Weg laufen würden, scheint nahe liegend, ist aber doch erstaunlich, wenn man es genauer bedenkt. Während Mr. Bürgi sein ganzes Arbeitsleben in Togo verbrachte, war Mr. Bruce die meiste Zeit als Showman in Europa unterwegs. So dauerte es vierundvierzig Jahre, bis sie einander begegneten, im Panoptikum in Zürich. Der Zufall wollte es, dass Mr. Bruce just in der Schweiz gastierte, als Mr. Bürgi für ein paar Monate aus Togo zurückgereist war, heim in den Oberaargau, um sich von einem Augenleiden zu erholen. Ein Missionar aber ist immer im Dienst, deshalb mussten ihn seine Vorgesetzten nicht zweimal bitten, den Urlaub zu unterbrechen und sich der Togotruppe anzunehmen. So lernten die beiden sich kennen und verloren sich bald wieder aus den Augen; damit liesse diese Geschichte sich bewenden. Erst in der nächsten und übernächsten Generation wird die Zürcher Begegnung für die Familie von Mr. Bruce ihre Auswirkungen haben. So tut ein Mann wie Mr. Bürgi eben oft mehr, als man von ihm erwarten könnte. Ohne sich dessen bewusst zu sein, zeigte er Verständnis für die Situation von Mr. Bruce. Das Leben in Afrika war ihm nicht fremd, ebenso wenig der Wunsch, in eine andere Welt zu ziehen. Ja, vielleicht waren ihre Lebensläufe gar nicht so diametral verschieden, wie es den Anschein machen will. Beide waren, pauschal gesehen, auf ihre Art in einer Mission unterwegs, und genau dies relativiert, im Einzelnen betrachtet, so manches, was gemeinhin exotisch erscheint.

Seit Mr. Bürgi sich erinnern kann, ist er zur Nächstenliebe prädestiniert. Er kommt aus einfachen Verhältnissen. Der Vater war Schreiner, die Mutter sehr fromm, seine Tante die eifrigste Missionsfreundin im Oberaargau, er selber ein aufgewecktes Kind, extravertiert und sehr musikalisch und deshalb für den Schuldienst geboren, aus Sicht seiner Lehrer. Zwar wäre er lieber Reiseschriftsteller geworden, in die afrikanische Wildnis gezogen, Nil aufwärts zum Victoriasee, wie Livingston, sein Idol damals während der Ausbildung im evangelischen Lehrerseminar auf dem Muristalden in Bern. Auch die Mitschüler haben alle Bücher von Stanley und Livingston gelesen und sich eine Zeit lang für Afrika begeistert. Bubenträume eben, pubertäre Phantasien, nach Ansicht des Seminardirektors. Besorgniserregend sei einzig, schreibt er ans Basler Missionshaus, dass Ernst Bürgi während der ganzen Schulzeit nie aus seinen Schwärmereien habe aufwachen wollen, auch nicht nach bestandenem Lehrerexamen. Sein Afrikafieber sei unerhört und müsse wohl von einer Krankheit herrühren, der Scharlach wahrscheinlich, die im Oberaargau gewütet und der Familie Bürgi viel Leid zugefügt habe. Sechzehnjährig sei der Seminarist Bürgi gewesen, als er angesteckt wurde von einer verheerenden Epidemie, die ihm den einzigen Bruder entrissen, eine seiner beiden Schwestern mit Taubheit geschlagen und ihn selber eine Zeit lang gegen Gott sehr verbittert habe, resümiert der Seminardirektor, etwas ratlos über die Prognose, die er seinem Zögling stellen soll: Ernst Bürgi könnte ein guter Lehrer werden, wenn nichts ihn nebenher beschäftige, er sei jetzt auch bereit, seine schriftstellerischen Pläne fahren zu lassen und sich stattdessen an der Sklavenküste für die Sache der Christen nützlich zu machen. Noch falle es den Eltern schwer, ihren Ältesten in den Missionsdienst ziehen zu lassen, begreiflich, nach all dem erlittenen Unglück, doch auch ihnen müsse es jetzt wie ein Fingerzeig Gottes vorkommen, dass dem Sohn durch merkwürdige Umstände zwei Berner Lehrerstellen im letzten Moment vorenthalten worden seien.
Mit diesem Empfehlungsschreiben des Seminardirektors meldet sich Mr. Bürgi im Basler Missionshaus. Er absolviert das Einführungsjahr und reist nach Bremen weiter. Denn er will nicht mit den Baslern an die Gold Coast ziehen, sondern ins unerforschte Hinterland von Togo, für die vergleichsweise junge Norddeutsche Missionsgesellschaft, für die ein Freund ihn begeistert hat. Vier Wochen dauert die Einführung in die Ewe-Sprache, es folgt ein dreimonatiger Englischkurs in Bradford, ehe Mr. Bürgi mit zwanzig Jahren nach Afrika ausgeschickt wird, hinaus ins Feld, wie er sich dies von klein auf erträumte.

Wie die meisten Neuankömmlinge wird er in der Basisstation von Keta eingesetzt, das liegt an der Küste, und dies müsste ihn etwas gewurmt haben, wie er seinem Tagebuch anvertraut. In den Briefen ans Bremer Missionshaus dagegen berichtet er umso freudiger von seinen kurzen Einsätzen im Hinterland, wo neue Aussenstationen geplant sind. In England hat er sich eine Fotokamera gekauft, um eigene Bilder machen zu können für seine gelegentlichen Exkursionsberichte im Bremer Missionsblatt. Er führt in Togo die Posaune ein, beginnt Ewe-Sprichwörter zu sammeln. 924 Belege wird er im Lauf der Jahre zusammentragen. Dies alles entschädigte ihn für das gehorsame Ausharren an der Küste.

Unterdessen hat Mr. Bruce den umgekehrten Weg eingeschlagen, nicht weniger zielstrebig als sein Jahrgänger aus der Schweiz. Er kommt aus begüterter Familie. Über deren Herkunft gibt es verschiedene Geschichten, Mr. Bruce selbst hat sie in Umlauf gesetzt und immer von neuem erzählt. Von seinem Vater, der als König über eine Gefolgschaft von zweitausend Personen verfügte und zugleich ein Händler war, von der Mutter und ihrer Wallfahrt zum Schutzgott von Adeli, von seinen gebildeten Neffen aus Accra und einem berühmten Vorfahren aus Schottland. Aus dieser letzteren Geschichte ist mit der Zeit ein Mythos entstanden: Ein Mann namens Bruce, Beamter in der britischen Goldküstenkolonie, habe sich mit einer Frau aus Togo zusammengetan und ihr zwei Söhne gezeugt. Dann sei er nach England zurückbeordert worden, die Frau mit den beiden Kindern zu ihrer Familie an den Togosee heimgekehrt. In Anecho habe sie einen Afrikaner geheiratet und weitere Kinder bekommen. Von den beiden Erstgeborenen sei der eine später nach Accra zurückgezogen, der andere in Togo geblieben. So will es die Familiensaga, ohne sich um Details zu kümmern.
Gesichert ist einzig, dass Mr. Bruce am Togosee aufgewachsen ist, als Sohn des Amuzu Djaglidjagli Bruce. Er hatte mehrere Brüder, respektive Halbbrüder, dies lässt sich anhand verschiedener Schriftstücke belegen. Als Kind hiess er Nayo Friko, mit sechzehn Jahren hat er sich in Accra christlich taufen lassen, auf die Namen John Calvert, und seither den Wunsch verspürt, die Zivilisation in Europa kennen zu lernen. Auch über seine frühen Erwachsenenjahre wüsste man wenig Konkretes, gäbe es nicht Dokumente von Drittpersonen, die Mr. Bruce mehr oder weniger zufällig begegnet sind. So berichtet der Reisejournalist Hugo Zöller, wie er 1885 die neue deutsche Kolonie erkundete, mit einer kleinen Mannschaft über den Togosee rudernd, durch ein

Dickicht von Schilfrohr, voller Krähen, Reiher und Habichte. Auch ein Krokodil will er gesehen haben, so dass es ratsam schien, die Fahrt in der Nähe von Ghome vorzeitig abzubrechen, sich dort von Ortsansässigen an Land tragen zu lassen und nach ihrem Häuptling zu fragen. Dieser erwies sich als ein freundlicher junger Mann, in den Schilderungen von Hugo Zöller, er bittet die Reisenden in sein Haus, weist ihnen das grösste Zimmer zu, treibt für sie Moskitonetze auf und kümmert sich persönlich darum, dass das ganze Gepäck – vierzig bis fünfzig Kisten! – von seinen Leuten an Land gebracht und ins Dorf hinaufgeschleppt wird. Der Häuptling, berichtet Zöller, habe sich während eines längeren Aufenthalts an der Küste den Namen Bruce zugelegt, dort auch etwas Englisch gelernt und lebhaft davon erzählt, wie vor zwanzig Jahren, als er noch ein Kind gewesen sei, von Porto Segurio her ein Trüppchen Franzosen nach Ghome gekommen und seither kein Weisser mehr hier in der Gegend aufgetaucht sei. Dies müsste eigentlich erklärt haben, warum sich im Haus des Häuptling Bruce bald eine riesige Menschenmenge versammelt und zu beiden Seiten ins Gästezimmer hineinschaut, was Zöller zuerst belustigt, dann aber zunehmend verärgert und nachträglich veranlasst, seiner deutschen Leserschaft ein paar Ratschläge zu erteilen. Gewalt helfe in solchen Fällen wenig, schreibt er, dagegen empfehle es sich, aufdringliche Personen mit einem Stiefelknecht oder einem andern ihnen unbekannten Gegenstand zu erschrecken und wegzujagen. Würdenträger bringe man am besten mit einem Geschenk zur Raison, wobei sich Gin nach seinen Erfahrungen am besten eigne. Auch der junge Bruce habe sich ein paar Flaschen überreichen lassen, überdies zwei Mark verlangt für die Bewachung des Reisegepäcks und mehrmals gefragt, ob es wirklich wahr sei, dass Togo sich unter deutschen Schutz gestellt habe. Leider könne einem die Neugier der Afrikaner sehr lästig werden, beklagt sich der Reisejournalist Zöller.

Von einem ähnlichen Erlebnis berichtet im selben Jahr 1885 ein Mitarbeiter der deutschen Handelsfirma Max Grumbacher & Co, die sich im afrikanischen Anecho, dem damaligen Klein Popo niedergelassen hat. Ihre Angestellten haben regelässig am Togosee reihum die einheimischen Händler zu besuchen, um sich ihrer Loyalität zu versichern. Geschäftspflege könnte man dies nennen. Besondere Vorkommnisse sind schriftlich festzuhalten. In der Nähe von Ghome, schreibt der deutsche Handelsvertreter, sei er schon bei der Ankunft mit einem fürchterlichen Spektakel begrüsst worden und die ganze Zeit dann einer fürchterlichen Belagerung ausgesetzt gewesen: Der König und einige Häuptlinge besuchten uns im Hause unseres Traders Bruce, der hier sein Hauptgeschäft macht, wobei sich so viel Volk herbeidrängte, dass wir in dem kleinen Raum vor Hitze fast verschmachteten. Alles starrte uns mit offenen Mäulern an, schliesslich erklärte einer der Oldmen, nun hätte er einen Weissen gesehen und könne jetzt ruhig sterben. Ich liess dem Mann ausrichten, dass uns sein Sterben wenig Freude bereiten würde, weil sein Leben uns augenblicklich umso notwendiger sei, denn er müsse uns helfen, die vielen Leute zu verjagen, wir müssten uns waschen und etwas essen und würden uns danach wieder sehen lassen. Der Mann erklärte sich einverstanden, und so gab ich ihm drei Pences. Daraufhin wurde der Hof mit vielen Püffen und Stössen geräumt und die Türe verriegelt. Kaum aber war eine knappe Stunde vergangen, fingen die Kerle an, über die Dächer und Einfriedungen zu klettern. Bruce' Leute führten, mit Bambus bewaffnet, ein förmliches Gefecht gegen die Eindringlinge und trieben die Menge durch ziemlich unsanfte Schläge zurück. Doch dann fing man an, die Türe von aussen zu stürmen. Bruce sagte uns, es sei nichts mehr zu machen, die Leute riefen, dass wir, da wir nun einmal hier seien, uns auch zeigen müssten, sie wollten uns mehr als drei Pences dafür zahlen. Der Tumult wurde so heftig, dass mir nichts anderes übrig blieb, als hinauszutreten und mich der Menge zu präsentieren – so erinnert sich der deutsche Handelsagent, sichtlich entnervt an sein unfreiwilliges Gastspiel in Ghome.

Als Seminarlehrer in Keta hat Mr. Bürgi sich mit Schulreformen zu befassen, einer intensiven Aufgabe, seit an der internationalen Konferenz von 1885 in Berlin die Hoheitsgebiete der europäischen Kolonialmächte neu ausgehandelt worden sind. Alle wollten ein Stück von der westafrikanischen Küste und Auslauf ins angrenzende Hinterland, es ist dies ein wirtschaftspolitisches Konzept und tangiert auch die Arbeit der Missionsgesellschaften, besonders der evangelischen, die sich aus praktischen Gründen seit jeher auf einzelne Sprachgebiete konzentrierten. Für die Bremer Mission ist dies das Ewe. Es ist weit verbreitet, grösstenteils im deutschen, aber auch in Teilen des britischen Hoheitsgebiets. Weil die europäischen Kolonialregierungen sich anfangs ausserstande sehen, systematische Bildungsarbeit zu betreiben, beginnen sie die missionarischen Einsätze innerhalb ihrer Territorien mit kleinen Subventionen abzugelten. Eine pragmatische Arbeitsteilung, die im Lauf der Jahre zunehmend Konflikte auslösen wird.

Mit den Lehrplandiskussionen ist der Pioniergeist von Mr. Bürgi wie neu erwacht und auch das Störrische aus den Jugendjahren: Dass seine afrikani-

schen Seminaristen den Stammbaum von Kaiser Wilhelm kennen und die Krümmungen des Rheins an die Wandtafel zeichnen müssen und bis in die Details über den deutsch-französischen Krieg geprüft werden sollen, nein, das wird Mr. Bürgi nie begreifen. Er engagiert sich weiterhin für den ewesprachlichen Unterricht, einheimische Pflanzenkunde und mehr Singstunden. Daneben liest er nach wie vor am liebsten Reiseberichte und ist dabei in den Schriften von Rudolf Prietze und Ernst Henrici erstmals auf den Namen J. C. Bruce gestossen.
Nicht zufällig wird Mr. Bruce in der zeitgenössischen Literatur als vielseitige Person vorgestellt: Chief und Händler, mehrsprachig, mit Kontakten zu verschiedenen Niederlassungen europäischer Handelsfirmen. Dies bringt ihn auch in Verbindung zur ominösen Togogesellschaft des Dr. Henrici, der in der Nähe von Gaphe mit seiner Plantage viel Geld verdienen will, ohne sich in der Landwirtschaft auszukennen. In Berlin hatte Ernst Henrici eine Dissertation über die mittelalterlichen Quellen von Notkers Psalmen geschrieben und ein paar Jahre an einer Töchterschule unterrichtet, bis er wegen seiner aggressiven antisemitischen Agitation als Lehrer untragbar wurde. Jetzt gibt er sich als Sachverständiger für Kolonialwaren aus und braucht deshalb junge landeskundige Männer wie Mr. Bruce. Als Dolmetscher, so lautet die offizielle Bezeichnung. Was dies im Einzelnen allerdings mit einschliessen kann, veranschaulicht ein Brief von Dr. Henrici an den deutschen Gouverneur in Sebbe: Vor wenigen Wochen hat sich hier in unseren Plantagen eine Räuber- und Mörderbande festgesetzt. Häuptling Bahadu lehnte ab, die Sache in die Hand zu nehmen, weshalb ich mich mit Herrn G. Wunderlich und Herrn J. C. Bruce sowie sechs schwarzen Arbeitern unserer Farm anschickte, die Bande zu verhaften. Wir wurden von dieser mit Gewehrschüssen empfangen, es folgte ein dreiviertelstündiges blutiges Gefecht, das für uns siegreich verlief. Die ganze Bande, bestehend aus rund dreissig Personen, ist geflüchtet. Als Verluste auf unserer Seite sind zu beklagen: Dolmetscher Bruce, Streifschuss am Kopf, Dolchstoss durch den linken Daumen.

Inzwischen sind sie dreissig Jahre alt und beide Väter geworden und fast zur selben Zeit nach Europa gereist. Für Mr. Bruce geht damit ein lang gehegter Wunsch in Erfüllung. Er kann seinen Chef auf der Goodwilltour nach Deutschland begleiten und in Berlin-Tegel einer befreundeten Familie von Dr. Henrici seine Tochter Kekui anvertrauen, damit sie dort die Schule besuche und gebildeter werde als er selber. Mr. Bürgi zieht währenddessen seinen zweiten Heimaturlaub ein, ein längeres Sabbatical, das den Bremer Missionaren nach jeweils drei bis vier Dienstjahren zusteht. Den ersten Urlaub hatte er noch als Junggeselle verbracht, ein paar Wochen bei den Eltern im Oberaargau gewohnt, in Bern einen Weiterbildungskurs besucht und kurz vor der Abreise mit Martha Jäger-Strasser stille Hochzeit gefeiert (wie man das in Missionarskreisen nennt, wenn die Braut eine Witwe ist). Als Ehepaar haben sie in Keta die nächste Dienstperiode absolviert und brechen jetzt zum wohlverdienten Urlaub auf, in grosser Eile. Über Las Palmas und Hamburg reisen sie auf kürzestem Weg in die Schweiz, zu Verwandten von Martha nach Wichtrach, ein Dorf zwischen Bern und Thun, wo drei Wochen später ihre Tochter Lydia geboren wird. Dann fahren sie in den Oberaargau, damit das Baby sich möglichst früh an seine neue Umgebung gewöhnen kann, die Grosseltern und zwei Tanten, die Schwestern von Mr. Bürgi. Sie sind beide ledig und gern bereit, die kleine Lydia bei sich aufzunehmen, falls ihre Eltern sich zur Weiterarbeit in Togo entschliessen sollten. Ungewöhnlich ist dies nicht, die meisten Missionarspaare lassen ihre Kinder in Europa zurück, bei Verwandten, in befreundeten Pfarrfamilien oder christlichen Heimen, wenn sie nach Afrika zurückkehrten. Das Mutterhaus in Bremen zahlt ein Kostgeld. Vier Jahre höchstens dauert eine Dienstperiode, dann würde man weitersehen.

Umso schwerer wird die Entscheidung im nächsten Urlaub. Wieder ist Martha Bürgi schwanger und kaum in Wichtrach angekommen, hat sie Theophil zur Welt gebracht. Zu dritt fahren die Bürgis in den Oberaargau zu Lydia und den Verwandten, um die nächsten Monate mit ihren Kindern zu verbringen, wohl wissend, dass solches Familienleben in Afrika undenkbar wäre. Zu gefährlich das Tropenklima, mörderisch für die Missionarskinder; da halfen keine Chinintabletten, zwei Babys sind dem Ehepaar Bürgi in Keta gestorben, das eine mit drei, das andere mit sechs Monaten. Ein Trost deshalb, wie gut sich die vierjährige Lydia bei ihren Tanten eingelebt hat und auch für den kleinen Theophil bestens gesorgt würde.

Gut möglich, dass Mr. Bürgi manchmal mit dem Gedanken spielte, für längere Zeit in der Schweiz zu bleiben. Jetzt aber erhält er die Offerte, das neue Lehrerseminar in Amedzofe zu leiten. Für die Bremer ein viel versprechendes Projekt. Erstmals sollen junge Togoer im Landesinnern zu christlichen Lehrern und Predigern ausgebildet werden, weit weg von der Küste und ihren Verlockungen, die den Missionaren seit Jahren zu schaffen machen: dass ihre Schüler in der Hafenstadt Keta mit der kolonialen Lebensart in Berührung kommen, sich europäisch kleiden und immer mehr Fremdsprachen lernen wollen, in der Hoffnung, Arbeit in einer der internationalen Faktoreien zu finden oder von den Kolonialverwaltungen angestellt zu werden. Sodass die christlichen Lehrer machtlos zusehen mussten, wie ihnen die besten Nachwuchskräfte abhanden kamen.

Dem will man nun entgegenwirken. Amedzofe liegt zuoberst im Avatimegebirge, auf rund 750 Metern über Meer. Begeistert übernimmt Mr. Bürgi sein neues Amt und kann schon bald im Missionsblatt berichten, wie gut der Seminarbetrieb sich im Hinterland entwickle. Wieder schickt er Fotos mit, Aufnahmen vom Posaunenorchester, von blühenden Kaffeesträuchern im Seminargarten sowie einen Versuch, das neu erbaute Wohnhaus der Missionsstation in voller Grösse wiederzugeben. Es ist ein zweistöckiges Holzgebäude, mit Schatten spendendem Vordach über den Veranden. Mit etwas gutem Willen wäre auf dem Foto auch Martha Bürgi zu erkennen, eine kleine Person in weisser Schürze, so steht sie vor dem Haus, schaut hinauf ins Gebirge. Die höchste Steinkuppe in der Gegend heisst Gemi, auch darüber hat Mr. Bürgi einen Aufsatz verfasst mit der Bemerkung, der Name des Berges erinnere ihn an die Gemmiwand in den Schweizer Alpen. Auch Martha hat sich in Amedzofe sofort heimisch gefühlt und dies im Hausbuch festgehalten:

Schönes Avatime-Land
Fern von Ketas sand'gem Strand
Der Lagune trüben Fluten
Und der Ebne Sonnengluten
Lieblich, herrlich liegst du da
Kleine Schweiz in Afrika!

Mit fünfunfdreissig Jahren also ist Mr. Bürgi endlich im Hinterland angekommen, und auch Mr. Bruce hat sich in der Zwischenzeit beruflich verändert. Schon bald nach der Rückkehr von der Goodwilltour durch Deutschland ist Dr. Henrici plötzlich aus Afrika verschwunden, abgehauen nach La Guaira in Venezuela, wo er sich eine Zeit lang mit Eisenbahnprojekten beschäftigen wird. In Togo hinterlässt er ein Chaos. Seine Kommanditgesellschaft ist bankrott, das erworbene Land heruntergewirtschaftet. Immer mehr dubiose Machenschaften kommen zum Vorschein und in Sebbe vor Gericht. Als Zeuge ist auch sein ehemaliger Dolmetscher aufgeboten, eidesstattlich soll Mr. Bruce sich äussern zur Frage, ob es auf den Plantagen des Dr. Henrici zu Besäufnissen und Schlimmerem gekommen sei. Im Protokoll ist seine Antwort sehr diplomatisch formuliert: Als ich mit Dr. Henrici in Deutschland war, habe ich ihn sagen hören, dass den Mitgliedern der Togogesellschaft der geschlechtliche Verkehr mit schwarzen Frauen verboten sei. Im Übrigen vermag ich zur Sache nichts anzugeben.

Auch Selbstgeschriebenes von Mr. Bruce ist aus dieser Zeit überliefert, kurze Briefe an The Imperial Commissar in Sebbe, in dienstfertigem Englisch verfasst. Damit hat er sich einen guten Ruf als Agent erworben und wird von der deutschen Kolonialverwaltung mit immer mehr Aufträgen betraut, wobei diese sich nur wenig von den früheren Einsätzen für die Togogesellschaft unterscheiden, wie den Protokollbänden zu entnehmen ist: Heute Nachmittag um 5 Uhr wurden durch den politischen Agenten J. C. Bruce die Eingeborenen Intadie und Ametto Brono ins hiesige Gefängnis eingeliefert und ferner vier Gewehre abgegeben, so lautet ein Eintrag vom 31. Dezember 1895. Dieser Vorfall soll im Folgenden vom Stellvertreter des Gouverneurs näher abgeklärt werden, an den Gerichtsverhandlungen vom 16. Januar hat auch Bruce aus Klein-Popo teilzunehmen und darüber zu informieren, wie es zur Verhaftung von Intadie und Ametto Brono gekommen war, was er folgendermassen erklärt: In Game ergriff ich einen Mann namens Nussugpó, weil er eine Frau und zwei Mädchen geraubt und verkauft hatte. Ich führte ihn gefesselt nach Nyuadahae, wo ich ihn einsperrte, zusammen mit drei andern Gefangenen. Nussugpó entfloh mit den drei Gefangenen und ging nach Game zurück. Hier raubte er erneut zwei Mädchen und verkaufte sie. Als ich auf meiner Rückreise wieder nach Game kam, bat mich die Familie der beiden Mädchen um Hilfe. Ich ersuchte den Häuptling, mir Nussugpó vorzuführen, was er mit dem Bemerken verweigerte, Nussugpó würde ihm ohnehin nicht gehorchen. Darauf erklärte ich dem Häuptling, dass ich Nussugpó nunmehr fangen würde. Ich sandte hierauf drei Soldaten ab. Dieser Nussugpó wohnt in einem kleinen Dorf bei Game. Als die Soldaten kamen, liefen alle Leute weg. Intadie und Ametto Brono, die zwei Angeklagten, hatten sich mit Gewehren im Busch verborgen, in der Absicht wohl, auf die Soldaten zu schiessen.

So weit die Anklage. Vor Gericht dann versicherten die beiden Angeschuldigten, sich aus purer Angst im Gebüsch versteckt zu haben und aus selbigem Grund stets mit ihren Flinten zur Arbeit zu gehen. Mangels Beweisen werden sie freigesprochen.

Es muss sich ohnehin um einen Routinefall gehandelt haben. Gouverneur Köhler schreibt in seinem Rechenschaftsbericht vom Januar 1896 an Reichskanzler Fürst zu Hohenlohe-Schillingfürst, dass er die Ostgrenze, einschliesslich der Landschaften Atakpame und Akposso, seit einem halben Jahr von dem politischen Agenten Bruce bereisen lasse, demselben, der sich im Laufe der nächsten Monate nach Berlin an die Ausstellung begeben werde.

So haben sich ihre Jugendträume zumindest ein Stück weit realisieren lassen. Mr. Bruce ist in seiner ersehnten Zivilisation von Europa, Mr. Bürgi im afrikanischen Hinterland. Auch wenn es ein paar Umwege brauchte, als Schausteller und als Missionar, beide in ihren gelobten Ländern und behelfsmässigen Berufen, die nicht gar so verschieden sind, wie man vermuten könnte. Von einem Schausteller wird Charisma verlangt, ein Missionar braucht mitunter Qualitäten eines Entertainers. Er muss ein gutes Auftreten haben, wenn er sich irgendwo im Hinterland auf einen Dorfplatz stellt und von seinem Gott zu erzählen beginnt, einem abstrakten Wesen, für das die Ewe-Sprache keinen Namen kennt. Umso mehr ist Phantasie gefragt, eine handfeste Dramaturgie, wie Mr. Bürgi sie aus langjähriger Erfahrung für die so genannte Heidenpredigt modellhaft entwickelte. Sein Text, als Leitfaden für Berufskollegen verfasst, liest sich nach ein paar wenigen, rein formalen Eingriffen wie ein Drehbuch:
Es erscheint der Missionar mit seinem Dolmetscher in Asome vor der versammelten Menge.
Missionar: Nicht wahr, ihr habt schon Weisse an der Küste gesehen?
Alle: Ja, wir haben.
Missionar: Nicht wahr, sie sind gekommen, um euch viele schöne Sachen zu bringen, Kleider, Spiegel, Tabak, Pulver, Flinten, Messer, Nadeln etc. und dafür Palmöl und Kerne zu kaufen?
Alle: Ja, das ist wahr.
Missionar: Könnt ihr diese Sachen auch selber machen?
Alle: Nein, wir können es nicht.
Missionar: Ja, Europa ist ein schönes und reiches Land etc. Aber wisst ihr auch, warum euer Land so arm ist, weshalb es so viele böse Leute hat, die so viel streiten und zanken?
Kurze Beratung, Geraune.
Alter Mann: Nein, wir wissen es nicht.
Missionar: Dann will ich es euch sagen. Es gibt nur einen Gott etc., und diesem dient man in Europa. Er liebt uns, wie ein Vater seine Kinder liebt und wenn wir ihn auch lieben, macht er uns glücklich und zu Gotteskindern. Er würde auch euch segnen und glücklich machen, wie die Europäer, wenn ihr ihn lieben und ihm dienen wolltet. Wollt ihr nicht auch gerne glücklich sein?

Abb. 20: Als «Heidenpredigt» – hier eines Berliner Baptisten in der deutschen Kolonie Kamerun – werden die ersten Kontakte von Wandermissionaren mit der nicht-christlichen Bevölkerung bezeichnet. (Sammlung Rea Brändle)

Einzelne Zwischenrufe: Aber wir sind ganz glücklich. Wir wollen lieber so bleiben wie unsere Väter.
Anmerkung: Der Missionar muss nun auf einzelnes eingehen und fragen, ob nicht Betrug, Ehebruch, Totschlag, Streit, Krieg unter ihnen herrsche. Und dass ihre vielen Krankheiten eine Folge ihres Sündenlebens seien. Dann auf ihre Angst vor dem Sterben und ihre Unwissenheit im Bezug auf das Jenseits hinweisen.
Missionar: Ist es nicht so?
Alle: Ja, es ist so.
Missionar: Ihr glaubt die bösen Geister tun das und bringt ihnen Opfer. Ihr geht zu eueren Priestern, den Tronuawo und fragt sie, wie ihr die Gbedsivowo, die bösen Geister, zufrieden stellten könnt. Ist es nicht so?
Weil die Alten die Frage nicht verstehen, übersetzen ihnen die Jungen das Gesagte noch einmal, der Missionar und sein Dolmetscher helfen nach, bis alle bekennen: Ja, es ist so.
Missionar: Aber das gefällt Gott im Himmel nicht. Er ist allein Gott und will nicht, dass man andere Götter hat. Sagt ihr nicht selber, nur Manwu habe Himmel und Erde gemacht, und dass wir in seiner Hand sind.
Alle: Ja, so sagen wir.
Missionar: Aber ihr fürchtet euch nicht vor ihm. Ihr dient ihm nicht, ihr bringt ihm keine Opfer. Und doch ist er der Schöpfer, dem Ehre gebührt, unser Vater, der uns liebt, der Richter dieser Welt, vor dem wir alle erscheinen müssen,

wenn wir gestorben sind und der vergeben wird einem jeden nach seinen Taten. Wisst ihr das?

Dieser ist heilig und wohnt an einem Ort, wo alles vollkommen ist, deshalb ist es uns bange, vor ihm zu erscheinen, weil wir Sünder sind und alle schmutzige Kleider haben.

Gemurmel in der Menge und neue Frage des Missionars, ob sie gerne sterben, um vor diesem Gott zu stehen.

Missionar: Es kann auch niemand vor ihm stehen, der nicht gewaschen und gereinigt ist, und das können keine Tronuawo und keine Tronusiwo, kein Konuwo und kein Tierblut, das kann nur Gottes Hohepriester bewirken. Diesen rufen wir an, diesem glauben wir, und er bringt uns vor Gott. Deshalb haben wir Frieden, viel Frieden, fürchten uns nicht vor den Gbedsivowo und dem Tod nicht und freuen uns in der Hoffnung auf das ewige Leben. So lange ihr diesem einzigen Hohepriester, der Gottes Sohn ist und Jesus Christus heisst, nicht dient, seid ihr im Elend. Habt ihr's gehört. Und Gott hilft euch. Er sendet sein Wort zu allen Völkern und lässt ihnen klar sagen, was sie zu tun haben und wie sie ihm dienen können. Habt ihr noch nicht gehört, dass solche in Keta und Klein-Popo sind?

Alle: Nein, wir haben es noch nicht gehört.

Missionar: Das ist sonderbar. Aber jetzt wisst ihr es.

(*Kurze Beschreibung der Mission, ihres Zieles, ihrer Früchte*).

Missionar: Ich kann nicht bei euch bleiben, sondern muss in Davie Gottes Wort predigen. Wenn ihr nach Keta geht, dann fragt nach den Predigern Gottes. Wenn ein berühmter Götzenpriester ins Land kommt, lauft ihr ihm auch nach. Denket fleissig darüber nach, was ihr gehört habt und wisset, dass wir einst alle vor Gott unserm Vater zu erscheinen haben. Dann wird er euch fragen, warum habt ihr euch nicht rein machen lassen durch meinen lieben Sohn Jesus Christ, wie ich es euch durch den Missionar (*hier das aktuelle Datum einsetzen, den Ort etc.*) habe sagen lassen? Vergesst es also nicht! Und wenn noch mehr Prediger Gottes kommen, so nehmt sie freundlich auf; denn Gottes Wort, das sie predigen ist mehr wert als alle Schätze Europas, es hat Europa gross gemacht, es allein kann euch frei und selig machen.

Pause. Ausrufe der Verwunderung. Auftritt des Tsiame, der als Sprecher des Dorfes sagt, sie hätten die Botschaft gehört und weigerten sich nicht, Gottes Wort anzunehmen. Damit wird die Abschiedsszene eröffnet.

Missionar: Miayi lo!

Alle: Hede ny nie. Hede ny nie.

Nach dieser Predigt, schreibt Mr. Bürgi, sei er nach Davie weitergereist, wo man ihn viel besser verstanden habe, nicht zuletzt wohl wegen der eben gemachten Erfahrungen in Asome. Denn es sei eben viel Übung erforderlich, wenn man nicht über Köpfe der Leute hinwegpredigen wolle.

Während Mr. Bruce im Sommer an der Berliner Kolonialausstellung weilt, ist auch Mr. Bürgi nach Europa gekommen, auf einer beschwerlichen Reise. Martha Bürgi musste in der Hängematte an die Küste hinunter getragen werden. Seit Monaten leidet sie an Schmerzen. Vergeblich wurde nach dem Arzt der Basler Mission gerufen, dieser war selber erkrankt und längst in die Schweiz zurückgereist. Also soll Martha Bürgi jetzt im Berner Salemspital untersucht werden. Die Ärzte diagnostizieren eine Wassersucht, als Folge wohl von jahrelangem Chininkonsum, dem gängigen Mittel der Europäer gegen Tropenkrankheiten. Nach zweiwöchiger Behandlung wird die Hoffnung aufgegeben und die Patientin ins Elternhaus nach Wahlern gebracht. Zwei Tage später, am 19. Juli 1896, ist Martha Bürgi gestorben.
Missionare sollen nicht mit dem Schicksal hadern. Gott hat's gegeben, Gott hat's genommen, schreiben sie ans Mutterhaus, wenn ihnen ein lieber Mensch gestorben ist. Auch Mr. Bürgi, noch immer mit seinen beiden kleinen Kindern im Oberaargau, hat mehrmals nach Bremen geschrieben. Diesmal aber kann der Inspektor ihm keine passende Ehefrau vermitteln, so muss Mr. Bürgi selber aktiv werden. Möglicherweise mussten Marthas Verwandte ein bisschen nachhelfen. In Wichtrach jedenfalls hat Mr. Bürgi eine Cousine seiner Schwägerin kennen gelernt, Frieda Wachter, eine Handarbeitslehrerin aus St. Gallen, und bald darauf ihre Eltern in St. Gallen besucht. Sein Antrag sei wohlwollend aufgenommen worden, berichtet er nach Bremen. Der erste Schritt wäre also getan, den zweiten hat die Braut zu machen und sich, als Verlobte eines Bremer Missionars, schriftlich beim Inspektor für eine Heiratsgenehmigung zu bewerben. Mit einem kurzem Lebenslauf stellt Frieda Wachter sich vor: Geboren 1871 in St. Gallen, als Tochter eines Bankangestellten und langjährigen Sonntagsschullehrers, in Yverdon das Welschlandjahr absolviert, dabei Französisch gelernt und die Berufsausbildung erworben, seither in der Mädchenerziehung, was auch der Mission zugute kommen könnte, deutet sie im Begleitschreiben an, obwohl ihr bewusst sei, welch enorme Umstellung die Arbeit in Togo mit sich bringen werde. Davor freilich sei ihr nicht bange, ihre Eltern jedoch komme es hart an, auch das zweite und letzte Kind nach Afrika ziehen zu lassen. Weil dies aber offenbar Gottes Wille sei, hätten sie nun ihr Jawort gegeben.

Für Romantik bleibt keine Zeit. Mr. Bürgi wird dringend in Amedzofe erwartet und kehrt – allein, aber verlobt, wie er sich ausdrückt – nach Togo zurück. Anderthalb Jahre wurde er vertreten von einem Kollegen, der nun seinerseits den überfälligen Urlaub einziehen will. Nun übernimmt Mr. Bürgi wieder die Seminarleitung und trifft nebenher die nötigen Vorkehrungen, um seiner künftigen Frau die Aufnahme in der Missionsstation zu erleichtern, einer eingeschworenen Gesellschaft. Diesmal wird die Integration schwieriger werden als vor der ersten Ehe. Martha war acht Jahre älter gewesen als er, als Witwe eines Bremer Kollegen zudem mit den Verhältnissen in Togo vertraut. Frieda hingegen, zwölf Jahre jünger als er, kennt Afrika nur vom Hörensagen.
Ein halbes Jahr später endlich trifft die Braut in Togo ein. Sie kommt in Begleitung ihrer älteren Schwester. Ruth Wachter ist dem Dampfer in Accra zugestiegen, zusammen mit ihrem Verlobten Hermann Finke von der Basler Mission. Man feiert Doppelhochzeit, am 8. Juli 1898 in Keta, dann trennen sich die Wege. Das Ehepaar Fincke-Wachter fährt an die Gold Coast zurück, Mr. Bürgi macht sich mit Frieda ins Hinterland auf. Fünf Tagesmärsche sind dazu erforderlich.
In derselben Woche übrigens, als Frieda Bürgi in Amedzofe angekommen ist, ihrer neuen Heimat, reist Mr. Bruce zum ersten Mal in die Schweiz. Während des Zürcher Gastspiels auf der durchnässten Sihlhölzliwiese kauft er zusätzliche Decken für seine Togotruppe, ohne den Direktor um Erlaubnis zu fragen.

Und während sich Mr. Bruce in den folgenden Monaten mit Direktor Urbach um Postkarten und Gagen streitet, gibt es auch für Mr. Bürgi manchen Kampf auszufechten. Gegen seine eigene Überzeugung muss er den Seminaristen ein paar Ferienwochen streichen. Zu oft war es vorgekommen, dass sie nicht mehr zurückkamen, wenn sie längere Zeit ihre Verwandten besuchten. Als Ausgleich für die vorenthaltene Freizeit begann man Tagesausflüge zu organisieren, daraus hat sich die Predigertour entwickelt, wie sie im Missionsblatt bis in alle Details beschrieben wird: Mitte November jeweils, wenn die oberste Klasse zum Abschlussexamen antritt, ziehen die jüngeren Seminaristen in Begleitung eines einheimischen Lehrers über Land bis zum Volta, dem deutsch-britischen Grenzfluss. Auf ihren Posaunen spielen sie Psalmen und Märsche, sodass von weitem die Leute zusammenströmen. Stundenlang singt man auf den Dorfplätzen, und wenn die Seminaristen nach zwei bis drei Wochen nach Amedzofe zurückkehren, mit wund geblasenen Lippen, sind dort Bittschreiben eingetroffen von Dorfautoritäten, die einen Lehrer engagieren möchten,

einen mit Posaune. Die älteren Seminaristen haben unterdessen das Examen gemacht, die jüngeren können, gestählt vom Gruppenerlebnis der Predigertour, bedenkenlos in die Weihnachtsferien geschickt werden.
Die Missionsehepaare feiern im kleinen Kreis. Es ist sehr still ohne Kinder.

Zur Station in Amedzofe gehört eine kleine Landwirtschaft, man zieht Mais und Yams für den Eigenbedarf, beschäftigt Einheimische auf den Feldern. Im Seminargarten wachsen Orangen, Zitronen, Ananas und Kaffeesträucher. Da sieht man auf den Ringwegen frühmorgens die Seminaristen wandeln, murmelnd in den Schulstoff vertieft. Jeder trägt ein paar Hefte unter dem Arm. Das hat eine unwiderstehliche Wirkung auf die Hausboys und Elementarschüler, sie geben sich nicht zufrieden, bis sie ebenfalls ein eigenes Heft bekommen, um murmelnd auf den Ringwegen mitzupatrouillieren – ja, diese Art von Geschichten sind ein beliebter Stoff im Missionsblatt. Sie tragen zur Spendefreudigkeit der Leserschaft bei, mindestens so erfolgreich wie die periodisch publizierten Statistiken: Seit Togo zur deutschen Kolonie geworden ist, hat sich die Einflusssphäre der Bremer Mission kontinuierlich erweitert, 1884 gab es acht Stationsschulen, 1900 sind es einundvierzig, zwei Jahre später vierundfünfzig. Das Wachstum bedeutet für den Seminarleiter von Amedzofe administrativen Mehraufwand und diplomatisches Geschick. Die Kolonialverwaltung, inzwischen im Gouverneurspalast in Lome residierend, versteht sich als umfassende Schutzmacht und will ihre Mitsprache bei der Lehrplangestaltung der Missionsschulen verstärken. Der Konflikt schwelte schon seit Jahren und erhält bei jedem Gouverneurswechsel neue Brisanz.

Beim Gastspiel im Münchner Panoptikum erfährt Mr. Bruce vom Tod seines ehemaligen Chefs, Gouverneur August Köhler, und will ihm zusammen mit der Togotruppe die Ehre erweisen, mit einer Gedenkfeier in der Münchner Liebfrauenkirche. Der zuständige Pfarrer hätte nichts dagegen einzuwenden, muss aber darauf bestehen, dass für Katholiken ein Hochamt, für Protestanten dagegen nur ein einfacher Trauergottesdienst abgehalten werden dürfe. Und weil in München niemand mit hundertprozentiger Sicherheit die Konfession des verstorbenen Gouverneurs anzugeben vermag, wird auf offiziellem Weg das Auswärtige Amt um Auskunft ersucht. Das dauert seine Zeit. Bis die Antwort eintrifft, ist die Togotruppe nach Salzburg weitergereist, zu einem Gastspiel im neu eröffneten Restaurant beim elektrischen Aufzug auf den Mönchsberg.

Ehe im Hinterland von Togo zusätzliche Missionsstationen werden können, braucht es gründliche Abklärungen. Die topografische Lage muss überzeugen, die Bevölkerungsstruktur viel versprechend sein, das Einzugsgebiet gross genug und auch während der Regenzeit begehbar. Auch dürfen die Dialekte nicht zu stark abweichen von der Schriftsprache, wie die Bremer Missionare sie für das Ewe entwickelt und in ihren Bibeln und Schulbüchern in Gebrauch genommen haben. Dies alles ist vor Ort zu untersuchen, eine Aufgabe, wie gemacht für Mr. Bürgi. Er nutzt die Rekognoszierungsreisen auch zu seinem Vergnügen, macht Umwege durch abgelegene Dörfer, um Sprichwörter zu sammeln, Reportagen zu schreiben und zu fotografieren. Und statt sich auf die Nachbarregionen des Amedzofe-Distrikts zu beschränken, wählt er eine Extratour ins Akposso-Gebiet – wo Mr. Bruce einst für die Kolonialverwaltung unterwegs war – und will in seinen Evaluationen auch die bergige Gegend von Atakpame berücksichtigen.
Man stelle sich vor: Schon rein äusserlich wirkt die kleine Expedition auf die Einheimischen sehr seltsam: Ein weisser Mann ohne Hängematte und Gewehre, weder Trägerkolonnen noch Eskorten von Polizeisoldaten. Mr. Bürgi reitet auf dem Stationspferd, begleitet von seinem Assistenten, zwei Seminaristen mit Posaunen und zwei Hausboys, die das ganze Gepäck tragen. Unterwegs tauschen sie Tabak gegen Hühner, Yams und Wasser ein, sind gut bewandert in verschiedenen Dialekten. So bekommen sie vielerorts Klagen über die brutalen Methoden der Regierungssoldaten zu hören – auch darüber schrieb Mr. Bürgi in seinen Reiseberichten für das Missionsblatt.

Die viele Zugfahrerei mag anstrengend sein, für Mr. Bruce und seine Togotruppe aber ist sie beste Reklame. Man erregt Aufsehen, auf dem Kopf alles Gepäck und die Kulissen, am Rücken der Frauen die Babys, Trommeln und Kalabassen stets spielbereit im Arm. So etwas sieht man nicht alle Tage in Kleinstädten wie Verden und Hildburghausen: ein ganzer Zugwagen voller Afrikaner auf der Strecke von Pössneck nach Buttstädt oder von Aschersleben nach Quedlinburg. Im voraus schon wird in den Lokalzeitungen über die Ankunft berichtet, Neugierige kommen zum Bahnhof und sehen kleine schauspielerische Sondereinlagen, auf dass sich rasch herumspreche, was gleichentags zu sehen sein wird im Kaisersaal, im Bürgergarten, im Jardin Palmier oder einem der zahlreichen Schützenhäuser.

Abb. 21: Frieda Bürgi (sitzend) mit ihrem Ehemann Ernst und den beiden Stiefkindern Theophil und Lydia, um 1903 in der Schweiz. (StAB, 7, 1025 – 1153)

Kurz bevor Mr. Bruce im Mai 1902 nach Accra abreist, um vierzig Afrikanerinnen für den Zirkus Busch anzuwerben, ist Mr. Bürgi mit seiner Frau in Genua eingetroffen, auf dem Weg zu einem Erholungsurlaub nach Büren. Er leidet an beängstigenden Sehstörungen. Zweimal schon musste er notfallmässig den Basler Missionsarzt in Abusi aufsuchen. Blutungen an der Netzhaut, hat dieser festgestellt und dringend geraten, die Zeichen ernst zu nehmen und die Krankheit gründlich auszukurieren, weil Mr. Bürgi sonst erblinden könnte. Jetzt soll er mindestens anderthalb Jahre lang kein Chinin mehr schlucken und seine Augen schonen, sich erholen im Kreis der Familie. Für Lydia und Theophil ist es das erste Mal, dass sie mit ihrer neuen Mutter zusammenleben. Der Junge wird neunjährig inzwischen, Lydia schon bald konfirmiert. Sie möchte Lehrerin werden und wird deshalb nach Bern umziehen, zu ihren Verwandten mütterlicherseits. So will ihr Vater es arrangieren.
Ein Missionar aber kann sich nie ganz dem Familieleben widmen. Immer wieder sind irgendwo Gastpredigten zu halten, Vorträge über das Leben in Afrika, Spenden zu sammeln, Artikel für christliche Blätter zu schreiben. Dem Inspektor gegenüber hat Mr. Bürgi sich verpflichtet, eine Neuauflage der Ewe-Schulbibel in die Wege zu leiten, also sind Druckfahnen zu lesen, trotz der schonungsbedürftigen Augen. Diesmal kann Frieda Bürgi nicht helfen. Per Telegramm ist sie nach St. Gallen gerufen worden, weil der Vater erkrankt ist. Sieben Wochen bleibt sie bei ihren Eltern, und während dieser Zeit ausgerechnet kommt aus Bremen die dringende Bitte, Mr. Bürgi möge sich der Togotruppe im Panoptikum annehmen und die junge Frau Bruce auf die Taufe vorbereiten. So ruft wieder eins das andere, in St. Gallen liegt Vater Wachter im Sterben, der Religionsunterricht in Zürich muss fortgesetzt, der Inspektor informiert, ein ausführlicher Artikel fürs Missionsblatt geschrieben und alle Mühe darauf verwendet werden, der Leserschaft plausibel zu machen, warum es unrealistisch und auch moralisch inakzeptabel wäre, Mr. Bruce in seiner gegenwärtigen Lage eine christlich-monogame Ehe vorzuschreiben. Und erneut bleiben die Druckfahnen liegen, Mr. Bürgi erachtet es als vordringliche Pflicht, einen Paten für den kleinen Richard Bruce zu suchen und bei der Taufe im Berner Münster als Dolmetscher tätig zu sein. Dann wieder sind in den Korrespondenzen mit Bremen das Kostgeld für Lydia auszuhandeln, ein neues Harmonium für Amedzofe zu beantragen und Vorschläge zu machen für eine Lehrplanreform, die sich nicht länger hinausschieben lässt, seit Waldemar Horn als neuer Gouverneur in Togo eine zweite Regierungsschule eröffnet und damit den Druck auf die Missionsgesellschaften verstärkt hat.

Abb. 22: Das Bläserorchester, 1907 in Amedzofe, Semiaristen mit ihrem Lehrer Ernst Bürgi. (BMA, QD – 30,035.4)

Mr. Bürgi aber soll sich endlich von seinem Augenleiden erholen. Ehe er sich um das weitere Geschick der Togotruppe kümmert, fährt er mit Frieda zur mehrmals verschobenen Kur nach Morgins. Und just als die beiden ein paar Ferientage in den Walliser Alpen verbringen, ist Mr. Bruce mit seinen Leuten vom nahe gelegenen Genfersee aus nach Frankreich und Italien weitergereist.

Im Frühling 1904 kehren die Bürgis zur nächsten Dienstperiode nach Togo zurück. In Lome treffen sie einen Kollegen, reisefertig für den Urlaub in Europa, und erfahren in groben Zügen, was sich während ihrer zweijährigen Abwesenheit in Togo verändert hat. Dreiundzwanzig zusätzliche Schulen hat die Bremer Mission seither in Betrieb genommen, man muss also unbedingt die Seminarklassen vergrössern. Zudem drängt die Kolonialregierung auf eine Lehrplanreform. Der Gouverneur und namentlich sein Stellvertreter, Julius Graf Zech auf Neuhofen, haben ihre eigenen Vorstellungen, was Ausbildungsziele in den Kolonien betrifft. So wartet in Amedzofe viel Arbeit, und kaum hat Mr. Bürgi damit begonnen, wird aus Lome gemeldet, der Gouverneur habe zurücktreten müssen und werde bis auf weiteres von seinem Vize ersetzt.

Als im Herbst 1904 Graf Zech definitiv zum Gouverneur ernannt worden ist, weilt Mr. Bruce in Hamburg, um sich endgültig von seiner Togotruppe zu verabschieden. Eine müssige Frage, ob er selbst nach Togo zurückfahren möchte. Und wie er sich unter dem neuen Regime hätte zurechtfinden können, als Mitarbeiter eines Grafen Zech, der sich in den Lehrbüchern der neuen staatlichen Regierungsschulen als Stellvertreter des deutschen Kaisers bezeichnet und die Afrikaner als seine Untertanen, von denen er absoluten Gehorsam verlangt.

Wie viel Deutsch die Kinder in Togo lernen sollen, bleibt eine umstrittene Frage. Die Händlerfamilien an der Küste möchten, dass ihre Söhne Fremdsprachen beherrschen, insbesondere Englisch, um im Leben voranzukommen. Die deutsche Kolonialregierung benötigt einheimische Hilfskräfte – Aufseher, Eintreiber, Polizeisoldaten, Zöllner, Kanzlisten, Dolmetscher, Vermessungsgehilfen –, und weil Gouverneur Graf Zech die Subventionen an die Missionsschulen künftig von einem Leistungsauftrag abhängig machen will, gibt man sich in Bremen konziliant. Auch Mr. Bürgi lässt mit sich reden, obwohl er überzeugt davon ist, dass den Elementarschülern das Christentum am besten in der Muttersprache einzupflanzen wäre. Die katholische Mission jedoch hat sich mit den Wünschen der Kolonialregierung arrangiert, sodass Mr. Bürgi namens der Bremer einen Kompromiss vorzuschlagen hat: fünf Deutschstunden im ersten Schuljahr, acht im zweiten, zehn im dritten, Englisch wird in der deutschen Kolonie als Unterrichtssprache verboten. Und damit die Änderungen auch tatsächlich eingehalten werden, will der Gouverneur künftig selber die Examen abnehmen. Wie heisst der deutsche Kaiser, will er von den Elementarschülern wissen. Wie die Kaiserin? Der Kronprinz? Der Vater, der Grossvater des Kaisers? Und welchen Krieg hat er gewonnen? Dann hält der Gouverneur eine Ansprache. Sein Dolmetscher wird sie übersetzen, der Kinderchor die deutsche Hymne singen. Das gefällt dem Gouverneur, er lobt den lautstarken Gesang der Schüler und ihre saubere Schrift. Zum Abschied bekommt er *Mit dem Pfeil, dem Bogen* zu hören, sein Lieblingslied.
Allzu viel Deutsch aber soll den Kindern nicht beigebracht werden. Der Gouverneur sähe es lieber, wenn sie beizeiten lernten, ihre Hände zu gebrauchen. Deshalb entrichtet er Sonderprämien für Landarbeit an den Missionsschulen, überreicht sie persönlich reihum an den Examen. Bei dieser Gelegenheit führt er in den Dörfern sein neues Maschinengewehr vor. Fünfhundert Schuss pro anderthalb Minuten, das Rohr zielt auf einen Baumstamm, knickt ihn mit Gedröhn. Ob damit auch auf Menschen geschossen werde, fragen

die Schüler in Amedzofe. Ihre Lehrer schweigen. Zwar wird der Vorfall nach Bremen gemeldet und im Missionsblatt publik gemacht, ansonsten aber jede direkte Konfrontation mit der Kolonialregierung vermieden, so will es die politische Contenance. Eine spannungsgeladene Kooperation, die beiderseits Vorteile verspricht, die Bremer Mission kann zwischen 1904 und 1908 die Zahl ihrer Schulen erneut verdoppeln. In hundertvierzig Schulhäusern werden über viertausend Kinder und Jugendliche unterrichtet. Ein Viertel von ihnen sind Mädchen. Der Besuch des Seminars hingegen bleibt weiterhin ein männliches Privileg.

Der fünfzigste Geburtstag fällt für beide in eine Phase der Umorientierung. Mr. Bruce ist mit seiner Familie irgendwo in Belgien unterwegs, mit dem diffusen Wunsch, sein Showunternehmen auszubauen. Mr. Bürgi hat mit seiner Frau an der Muristrasse in Bern eine möblierte Wohnung gemietet. Das Elternhaus im Oberaargau ist verkauft, die beiden Schwestern sind an den Neuenburgersee gezogen. Lydia ist Primarlehrerin in Geissholz bei Meiringen. Theophil weiss noch nicht, ob er Bauer oder Buchdrucker werden oder sich nicht doch für die Aufnahmeprüfung am Seminar Muristalden anmelden möchte. Mr. Bürgi lässt sich wie immer auf zahlreiche Verpflichtungen ein, das gibt ihm Gelegenheit, alte Bekanntschaften aufzufrischen. Alfred Hopf, der Pate von Richard Bruce, hat in Zimmerwald seine erste Pfarrstelle angetreten, wird also nicht mehr für den Missionsdienst zu gewinnen sein, sich jedoch sein Leben lang für Benachteiligte einsetzen. Auch mit den ehemaligen Schulkollegen vom Seminar Muristalden ist Mr. Bürgi an verschiedenen Klassentreffen in Kontakt gekommen. Wie lang das her ist, seit sie alle für Livingston und Stanley geschwärmt haben, jetzt müssen sie sich fast ein bisschen wundern über ihren früheren Mitschüler, der bei unmöglichster Gelegenheit ständig auf sein Afrika zu reden kommt und noch immer am liebsten die abseitigsten Gegenden bereisen würde, eine Wildnis, wie kein Europäer sie jemals gesehen hat.

Auch in Bremen weiss man um diese Passion. Der Inspektor aber hat andere Pläne mit seinem dienstältesten Mitarbeiter. Die Mission in Togo braucht einen neuen Präses, eine umgängliche Person, respektiert von den Kollegen, beliebt bei den afrikanischen Gehilfen und in der Lage auch, sich gegenüber der Kolonialregierung mit diplomatischem Geschick zu behaupten. Vor der Abreise in den nächsten Urlaub hat Mr. Bürgi die Leitung des Seminars in Amedzofe einem jüngeren Kollegen zu übergeben und soll sich das neue

Angebot in Ruhe überlegen. In den ordentlichen Berner Schuldienst wird er ohnehin nicht mehr wechseln können, mit seinen fünfzig Jahren, und eine Existenz als Prediger in der inneren Mission scheint ihm nicht erstrebenswert. Keine Frage deshalb, dass er das Präsesamt annehmen wird. Zugleich nimmt er sich vor, nebenher Jahr für Jahr sämtliche Schulen im Bremer Missionsgebiet zu besuchen, ein anstrengendes Projekt, das ihm, nicht zuletzt dank der neuen Eisenbahnlinie ins Landesinnere, tatsächlich gelingen wird.

Im Ersten Weltkrieg sitzt Mr. Bruce in Russland fest, Mr. Bürgi bleibt in Afrika, als einziger der Bremer Missionare. Alle seine Kollegen und ihre Frauen sind von den neuen Machthabern in Togo, den Engländern und Franzosen, entweder ausgewiesen oder in Gefangenenlager gebracht und später als Internierte nach Europa deportiert worden. Den Präses hingegen lässt man gewähren, weil er Schweizer ist. Eine Fügung Gottes, schreibt das Missionsblatt, dass man über einen derart erfahrenen Mann in Lome verfüge, und es habe sich als ein weitsichtiger Entscheid herausgestellt, dass während langer Jahre so viel Energie und finanzielle Mittel in die Ausbildung einheimischer Lehrer und Katechisten investiert worden seien. Sie werden nun zu vollwertigen Mitarbeitern befördert, angeleitet von Mr. Bürgi, dessen Anwesenheit zunehmend symbolischen Charakter erhält, wie er sich illusionslos eingesteht. Die eigentlichen Führungsaufgaben, berichtet er am 31. August 1919 einem ehemaligen Bremer Missionar in die USA, könne er getrost seinen afrikanischen Kollegen Andreas Aku und Robert Baëta überlassen. Er selber reise beratend im Hinterland herum und helfe mit bei der Wiederbelebung der Stationsschulen, die zum grössten Teil lange leer gestanden und entsprechend verwahrlost seien. Die ungewisse Zukunft habe ihm gesundheitlich sehr zugesetzt, doch er wolle nicht klagen und hoffe inständig, solange in Togo ausharren zu können, bis die verworrene Situation der Bremer Mission sich geklärt habe.
Wie trübselig er die eigene Lage empfindet, schreibt er in den Briefen an seine Kinder und Berner Freunde: Dass der Schweizer Generalstreik und die verheerende Grippenepidemie in ganz Europa ihn sehr beunruhige und er nicht wisse, wie er in Bern angesichts der rasanten Teuerung mit seiner niedrigen Rente aus Deutschland überleben könnte, nein, an eine Rückkehr sei vorderhand nicht zu denken. Soeben sei in Togo die Schulsprache ausgewechselt worden, zum dritten Male bereits, er selber habe als junger Missionar in Keta englisch unterricht, dann jahrelang deutsch, jetzt müsse man auf Französisch

Abb. 23: Amtsübergabe in Lomé: Erschöpft von über vierzig Dienstjahren reist Ernst Bürgi mit seiner Frau Frieda am 2. September 1921 definitiv in die Schweiz zurück. Andreas Aku und Robert Baëta (hintere Reihe links und rechts aussen) übernehmen die Führung der Ewe-Kirche in Französisch-Togo; in der Mitte der Lehrer Samuel Kwist aus Keta. (BMA, QD-30.035.7)

umstellen. Er lebt im französisch besetzten Teil von Togo, Lome ist in Lomé umbenannt worden; das einstige Anecho, das ein paar Jahre lang Klein Popo hiess, heisst nun Aného (im Missionsblatt indessen wird an Lome festgehalten; auch in der Bevölkerung von Lomé bleiben die zahlreichen deutschen Strassennamen noch einige Jahre geläufig).

Frieda Bürgi unterstützt ihren Mann, so gut sie kann. Sie führt die afrikanischen Missionslehrer ins Französische ein, wie sie selber es vor mehr als dreissig Jahren im Töchterpensionat von Yverdon gelernt hat.

In den nächsten Monaten hat Mr. Bürgi seine Kräfte so sehr aufgezehrt, dass Bremen die Entlassung aus dem Missionsdienst anordnen muss. Anfang September 1921 wird das Ehepaar Bürgi in Lomé von einer riesigen Menschenmenge verabschiedet. Es ist eine eindrückliche Feier, mit Posaunenchor, Gesang, Ansprachen und Geschenken. Aus beiden Teilen Togos treffen Dankesschreiben ein und eine Spende von 75 Pfund Sterling. Sie sind im gesamten Missionsgebiet gesammelt worden, damit dem verehrten Präses

das Einleben in der teuren Schweiz etwas leichter falle. Im Missionsblatt erscheinen mehrere Würdigungen der vierzigjährigen Tätigkeit von Mr. Bürgi in Togo. Autor des Hauptbeitrags ist der junge Missionslehrer Jonathan Savi de Tové, ein künftiger Schwiegersohn von Mr. Bruce.
Auch in Hamburg und Bremen werden öffentliche Feiern mit Kollekten für das Ehepaar Bürgi veranstaltet. Nach diesen Empfängen fahren sie weiter in die Schweiz und werden am Bahnhof in Bern von Theophil abgeholt. Er komme jeden Tag zum Mittagessen zu ihnen in die Herberge zur Heimat, ja, die Kinder wüssten es zu schätzen, dass sie wieder Eltern haben, schreibt Frieda Bürgi in einem Dankesrundschreiben an die ehemaligen Missionskollegen. Ein Familienleben aber lässt sich nicht nachholen. Lydia emigriert mit ihrem Verlobten, Pfarrer Emil Roth, nach Prescott in den USA. Auch Theophil geht seine eigenen Wege.
Die Idyllisierung des eigenen Familienlebens im Rundschreiben geschieht auch aus Selbstschutz. In Bremen nämlich sähe man es lieber, wenn das Ehepaar Bürgis ins missionseigene Pensioniertenheim nach Deutschland zöge, weil dies billiger wäre. Diesmal aber widersetzt sich Mr. Bürgi den Wünschen seiner Vorgesetzten. Er habe eine Wohnung in Bolligen gemietet und werde nach Möglichkeit selbst für seinen Lebensunterhalt aufkommen, schreibt er nach Bremen. Zusammen mit seiner Frau verfasst er Wandkalender in der Ewe-Sprache, schreibt Artikel für alle möglichen Kirchenblättchen, bis seine chronischen Schwächeanfälle auch diese Tätigkeiten nicht mehr zulassen.

So haben sie bis zuletzt ihren jugendlichen Zielen nachgelebt, jeder auf seine Weise, und beide kein hohes Alter erreicht. Mr. Bruce starb an seinem sechzigsten Geburtstag, Mr. Bürgi sechs Jahre später, am 20. März 1925 im Berner Salemspital. Unterdessen ist die ehemals deutsche Kolonie Togo vom Völkerbund zwischen Frankreich und Grossbritannien aufgeteilt worden. Beide Seiten sind im Prinzip an einer Weiterführung der langjährigen Bremer Schularbeit interessiert. Die Engländer lassen bald wieder Missionspersonal aus Deutschland einreisen, im französisch verwalteten Teil hingegen dürfen Allemands nicht in Erscheinung treten. Dort wird das ganze evangelische Arbeitspensum weiterhin von Afrikanern geleistet, unter Führung der Pastoren Aku und Baëta. Einzig mit der Mädchenerziehung gibt es Probleme, da rächt es sich nun, dass die Bremer im Seminar von Amedzofe keine Lehrerinnen ausgebildet haben. Auch in dieser Hinsicht jedoch beginne sich nun eine Lösung abzuzeichnen, wird 1924 im Missionsblatt angedeutet und in den nächsten Monaten immer mehr konkretisiert: Man sei auf drei Töchter des Ewe-Volkes aufmerksam gemacht worden, junge Frauen, afrikanisch von der Abstammung her, in ihrem ganzen Denken aber durch und durch deutsch und deshalb geradezu prädestiniert, als Erzieherinnen in Togo tätig zu werden, so wird das formuliert, noch immer recht vage, bis endlich die Namen der drei Kandidatinnen bekannt gegeben werden: Regina, Annie und Lisa Bruce. Sie sollen im Auftrag der Bremer Mission in Afrika die europäische Zivilisation verbreiten, wie Vater Nayo sich das einst in seinem Interview erträumt hat.

Teil III

Ɖèvíáwó

Die Kinder

Дети

Les enfants

Togo 1928: «Ein Fahrrad für die drei Schwestern Bruce»

Von der Veranda aus sieht man die Christuskirche und auf den Strassenmarkt. Da herrscht die ganze Zeit viel Betrieb; nachts kann man das Meer hören. Das Flachdachhaus an der Rue du Marché ist nah am Strand von Lomé gelegen und gehört der Bremer Mission. Früher diente das Gebäude als Diakonissenheim. Jetzt ist im Parterre ein Teil der neuen Mädchenschule einquartiert, im Obergeschoss wohnen Regina, Annie und Lisa Bruce, Wand an Wand mit Pastor Baëta und seiner kinderreichen Familie. Er ist Synodalsekretär der Ewe-Kirche in Französisch-Togo und somit ein hoher Vorgesetzter der Schwestern Bruce.

Ihre Tage sind voll ausgefüllt, wie das Missionsblatt berichtet. Bei Sonnenaufgang wird aufgestanden, jahrein, jahraus um sechs in der Früh. Um acht Uhr beginnt der Unterricht, er dauert bis zwölf und nachmittags von drei bis fünf Uhr. Anschliessend sind Hausbesuche zu machen. Überall in der Stadt und den umliegenden Dörfern möchten Frauen die Lehrerinnen ihrer Töchter sehen und Christenfamilien mit ihren Gemeindeschwestern aus Europa plaudern. Ohne die missionseigenen Fahrräder wären die Distanzen kaum zu schaffen. Nach sechs Uhr wird es immer sehr schnell dunkel, wie überall in den Tropen, dann fahren die drei Schwestern Bruce in ihre Wohnung zurück, korrigieren Schularbeiten und schreiben oft bis in alle Nacht hinein Briefe an ihre Freundinnen in Deutschland. Ausser am Mittwoch, dann werden sie zur Abendandacht in der Christuskirche erwartet. So will es die Tradition, und einmal in der Woche kommt der Jungfrauenverein ins Schulzimmer an der Rue du Marché, um sich bei den drei Fräulein Bruce weiterzubilden. Es ist eine ansehnliche Schar junger Frauen. Die meisten arbeiten auf dem Markt, als Schneiderinnen oder in einer der vielen Bierbrauereien. Es liegt ihnen daher nicht so viel an Handarbeiten, biblischen Geschichten und geistlicher Erbauung, viel lieber würden sie von den drei Schwestern Bruce wissen, wie sich das Leben der Weissen in Europa abspielt. Das ist nicht einfach zu vermitteln, immer wieder gerät die Unterhaltung ins Stocken, und sie wäre kaum weiterzuführen, gäbe es nicht ein paar ältere Zuhörerinnen, die noch bei den Bremer Diakonissen Deutsch gelernt haben und hilfreich als Dolmetscherinnen einspringen, wenn die Schwestern Bruce sich nicht verständlich machen können. Ihr Französisch tönt etwas eigenartig, und mit dem Ewe ist es nicht weit her, obwohl sie schon mehr als ein Jahr in Lomé leben. Weil es ihnen am einheimischen Wortschatz mangelt, haben sie den Religionsunterricht an den pensionierten Katechisten Botsoe abgeben müssen und bekommen seither von ihm täglich eine sprachliche Nachhilfelektion, morgens vor Schulbeginn, und beim Mittagessen redet Pastor Baëta kaum mehr ein deutsches Wort mit ihnen. Nicht nur er ist enttäuscht, wie langsam die jungen Frauen ihre «Muttersprache» erlernen. Allseits wächst die Ungeduld: In wenigen Tagen wird der Inspektor aus Bremen erwartet. Seit einiger Zeit schon ist er im Missionsgebiet unterwegs und hat für die ersten Januarwochen 1928 seinen Besuch in Lomé angekündigt.

Umso wichtiger werden jetzt für die Schwestern Bruce all ihre sichtbaren Erfolge. Der Jungfrauenverein hat Zulauf wie nie zuvor. Und mit jedem Postschiff kommen zahlreiche Briefe, Kartengrüsse und oft auch Pakete von den Freundinnen aus Deutschland. Sie schicken handgemachte Babywäsche, Mädchenkleider, Küchenschürzen, Schulhefte, Bleistifte, Radiergummi und andere nützliche Dinge, die bei den Hausbesuchen stets dankbare Abnehmer finden und den Schwestern Bruce den Ruf eingetragen haben, sehr splendid zu sein und über schier unerschöpfliche Beziehungen zu verfügen. Aus der eigenen Familie ist ebenfalls Rückhalt zu spüren. Die Ferien und alle Feiertage verbringen die Schwestern bei Verwandten in Aného und Keta, und aus dem weit verzweigten Bruce-Clan hat man ihnen zwei Hausmädchen nach Lomé geschickt, auf dass der Sprachunterricht sich fröhlicher gestalte.

Auch die Schulstatistik kann sich sehen lassen. Annie unterrichtet dreiunddreissig Erstklässlerinnen. Regina hat die zweite und dritte Mädchenklasse im Hauptschulhaus an der Bagidastrasse übernommen. Lisa führt den Haushalt. Sie kocht, putzt und macht die Wäsche für ihre Schwestern und ein paar auswärtige Schülerinnen, die in den Nebenzimmerchen der kleinen Wohnung an der Rue du Marché untergebracht sind. Dazu hat sie mehrere kleine Praktikantinnen zu betreuen und hilft im Handarbeitsunterricht mit. So hat es, provisorisch vorerst, Pastor Baëta angeordnet, weil ihm Lisa als Lehrerin nicht geeignet erscheint. Während der ersten Zeit in Togo ist sie oft krank geworden, auch psychisch wirkt sie nicht so robust wie ihre älteren Schwestern. Zudem verspricht man sich von der neuen Arbeitsteilung einen praktischen Vorteil, denn selbst ein dreifaches Lehrerinnengehalt reichte nicht aus, um einen eigenen Koch anzustellen. Und weil der Status der drei Schwestern, insbesondere ihr Anstellungsverhältnis, noch nicht recht geklärt und mit einer Lohnaufbesserung ohnehin nicht zu rechnen ist, wird der Bremer Inspektor wohl sein Einverständnis zur personellen Rochade geben, ebenso wie Pastor Andreas Aku, der Präses in Lomé, dessen Tochter Pauline nun an Lisas Stelle die Kleinkinderschule an der Rue du Marché betreut. Dies allerdings ist nur eine der vielen offenen Fragen, die mit dem Inspektor besprochen werden sollen.

Es sind tatsächlich mehr als nur ein paar Missverständnisse zu klären. Denn die Anstellung der Schwestern Bruce ging für alle sehr schnell. Annie und Lisa waren noch nicht volljährig, als sie sich für den Missionsdienst verpflichteten, nach einer schwierigen Zeit im evangelischen Kinderheim von Neu-Düsselthal. Mit sechs Jahren waren sie von Vater Nayo ins Internat gebracht worden, während der ersten Zeit hatte es keine Probleme gegeben, abgesehen von lästigen Augenentzündungen, die den Bruce-Mädchen oft zu schaffen machten. Ein vererbtes Leiden, so wurde vermutet, nachdem auch Fritz, ihr gleichaltriger Bruder, nach Neu-Düsselthal gekommen und bald darauf an einer Bindehautentzündung erkrankt war. Zudem quälten ihn Ausschläge am ganzen Körper und schwächten ihn dermassen, dass er zur weiteren Behandlung ins Krankenhaus nach Kaiserswerth gebracht wurde. Fast zwei Jahre lang blieb er dort, seine Schwestern durften ihn nicht mehr besuchen, nachdem sein chronischer Nasenrachenkatarrh sich als fortgeschrittene Tuberkulose herausgestellt hatte. Fritz Bruce starb mit zwölfeinhalb Jahren, am 5. Februar 1918, das war im letzten der entbehrungsreichen Kriegswinter. Die Gegend um Neu-Düsselthal war wie das ganze Rheinland von den Franzosen besetzt, und aus Russland kam eine Hiobsbotschaft nach der andern: Lisas Mutter tot, die Mutter von Annie gestorben, kurz darauf auch Vater Nayo und Mémé Amanoua weit weg in Russland, unerreichbar für die Bruce-Töchter im deutschen Internat. Lisa verfiel fortan nach jeder Aufregung in tagelanges Fieber, was sich bedenklich auf ihre schulischen Leistungen auswirkte. Annie konnte ihre guten Noten zwar halten, doch auch sie reagierte sichtlich verstört, verhielt sich im Unterricht entweder apathisch oder dann wieder so rebellisch, dass sie mitten im letzten Schuljahr in den Küchendienst abkommandiert wurde. Damit war für sie die Chance vertan, einen der begehrten Ausbildungsplätze im Kindererzieherinnenseminar von Neu-Düsselthal zu erhalten.
Wer weiss, ob Annie und Lisa aus eigener Kraft aus der Krise herausgefunden hätten. Was aus ihnen geworden wäre ohne die Hilfe ihrer älteren Schwester. Regina kam aus einem ganz anderen Milieu. Mit Pietro, ihrem Bruder, war sie in der Familie des Barons George von Fircks in Warnemünde und Riga aufgewachsen, hatte eine gute Ausbildung bekommen, die höhere Töchterschule

besucht und als Zwanzigjährige zusammen mit ihrer deutschen Freundin Hanna die Leitung des evangelischen Kinderheims Sonnenschein in Gross-Borstel bei Hamburg übernommen. Das praktische Rüstzeug dazu hatte sie sich bei den Diakonissen in Hamburg-Altona geholt, und in diesen Fussstapfen sollten nun auch ihre jüngeren Schwestern den Einstieg ins Berufsleben finden. Annie besuchte den dreisemestrigen Kleinkinderlehrerinnenkurs in der Diakonissenschule, ein halbes Jahr später kam auch Lisa nach Altona an die Gerberstrasse, um ein mehrmonatiges Praktikum zu absolvieren. Ihre Freizeit verbrachten die beiden, wie Regina und deren Freundinnen, in christlichen Frauenvereinen und ähnlich sozial engagierten Kreisen.

So versteht es sich von selbst, dass Pastor Baëta von verschiedenen Seiten auf die Schwestern Bruce aufmerksam gemacht wurde, als er im Juni 1924 in Hamburg eintraf. Anlass seiner Europareise war die internationale Missionskonferenz auf Schloss High Light bei London, darüber hinaus nutzte er die Gelegenheit, um in einer fünfmonatigen Predigertour für die Ewe-Kirche zu werben, Vorträge zu halten – auf Englisch, Französisch und in seinem makellosen Deutsch – und mit den einflussreichsten Missionsvereinen in Kontakt zu kommen, in Hamburg, Berlin, Herrnhut, Emden, London, Paris, Basel (und einem Abstecher nach Bern, wo er seinen früheren Präses Ernst Bürgi besuchte).

Rund fünfzig Stationen umfasste das Reiseprogramm. Dazwischen war Pastor Baëta mehrmals in Bremen zu Gast und überraschte den Missionsvorstand mit einem Projekt, das die jahrelang vernachlässigte Frauenausbildung in Französisch-Togo wieder beleben sollte. Ein Mädchenschulheim schwebte ihm vor, als Internat geführt nach deutschem Vorbild, auch wenn sich dies angesichts der prekären Finanzlage der Ewe-Kirche in Lomé etwas kühn anhören mochte und gewiss nur in vielen kleinen Schritten zu realisieren sein würde, nach der Einschätzung von Pastor Baëta. Fürs erste wollte er ein paar Zimmer in seiner Dienstwohnung an der Rue du Marché zur Verfügung stellen, und mit den Schwestern Bruce als Lehrerinnen, dessen war Pastor Baëta sich sicher, wäre nicht nur ein guter Anfang, sondern schon ein beträchtlicher Sprung in die Zukunft zu schaffen. So muss er sich bei seinen Überzeugungsversuchen in eine Euphorie hineingeredet haben, voller Zuversicht, dass sich die Familie Bruce in Aného finanziell am Projekt beteiligen oder andernfalls die Ewe-Kirche im französisch verwalteten Togo für alle Kosten aufkommen würde.

Es war nicht schwierig, den Missionsvorstand zu begeistern. Weniger für das Mädchenschulheim an sich, denn finanziell konnten sich die Bremer zusätzliche Aufgaben in Togo ohne massive Spendenzuwächse kaum leisten, doch zu verlockend war die Aussicht auf einen personalpolitischen Durchbruch, der mit dem Engagement der Schwestern Bruce zu erreichen wäre, ein regelrechter Coup: Als gebürtige Togoerinnen könnten die drei jungen Frauen nicht wie die Deutschen mit einem Berufsverbot belegt werden, sie müssten von der französischen Kolonialverwaltung zum Missionsdienst zugelassen werden. Und dank ihrer deutschen Erziehung wären sie in der Lage, die langjährigen Schultraditionen weiterzuführen, was sicherlich auch die direkten Einflussmöglichkeiten des entmachteten Bremer Mutterhauses in Französisch-Togo wesentlich verstärken würde.

Eine raffinierte Personalstrategie also, die es behutsam einzufädeln galt. In ersten Sondierungsgesprächen war es Pastor Baëta in Paris gelungen, die Société des Missions évangeliques für das Mädchenschulheimprojekt zu gewinnen. Die beiden Vizedirektoren Elie Allégret und Daniel Couvé, ohnehin etwas frustriert über die rasanten Erfolge der katholischen Konkurrenz in Lomé, waren gern bereit, sich bei den politischen Instanzen für ein Engagement der drei Schwestern einzusetzen, vorausgesetzt freilich, dass die Kandidatinnen Bruce ordentliche Kenntnisse der französischen Sprache vorzuweisen hätten. Und nachdem sich herausgestellt hatte, dass dies absolut nicht der Fall war, wurde für Regina, Annie und Lisa Bruce im Oktober 1925 ein Intensivkurs am Institut Magistel in Saintes arrangiert, einer Kleinstadt in der Charente.

Ein einjähriger Sprachkurs war ursprünglich vorgesehen, doch nach vier Monaten kamen die Direktoren der beiden Missionsgesellschaften in ihrer Korrespondenz überein, dass es wohl besser wäre, den Aufenthalt in Frankreich zu verkürzen, damit die Schwestern im Juni am Jahresmissionsfest in Bremen teilnehmen und die verbleibende Zeit für anderweitige Vorbereitungen nutzen könnten, ehe sie zum Jahresende nach Lomé ausreisen würden. Vergeblich protestierten die Schwestern gegen diesen Entscheid, mit dem Hinweis, ihr Französisch sei noch nicht gut genug. Auch wurde ihnen nicht bewilligt, auf der Rückreise nach Deutschland einen Umweg über die Schweiz zu machen. Regina hatte der Gemeindeverwaltung in Zimmerwald bereits ihre Ankunft auf Mitte Mai gemeldet und eine Aufenthaltsgenehmigung erhalten für einen Besuch bei der Pfarrfamilie Hopf, mit der sie – wie mehrere der Kinder des Nayo Bruce – von klein auf einen losen Briefwechsel pflegte. Stattdessen war eine Kurzvisite beim Direktor der Missions évangéliques zu machen, und von Paris gings weiter nach Bremen, wo die Schwestern Bruce

während der nächsten paar Wochen mit missionarischen Grundsätzen betraut und dann nach Berlin geschickt wurden, zur üblichen Kurzeinführung in die Ewe-Sprache. Dies verschaffte ihnen nebenher Gelegenheit, nach vielen Jahren drei ihrer Brüder zu treffen, die in Berlin sehr unterschiedlichen Berufstätigkeiten nachgingen. Kwassi arbeitete als Pianist, Pietro als Koch, Richard war im Zirkus engagiert, so weit sein chronisches Asthma dies noch zuliess. Immer häufiger hatte er pausieren müssen und oft die Sommermonate im Pfarrhaus von Zimmerwald verbracht, umsorgt von den Angehörigen seines Taufpaten Alfred Hopf, dem guten Freund der Familie Bruce.
Auch fürs Ewe-Lernen blieb weniger Zeit als geplant. Die Abreise wurde zwei Monate früher angesetzt, damit die drei Schwestern in Gesellschaft von deutschen Kollegen bis nach Accra begleitet werden konnten.
Ihr sei bange zumute, sagte Regina Bruce in ihrer kurzen Ansprache bei den Abschiedsfeierlichkeiten am 31. Oktober 1926 in der Bremer Liebfrauenkirche. Solche Bedenken waren ihr jedoch leicht auszureden. Schon immer hätten Missionare vor der Ausreise mit gemischten Gefühlen zu kämpfen gehabt, wurde ihr allseits versichert, auch von den erfahrenen deutschen Kollegen, die auf ihre Station nach Ho im britisch verwalteten Teil von Togo zurückkehrten. Zu siebt bildeten sie auf dem Schiff, der Waida, so etwas wie eine kleine Schicksalsgemeinschaft: das Missionsehepaar Funke, die Diakonissin Lisbeth Meier, die Handarbeitslehrerin Elisabeth Spiess und die Schwestern Regina, Annie und Lisa Bruce.
Beim ersten Zwischenhalt in Southhampton gab es Merkwürdiges zu beobachten. Ein Liberianer hatte mit seinen zwei Söhnen das Schiff bestiegen und eine der Luxuskabinen auf Deck bezogen. Er vertrete sein Land als Generalkonsul in Grossbritannien, erzählten sich die Passagiere, und Regina hatte sich darüber gewundert, wie ungeniert sich die drei Afrikaner in europäischer Gesellschaft benahmen, vor allem der jüngste. Der hat aber Rassenbewusstsein, entfuhr es ihr beim Nachtessen am Tisch der deutschen Kolleginnen. Schwester Lisbeth Meier, irritiert über Reginas Tonfall, notierte sich die kleine Episode. Sie hatte dem Missionsdirektor versprochen, sich auf der Reise um die Schwestern Bruce zu kümmern und sie auch in Lomé zu betreuen, so weit dies möglich sein würde vom britisch verwalteten Missionsgebiet aus.
In Accra verabschiedeten sich die deutschen Kollegen, und wie die Reise für die drei Schwestern weiterging, schildert Regina Bruce im Missionsblatt, aus einer unverkennbar europäischen Sicht wiederum: Um sechs Uhr morgens kamen wir in Accra an. Herr Pastor Baëta war als erster an Bord, mit ihm

Abb. 24: Annie, Regina und Lisa Bruce am 31. Oktober 1926 in Bremen, dem Tag ihrer Ausreise nach Lomé; in der hinteren Reihe die Diakonissin Lisbeth Meier, das Missionarsehepaar Luise und Alex Funke und die Handarbeitslehrerin Elisabeth Spiess, die nach Britisch-Togo entsandt werden. (StAB, 7.1025-1663)

auch unser ältester Bruder Achli, der, obwohl er seit zwölf Jahren nicht mehr Deutsch gesprochen hat, die Sprache noch gut beherrscht. Unser Vetter Immanuel Bruce hatte bei unseren Verwandten in Accra alles eingerichtet, dass wir dort schlafen konnten, weil wir leider keinen Dampferanschluss nach Lome bekommen konnten. Es war ja auch sehr nett, dass wir so auch in Accra unsere Familie kennen lernten. Unser Onkel Dr. Bruce schickte uns sein Auto nach dem Hafen und wir fuhren dann zu einem anderen Onkel, der Rechtsanwalt ist, und brachten dort unser Gepäck unter. Leider hatte das Auto von Herrn Pastor Baëta Schaden gelitten auf dem Weg nach Accra, und so mussten wir ein Lastauto mieten, um damit nach Lome zu fahren. Das war eine Fahrt! Morgens um elf Uhr ging die Reise los. Es war ein heisser staubiger Weg. Bald kamen noch mehr Leute, die mitfahren wollten, und da wir noch Platz hatten und vor allem die Fahrt uns dadurch verbilligt wurde, nahmen wir sie mit. Unter ihnen fuhren auch zwei Mohammedaner mit, die genau ihre Gebetszeiten einhielten und wir dann immer anhalten mussten. Im Ganzen dauerte

die Reise zwölf Stunden. Es war uns eine grosse Freude, auf diesem Weg einen Blick in das Innere Afrikas hineintun zu dürfen. Durchschnittlich waren die Dörfer sauber mit einfach gebauten Häusern. Malerisch hoben sich die Hütten auf roter Erde von dem Grün der Palmen ab. Als wir durch den Urwald fuhren, sahen wir einen Affen von einer Palme herunterklettern. Schnell war er im Dickicht verschwunden. Am Voltastrom wurden wir hinübergesetzt und betraten somit Togoland. Abends um sieben kamen wir nach Ho. Wir hofften dort Schwester Lisbeth und die andern Missionsgeschwister anzutreffen. Leider aber waren sie noch nicht da. Die Kirche in Ho war zum Empfang festlich geschmückt und die Kinder sangen auf Ewe «Stern auf den ich schaue». Herr Pastor Baëta hatte ihnen verraten, dass er sich aus Deutschland noch erinnerte, dass dieses eins meiner Lieblingslieder ist. Leider konnten wir uns nicht lange in Ho aufhalten und mussten schnell unsere Reise fortsetzen. Spät abends kamen wir in Palime an und übernachteten dort in einer Faktorei. Unser Vetter Robert Creppy erwartete uns dort und am nächsten Tag konnten wir mit seinem Auto nach Lome fahren. Das war bei weitem angenehmer.
Endlich gegen sechs Uhr kamen wir in Lome an. Per Rad kamen uns Herr Pastor Aku und einige Lehrer entgegen. Alle unsere lieben Freunde können ganz ruhig sein, unser Deutsch werden wir nicht vergessen, denn es wird hier genügend Gelegenheit sein, es auszunutzen. Die Frauen sind alle recht traurig, dass wir mit ihnen nicht Ewe sprechen können, aber alle machen uns Mut, dass wir uns in Kürze mit ihnen unterhalten können …

Inzwischen haben die Schwestern Bruce ihr erstes Dienstjahr hinter sich. Auch der junge Gottfried Stoevesandt ist nicht viel länger im Amt als Inspektor der Bremer Mission. Es ist seine erste Visitationsreise in Afrika, eine ausgedehnte Tour durchs ganze Ewe-Gebiet. Von Accra aus hat er reihum die deutschen Missionsstationen in Britisch-Togo besucht, nämlich Ho, Akpafu, Kpandu und Amedzofe, und in den ersten Januartagen 1928 überquert er die Grenze zum französisch kolonisierten Togo, selber erstaunt, wie problemlos man ihn nach Lomé einreisen lässt als ersten europäischen Vertreter der Bremer Mission seit dem Rücktritt von Präses Ernst Bürgi. Ein historischer Moment, wie er in seinem Reisebericht festhält. Zwar schmerzt es ihn persönlich sehr, dass über dem ehemals deutschen Gouverneurspalast nun die Trikolore weht und die katholische Mission von den neuen Machthabern so offensichtlich bevorzugt wird. Doch nach aussen hin hat er Optimismus zu verbreiten und im Missionsblatt all die kleinen Fortschritte hervorzuheben: dass die Pastoren Andreas Aku und Robert Baëta viel versprechende Beziehungen zum Gouvernement coloniale pflegen, dass man an übergeordneter Stelle die Leistungen der evangelischen Schulen lobend zur Kenntnis nimmt und unter Umständen bereit wäre, sich an den Kosten der französischsprachigen Lehrmittel der Bremer zu beteiligen. Das seien positive Signale, schreibt der Inspektor, und am meisten habe ihn gefreut, wie sehnlich die einheimische Bevölkerung wünsche, bald wieder von Deutschen unterrichtet zu werden.

Auch über Regina, Annie und Lisa Bruce weiss Inspektor Stoevesandt nur Gutes zu berichten und kündigt an, in einer der nächsten Nummern ausführlicher über die Arbeit der drei Schwestern zu berichten, wohl wissend, dass ein Grossteil seiner Leserinnen nichts anderes erwartet. Mehrmals schon hatte der Hamburger Missionsfrauenverein weit über tausend Mark gespendet, ausdrücklich für die Schwestern Bruce, und auch jetzt wieder muss der Inspektor nur in einem Nebensatz erwähnen, es seien den Lehrerinnen in Lomé leider zwei Fahrräder gestohlen worden, um erneut eine Sammelaktion auszulösen. Innert kurzer Zeit wird in Hamburg genügend Geld zusammenkommen, um Ersatzräder nach Togo zu schicken, ein fabrikneues für Regina und eine Occasion für ihre beiden Schwestern. Auch dies wird im Missionsblatt freudig zu vermelden sein.

In seinem internen Bericht hingegen schätzt der Inspektor die Situation in Lomé wesentlich skeptischer ein. Nicht nur hinsichtlich verbesserter Zusammenarbeit mit den Franzosen scheinen ihm Zweifel angebracht, auch aus den eigenen Reihen war Unerfreuliches zu vernehmen. Mit Bedauern musste ihm Pastor Baëta mitteilen, dass die Familie Bruce in Aného nun doch nicht, wie man sich dies erhofft hatte, die Reisekosten für die drei Schwestern übernommen habe. Auch sei von dieser Seite keinerlei finanzielle Beteilung am Lebensunterhalt der neuen Mitarbeiterinnen zu erwarten, zumal Amussu Bruce – an Stelle seines älteren Bruders Nayo als Familienoberhaupt waltend – von den Franzosen nach Sansane Mangu im Norden Togos verbannt wurde, weil er seinerzeit als Zollassistent für die deutsche Kolonialregierung gearbeitet hatte. Ebenso wenig sieht sich die evangelische Gemeinde von Lomé in der Lage, zusätzliche Aufgaben zu übernehmen. Im Gegenteil, ihre Vertreter haben dem Inspektor schon bei der ersten Versammlung deutlich zu verstehen gegeben, dass die Schwestern Bruce zum europäischen Personal gehören und deshalb weiterhin vollumfänglich von den Bremern zu entlöhnen seien. Die Gehälter geben ohnehin viel zu reden. In Französisch-Togo verdienen die evangelischen Missionslehrer viel weniger als ihre afrikanischen Kollegen in Britisch-Togo, weil dort sämtliche Schulen von der Kolonialregierung subventioniert werden, unter der Bedingung, dass ein einheitliches Besoldungsreglement der Engländer eingehalten wird. Solche Gehälter können die Bremer in Französisch-Togo nicht zahlen, und da sei es doch ungerecht, bekommt der Inspektor in Lomé immer wieder zu hören, dass Fräulein Lisa mehr als jeder Lehrer in Französisch-Togo verdiene. Oder dass Fräulein Regina, bis auf ein paar Mark, denselben Lohn beziehe wie die beiden Pastoren Aku und Baëta, zwei Familienväter mit langjähriger Dienstzeit, und wie wolle man mit dem Gouvernement über allfällige Besoldungszuschüsse verhandeln, solange keine der Schwestern Bruce ein Diplom der französischen Regierungsschule vorzuweisen habe und alle drei sich weigerten, dies endlich nachzuholen.

Über diesen letzten Punkt lässt sich mit Regina Bruce nicht diskutieren. Sie will nicht einsehen, dass ihre Ausbildung plötzlich nicht mehr genügen soll. Wieso sie jetzt, mit siebenundzwanzig Jahren und einiger Berufserfahrung in Deutschland, ein zusätzliches Examen machen müsse, empört sie sich im Gespräch mit dem Inspektor und hat nun ihrerseits einiges zu beanstanden: Die versprochenen Lehrmittel sind immer noch nicht eingetroffen, die Schulzimmer mangelhaft ausgestattet, die Räumlichkeiten ungeeignet für ein Mädchenpensionat und die eigenen Wohnverhältnisse schlicht zu eng für drei erwachsene Personen. Davon hat der Inspektor sich persönlich überzeugen können. Die kleinen Nebenräume sind alle von Internatsschülerinnen belegt, Annie und Lisa schlafen im selben Zimmer, Küche und Esszimmer teilen die Schwestern Bruce mit der Familie Baëta. Dass sich daran vorderhand nichts ändern wird, weil die Ewe-Kirche, dringend auf Einnahmen angewiesen, die meisten der Bremer Missionsgebäude an Beamte und Geschäftsleute aus Frankreich vermietet hat, das kann Regina Bruce akzeptieren. Auch über die Löhne beschwert sie sich nicht, drängt aber umso energischer darauf, endlich die Frage zu klären, wann sie ihre Reise nach Europa antreten könne, den Heimaturlaub, wie er dem Bremer Missionspersonal seit jeher nach drei bis vier Dienstjahren zusteht. Darauf will ihr der Inspektor keine verbindliche Antwort geben. Seines Wissens ist für die Schwestern Bruce ein solcher Urlaub nicht vorgesehen, genauso wenig wie für alle andern afrikanischen Mitarbeiter der Mission, schreibt er in seinem Bericht. Warum also sollten die Töchter des Nayo Bruce ein Privileg der Europäer einfordern können, und wenn man ihnen dies vor der Abreise versprochen haben sollte, müsste es sich um ein Missverständnis handeln.

Im Gespräch mit Regina Bruce aber ist Inspektor Stoevesandt kaum so deutlich geworden. Für ihn hat die Urlaubsregelung ohnehin keine Priorität, zumal eine Reise nach Europa frühestens in zwei Jahren fällig wäre, und bis dahin, so gibt er den Schwestern zu verstehen, bleibe für sie noch einiges zu tun, gründlich Ewe zu lernen vor allem und auch die mangelhaften Französischkenntnisse zu verbessern. Im Übrigen will er tun, was er kann. Auf der Rückreise besucht er noch einmal Schwester Lisbeth Meier in Ho und bittet sie, ihn über die heikle Angelegenheit auf dem Laufenden zu halten. Und im Missionsblatt werden die Leserinnen freundlich ersucht, ihre Korrespondenzen mit den viel beschäftigten Schwestern Bruce einzuschränken und ihnen um Gottes Willen nichts zu schreiben, was bei ihnen Heimweh auslösen könnte.

Stoevesandts Befürchtungen sind nicht aus der Luft gegriffen. Die Schwestern Bruce haben Heimweh und rechnen fest damit, nach Ablauf der Dienstperiode nach Deutschland zurückzukehren. Selbst Annie, die von den dreien am schnellsten Ewe gelernt und sich in Lomé recht gut eingelebt hat, mag sich nicht an den Gedanken gewöhnen, für immer in Togo zu bleiben. Das hat sich missionsintern herumgesprochen, bis nach Ho zu Schwester Lisbeth Meier, die nun den Inspektor in Bremen darüber zu informieren hat. Dabei will sie nicht Gerüchte kolportieren, in ihrem Brief vom 25. April 1928, sondern den Problemen auf den Grund gehen. Sie hat die Schwestern auf der Schiffsreise nach Accra kennen gelernt und auf ihre mütterliche Art ins Herz geschlossen, später eine Zeit lang die kränkelnde Lisa in Ho betreut. Aus diesen wenigen Begegnungen hatte sie etwas Entscheidendes herausgespürt: Die Bruce-Mädchen möchten mehr europäisieren als evangelisieren, schreibt sie nach Bremen, ein missionarischer Antrieb sei ihnen fremd, ebenso wie die afrikanische Denkweise. Das alles habe die drei jungen Frauen in eine heillose Isolation hineingetrieben, was sicherlich eine der Hauptursachen für ihr Heimweh sei. Und obwohl Schwester Lisbeth Meier mit ihren bald fünfzig Jahren eine überzeugte Diakonissin ist und deshalb zeitlebens ledig bleiben will, rührt sie als Einzige an ein verdrängtes Thema: das Heiratsproblem der Schwestern Bruce. Alle drei sind jung und von liebenswürdigem Wesen, doch es wird für sie in Französisch-Togo keine passenden Ehekandidaten geben. Wegen ihrer europäischen Erziehung und Anspruchshaltung käme nur ein wohlhabender, weit gereister, gebildeter Mann in Frage, ein Gleichgesinnter also. Die reichen Afrikaner aber sind polygam, die Mitarbei-

ter im Gouvernement mehrheitlich katholisch. Die europäischen Kaufleute in Lomé wiederum werden sich schwerlich mit einer der Schwestern Bruce verheiraten wollen, ebenso wenig wie die deutschen Missionskollegen. Und die afrikanischen Missionslehrer sind alle verheiratet.
Im Prinzip möchte Gottfried Stoevesandt der lebensklugen Lisbeth Meier beipflichten, er tut dies auch, ohne aber das Heiratsproblem auch nur zu erwähnen, in seinem Antwortschreiben vom 23. Mai. Was das seltsame Missionsverständnis der Schwestern Bruce betreffe, sei er während der Inspektionsreise leider zum selben Schluss gekommen, ja, er habe sich inzwischen eingestehen müssen, dass ihre Aussendung nach Afrika als ein missglücktes Experiment zu betrachten sei. Es wäre besser gewesen, sie hätten zuerst in der Gemeinschaft mit deutschen Kollegen im anderen Teil von Togo arbeiten können, um mit wahrem Missionsgeist erfüllt zu werden. Jetzt aber könne man den Fehler nicht mehr ungeschehen machen und schon gar nicht eine Rückreise der Schwestern Bruce in Erwägung ziehen, weil ein solcher Sinneswandel der Mission unermesslichen Schaden zufügen würde. Nicht auszudenken, wie enttäuscht der Jungfrauenverein in Lomé, die ganze Ewe-Gemeinde und vor allem die Missionsfreundinnen in Deutschland reagieren würden! Trotzdem versucht der Inspektor, sich Zuversicht einzureden mit der Bemerkung, die Schwierigkeiten seinen gewiss nicht so gross, dass sie nicht überwunden werden könnten. Das Heimweh werde bestimmt nachlassen, sobald die Schwestern Bruce mehr Ewe und besser Französisch und vor allem gelernt hätten, sich als Pioniere einer grossen Zukunft zu betrachten. Wie man sich in Bremen ausgedacht hat, stillschweigend vorausgesetzt wohl, dass Pionierinnen ledig bleiben.
Noch während Lisbeth Meier mit dem Inspektor über das Heiratsproblem korrespondiert, ist für die älteste der drei Schwestern das Problem akut geworden. Regina ist schwanger. Der Vater des Kindes ist Jonathan Savi de Tové, ein afrikanischer Lehrerkollege aus einflussreicher Familie, vielseitig gebildet, sprachgewandt und weit in der Welt herumgekommen. Als Gehilfe eines deutschen Rechtsanwalts war er mit siebzehn Jahren nach Kamerun gezogen, dort in der Kolonialverwaltung beschäftigt und innert kurzem zum Privatsekretär von Gouverneur Karl Ebermaier befördert worden. Nach Kriegsausbruch flüchtete er 1914 mit den Deutschen nach Spanisch-Guinea und weiter nach Madrid. In Barcelona kam er in Kontakt mit Diedrich Westermann, dem späteren Afrikanistikprofessor, der ihn für eine Mitarbeit an seinen phonetischen Ewe-Studien engagierte. 1920 kehrte Jonathan Savi de Tové nach Lomé

zurück, wo er, mit erst fünfundzwanzig Jahren, zum Hauptlehrer an die evangelische Missionsschule berufen wurde.

Mit seinen Qualifikationen wäre er der ideale Ehemann für Regina Bruce, ganz im Sinne von Schwester Lisbeth Meier, gäbe es nicht einen wunden Punkt: Jonathan Savi de Tové ist verheiratet und hat drei kleine Kinder. Seine Ehe, so unglücklich sie auch sein mag, wurde in christlicher Zeremonie geschlossen und lässt sich deshalb nicht ohne weiteres scheiden oder sonst wie annullieren. Flora Savi de Tové, die ehemalige Hausangestellte von Frieda Bürgi, ist ein angesehenes Mitglied der Ewe-Gemeinde und würde wohl niemals eine Nebenfrau dulden. Und Regina Bruce, so viel ist klar, dürfte in ihrem Zustand weder den Jungfrauenverein leiten noch an einer christlichen Mädchenschule unterrichten.

Also muss heimlich nach Auswegen gesucht werden. In der ersten Panik wurde erwogen, so bald wie möglich nach Monrovia oder Cape Palmas auszureisen und dort die weitere Zukunft zu planen. Mitte April bereits hat Jonathan Savi de Tové seine Lehrerstelle auf Ende des Monats gekündigt, ohne Angabe von Gründen, sich dann aber überreden lassen, bis zum Semesterschluss weiterzuarbeiten. Das geheime Fluchtprojekt wird revidiert und auf die Sommerferien verschoben. Stichtag ist der 18. Juli. Länger wird Reginas Schwangerschaft kaum zu übersehen sein. Bereits beginnt man in der Ewe-Gemeinde zu tratschen. Zwei Mal hat Flora Savi de Tové nach dem Mittwochabendgebet in der Christuskirche die Schwestern Bruce laut beschimpft. Daraufhin reicht ihr Ehemann erneut ein Demissionsschreiben ein, mit der Begründung diesmal, er wolle für längere Zeit beurlaubt werden, um sich in Frankreich weiterzubilden. Vorerst kehrt er in sein Dorf zurück, nach Tové, wo er im Druckereibetrieb seines Vaters eine führende Rolle übernimmt. Regina Bruce versieht weiterhin ihren Dienst an der Mädchenschule und scheint sich um die bösen Mäuler nicht zu kümmern. In einem unauffälligen Briefumschlag hat sie von ihrer Freundin Hanna aus Gross-Borstel das Geld für die Reise nach Europa erhalten, samt dem Angebot, im Kinderheim Sonnenschein weiterzuarbeiten. Alles wäre auf bestem Weg gewesen, hätten die Vorsteher der Ewe-Gemeinde nicht durch eine Indiskretion des Gouvernements erfahren, dass eine der afrikanischen Lehrerinnen sich einen Reisepass habe ausstellen lassen. So kommt es zum Eklat, am 15. Juli, einem Sonntag. Annie und Lisa sind bei den Verwandten zu Besuch, während Regina zuhause von den Pastoren Aku und Baëta zur Rede gestellt und mit Bibelzitaten so lange in die Enge getrieben wird, bis sie die Fassung verliert und schluchzend Stück für Stück ihr Geheimnis preisgibt.

Nun sieht Pastor Baëta sich gezwungen, den unschönen Vorfall nach Bremen zu melden. Es fällt ihm schwer, die richtigen Worte zu finden, im Widerstreit zwischen Enttäuschung, Mitleid und Entsetzen, und so wird es zwei Wochen dauern, bis er das Schreiben abschickt. Von Flucht ist inzwischen nicht mehr die Rede. Regina lag tagelang im Fieber, mit beängstigendem Herzstechen, den Folgen eines Nervenzusammenbruchs, wie der Missionsarzt ihr erklärt und im Hinblick auf die fortgeschrittene Schwangerschaft dringend Ruhe verordnet. Lisa ist ebenfalls krank geworden und zu Lisbeth Meier nach Ho hinaufgebracht worden, noch ehe Achli Bruce aus Aného angereist kommt, um im Auftrag der Familie seine Schwestern abzuholen.

Von Jonathan Savi de Tové hört man, dass er zum Sekretär des Conseil des Notables gewählt wurde, einem Gremium der bedeutendsten Clans an der Küste, das alle drei Monate über die lokalen Auswirkungen der neuen Beschlüsse des Gouvernements zu beraten hat. Sein Amt bringt es mit sich, dass er viel unterwegs ist und gleichermassen mit einheimischen Autoritäten und französischen Kolonialbeamten zusammenarbeitet. Er möchte sich nun definitiv aus dem Lehrerberuf zurückziehen.

Am 19. September bringt Regina in Keta ihr Kind zur Welt. Lisa ist nach Lomé zurückgekehrt, Annie noch immer bei den Verwandten in Aného. Aus Bremen ist inzwischen eine erste Reaktion eingetroffen. Die Pastoren Aku und Baëta werden gebeten, von der Affäre möglichst wenig Aufhebens zu machen und vor allem darauf hinzuwirken, dass Annie und Lisa dem schlechten Einfluss ihrer älteren Schwester entzogen und im Dienst der Ewe-Kirche weiterbeschäftigt werden können. Im Missionsblatt wird die leidige Geschichte mit keinem Wort erwähnt und über die drei Schwestern während der nächsten Monate nichts mehr berichtet. Nur den engsten Vertrauten mag Inspektor Stoevesandt das Malheur eingestehen, wohl wissend, wie viel Goodwill auf dem Spiel steht. Die Präsidentin des Hamburger Frauenmissionsvereins, schockiert über den Fehltritt von Fräulein Bruce, wie sie sich ausdrückt, verlangt Gewähr dafür, dass Regina Bruce das geschenkte Fahrrad nicht behalten darf, da es der Mission zugedacht worden sei. Dies wird Pastor Baëta am 30. November aus Bremen mitgeteilt. Den beiden jüngeren Schwestern lässt der Inspektor ausrichten, es seien von den Missionsfreundinnen im Lauf des Sommers wieder zahlreiche Pakete nach Lomé geschickt worden, und man wundere sich, noch immer kein Echo erhalten zu haben. Dies müsse dringend nachgeholt werden, mit einem kurzen Dankesgruss am besten, ja, es wäre am besten, wenn sie es vermeiden

könnten, in Briefen nach Deutschland vom Verbleib ihrer Schwester Regina zu berichten.
Trotz der harten Gangart sind in der Geschäftskorrespondenz auch sanftere Signale zu vernehmen. Worte des Bedauerns, Ratloses in Halbsätzen, abrupte Themenwechsel, versöhnliche Randbemerkungen, seufzende Verweise auf Gottes unergründliches Walten, und daneben kursieren auch viele halbprivate Briefe. Noch immer beschäftige ihn das Schicksal von Herrn Savi und Fräulein Bruce, schreibt Gottfried Stoevesandt am 4. Dezember an Robert Baëta und will den bevorstehenden Jahreswechsel zum Anlass nehmen, dem ehemaligen Hauptlehrer mit ein paar persönlichen Zeilen alles Gute für die Zukunft zu wünschen, ausdrücklich verbunden mit der Hoffnung, dass dereinst wieder eine Zusammenarbeit im Missionsdienst zustande kommen möge.

Auch ein horribles Jahr wie 1928 geht vorüber. Und so heftig Skandale wüten können, mag doch kein Mensch sich endlos empören. In Lomé spricht man nicht mehr darüber, auch in Deutschland beginnen die Gemüter sich zu beruhigen, das Missionsleben nimmt seinen Lauf. Lisa Bruce ist in den Stationshaushalt von Ho versetzt worden, nebenher betreut sie die kleinen Praktikantinnen und hilft im Handarbeitsunterricht aus, wie sie dies zuvor in Lomé getan hat. Darüber ist namentlich Frau Missionar Funke sehr froh, weil ihre Kollegin Lisbeth Meier vorzeitig den Heimaturlaub in Deutschland einziehen soll und sie selbst ein Kindergärtnerinnenseminar für das gesamte Ewe-Gebiet aufbauen möchte. Nach einiger Bedenkzeit ist auch Annie Bruce nach Ho heraufgekommen, um die Kleinkinderschule zu übernehmen, zusammen mit ein paar Seminaristinnen, die sie in die Praxis einzuführen hat. In der Augustnummer 1929 des Missionsblattes wird ihr eine ganze Seite zur Verfügung gestellt, damit die Leserschaft sich ein Bild von ihrem Arbeitsalltag machen kann. «Bei den Abodzokpos» ist der Erlebnisbericht betitelt, zu übersetzen mit Kleinkinderschülerinnen, wie die Autorin Annie Bruce anmerkt. Gegen hundert kleine Buben und Mädchen kommen jeden Morgen zur Abodzokposuku und begrüssen ihre Lehrerin im Chor: Good morning, Dawado! Mit einem Gebet beginnt der Unterricht, dann wird eine Stunde lang gesungen, draussen unter den Mangobäumen, und nach längerer Pause die Kinderschar in Gruppen aufgeteilt. Die Kleinen bekommen biblische Geschichten erzählt, die Grösseren werden angeleitet, von one bis twenty zu zählen und mit Stäbchen ihre ersten Buchstaben in den Sand zu schreiben.

Abb. 25: Richard Bruce in der Hängematte, umsorgt von seinem Paten Alfred Hopf und dessen Kindern. Im Sommer 1929 verbringt er seinen letzten, zweieinhalbmonatigen Erholungsurlaub im Pfarrhaus von Zimmerwald und schreibt ins Gästebuch: «Dem Tode nahe kam heuer zu Euch. Eure Güte und Pflege gab mich dem Leben wieder. Habt Dank, tausend Dank.» Er starb um 1930 an einem Lungenleiden. (Familienbesitz Hopf)

Spielend schafft es Annie Bruce, sich mit den Kindern über den lieben Gott und Herrn Jesu zu unterhalten. Ihr Französisch kann sie vergessen. Inzwischen hat sie Englisch gelernt, die koloniale Unterrichtssprache im Westteil von Togo. Mit ihren Missionskolleginnen spricht sie Deutsch, die Ferien verbringt sie mit Lisa bei den afrikanischen Verwandten, und niemand könnte die beiden von ihrem herzlichen Verhältnis zur älteren Schwester abbringen. Regina sei längere Zeit in Lomé gewesen, jetzt aber wieder in Keta, schreiben die Schwestern Bruce an Lisbeth Meier in den Urlaub nach Deutschland.
Aus Lomé wird Erfreuliches nach Bremen gemeldet. Noch vor den Sommerferien ist es Pastor Baëta gelungen, in einem zweiten Anlauf sein Mädchenschulheimprojekt neu zu beleben. Zwar müssen die Schülerinnen ab der zweiten Klasse zusammen mit den gleichaltrigen Jungs im Bagidaschulhaus zum Unterricht, für die Erstklässlerinnen aber kann mit der jungen Charlotte Kpodar wieder eine Lehrerin an der Rue du Marché engagiert werden. Sie

Abb. 26: Die vierundzwanzigjährige Lisa Bruce in Ho. Auf der Rückseite des Fotos schrieb sie ihrer Schweizer Freundin, der ältesten Tochter von Pfarrer Hopf, nach Zimmerwald: «Meiner lieben Margrit, ein kleines Dir danken zum Weihnachtsfest 1930». (Familienbesitz Dorothy Bruce)

hat das französische Diplom an der Regierungsschule von Lomé erworben. Von der Ewe-Gemeinde erhält sie einen Monatslohn von 150 Francs, dreimal weniger als ihre ehemaligen Mitseminaristinnen an den weltlichen Schulen verdienen. Das spreche für ihre gute Gesinnung, betont Pastor Baëta in seinem Bericht nach Bremen und bittet um Erlaubnis, der engagierten Mitarbeiterin Charlotte Kpodar als Zeichen der Wertschätzung das Fahrrad von Fräulein Regina schenken zu dürfen.
Schwester Lisbeth Meier sorgt sich selbst im Urlaub um ihre ehemalige Kollegin Regina Bruce. Aus dem Diakonissenheim in Stenum, wo sie zur Erholung weilt, konfrontiert sie Inspektor Stoevesandt in einem Brief mit Vorschlägen, so unkonventionell, wie sich niemand sonst gegenüber den Bremer Vorgesetzten äussern würde. Ob es nicht angebracht wäre, Regina Bruce am Mittagstisch der Mission in Keta teilnehmen zu lassen? Ihr mit dem kleinen Kind ein Zimmer im Stationshaus zur Verfügung zu stellen? Und falls sie sich in Togo noch immer nicht heimisch fühlen sollte – müsste man nicht Herrn Savi zwingen, ihr das Geld für die Rückreise nach Deutschland zu geben? Weil doch die Schwestern Bruce, davon ist Lisbeth Meier felsenfest überzeugt, weit mehr in Europa zuhause seien als draussen in Afrika.
Die Antwort ist sehr ausweichend. Man wolle abwarten, bis Lisbeth Meier wieder in Afrika sei und persönlich mit Regina Bruce gesprochen habe, wird in Bremen entschieden. Diesmal sind es nicht die finanziellen Kosten, was die Missionsverantwortlichen davon abhält, Regina Bruce nach Deutschland zurückkommen zu lassen. Falls es ihr aus irgendeinem Grund nicht möglich wäre, im Kinderheim Sonnenschein weiterzuarbeiten, müsste man mit dem Schlimmsten rechnen, gibt der Inspektor in seinem Brief zu bedenken: Wer stellt in Deutschland bei der heutigen Arbeitslosigkeit eine Schwarze ein?
Nach ihrem Urlaub macht Lisbeth Meier eine längere Stellvertretung in Keta. Da erfährt sie, dass Regina Bruce mit ihrem Kind nach Lomé gereist und wieder in Erwartung sei. Und dass Jonathan Savi de Tové sich gegenwärtig nicht in Lomé aufhalte.

Zweieinhalb Jahre war Lisbeth Meier nicht mehr in Ho, als sie im Sommer 1931 auf die Station zurückkommt und zu ihrem Erstaunen feststellt, wie gut Annie und Lisa Bruce im Missionsalltag integriert sind. Auch das Heiratsproblem scheint sich wie von selber gelöst zu haben. Lisa vermählt sich am Pfingstmontag 1931 mit dem Katechisten Andreas Abutiate. Es ist eine stille Feier. Vom Bräutigam sind ein paar Verwandte gekommen, die Familie Bruce

ist einzig durch Annie vertreten, was Lisbeth Meier sich nicht erklären kann. Das junge Ehepaar zieht nach Akpafu und ein paar Jahre später nach Odumi im Basler Missionsgebiet.
Annie ist schon seit längerem mit ihrem Cousin John Aboki Bruce aus Anécho verlobt. Er lebt seit einiger Zeit in Kpong, oberhalb von Accra, arbeitet als Verkäufer in einer Filiale der Ladenkette SCOA und beginnt nebenher, ein eigenes Handelsunternehmen aufzuziehen. Auch Annie hat es mit der Hochzeit nicht eilig. Denn vorher möchte sie noch einmal nach Europa reisen, in Deutschland ihre Freundinnen besuchen und namentlich Pfarrer Hopf in der Schweiz, der so viel getan hat für Richard, ihren inzwischen verstorbenen Bruder Richard. Dies alles schreibt Lisbeth Meier im August 1931 nach Bremen und wird auch weiterhin versuchen, dem Inspektor die Bedenken auszureden: Dass das Urlaubsgesuch nichts mit Heimweh zu tun habe, sondern rechtens gewährt werden müsse, weil Annie Bruce dieselbe Arbeit wie ihre europäischen Kollegen leiste, und dies seit bald sechs Jahren, einer Zeitspanne also, für die alle andern mit zwei Europareisen belohnt worden wären! Und es sei eine grundlose Befürchtung, dass Annie Bruce es darauf abgesehen habe, in Deutschland zu bleiben, zumal sie sich in Afrika gut eingelebt und ihren Cousin sehr lieb habe.
Die Antwort aber ist immer dieselbe. So sehr man der tüchtigen Mitarbeiterin Bruce einen längeren Erholungsurlaub gönnen würde – vielleicht bei ihrer Schwester Lisa Abutiate in Akpafu? – müsse man doch von einer Europareise absehen. Weil Annie Bruce in ihrem Geburtsland, wie der Inspektor sich ausdrückt, von alten und neuen Eindrücken derart überwältigt werden könnte, dass sie nicht mehr nach Afrika zurückkehren wolle. Und dass in Deutschland die Aussichten für sie sehr gering wären, eine dauerhafte Anstellung zu finden.
Auch wenn Lisbeth Meier angesichts dieser Argumente machtlos ist – nur zu gut weiss sie, wie erschreckend sich Deutschland verändert hat –, will sie den Entscheid aus Bremen doch nicht ganz widerstandslos hinnehmen und ihre eigene Heimreise ein paar Monate hinausschieben, um ihrer Freundin Annie die Hochzeit auszurichten. Ein richtiges Fest, dies zumindest sei man ihr schuldig, schreibt sie dem Inspektor und zitiert in ihrem Brief eine Missionarin aus England, die Annie Bruce ihren Mitarbeitern sehr treffend beschrieben habe: By birth pure African, by training, thinking and feeling pure European – und wie könnte es anders sein!
Am 17. Oktober 1932 wird in Ho die Hochzeit gefeiert. Diesmal ist die Familie Bruce sehr zahlreich vertreten. In den nächsten Wochen treffen aus Deutsch-

land zahlreiche Geschenke von den Missionsfreundinnen ein. Lisbeth Meier wird Annie Bruce in Kpong persönlich vorbeibringen, auf ihrem Weg nach Accra, von wo sie definitiv nach Deutschland zurückreist.

Ende 1936 kann das Mädchenschulheim von Pastor Baëta sein zehnjähriges Bestehen feiern. Dreihundertsechsundvierzig Schülerinnen besuchen den Unterricht der evangelischen Ewe-Kirche, der Internatsbetrieb hingegen ist immer noch nicht über ein Provisorium hinausgewachsen.
Regina Bruce wohnt mit ihren Kindern schon seit längerem im Haus von Jonathan Savi de Tové. Die beiden sind seit gut acht Jahren verheiratet, auch ohne das Zutun der christlichen Missionare, und gehören zu den bedeutendsten Familien in Französisch-Togo. Die Zeit der Selbständigkeit in Keta kommt Regina sehr zugute, denn ihr Ehemann ist oft unterwegs. Er ist ins Gouvernement coloniale berufen worden, um die Presse- und Informationsabteilung zu leiten. Daneben arbeitet er nach wie vor für den Conseil des Notables und gibt in seiner Druckerei in Tové eine eigene Zeitung heraus, den «Guide du Togo», der in den nächsten Jahren zum führenden Organ der Unabhängigkeitsbewegung wird.

1939 in Cannes: Auf der Reise von Baku nach Lomé

Im internationalen Reisebüro Intourist in Moskau liegt ein kleines Carnet bereit. Es enthält eine Fahrkarte vom weissrussischen Bahnhof an die Côte d'Azur und zurück nach Moskau, gültig drei Monate, kombiniert mit einer Platzkarte für den Sitz Nummer 19 im zweitvordersten Wagen des Nachtzuges vom 23. Juli 1939, dazu ein mehrsprachiges Informationsblatt für Transitreisende und ein Touristenvisum, ausgestellt auf den Namen Lydia Bruce.
Es ist ihre erste Auslandreise.
Eine moderne junge Frau, nach dem Passfoto zu schliessen, fünfundzwanzigjährig und allein stehend, geboren in Kiew als Tochter des Nayo Bruce, aufgewachsen in Baku am Schwarzen Meer. Sie studiert Politikwissenschaften und Ökonomie an der Universität von Moskau und verdient sich den Lebensunterhalt als Metrochauffeurin. Jetzt hat sie sich beurlauben lassen, um die Semesterferien in Cannes zu verbringen und Abschied zu nehmen von ihren Geschwistern und Mémé Amanoua, die demnächst alle nach Togo ausreisen werden. Sechs bis acht Wochen möchte Lydia mit ihren Angehörigen in Südfrankreich verbringen und zu Semesterbeginn in die Sowjetunion zurückkehren, das Studium abschliessen und als Wissenschaftlerin für den russischen Staat tätig werden. Von diesem Entschluss will sie sich nicht abbringen lassen, auch nicht von der eigenen Familie. Lydia Bruce hat ein Retourbillet gelöst und all ihr Erspartes bei der russischen Nationalbank hinterlegt.

Seit Lydia sich erinnern kann, redet Mémé Amanoua davon, dass sie ein Versprechen einzulösen und darum mit den Kindern nach Afrika auswandern müsse. Einen ersten Versuch unternahm sie bereits im Spätherbst 1919, ein halbes Jahr nach dem Tod von Nayo Bruce. In Baku hatte sie, laut Eintrag im Familienpass, vom Kommandanten des dritten Bezirks eine Reisebeihilfe von tausend Rubel für sich und die fünf Kinder erhalten. Doch damit kamen sie nur bis Tiflis. Und wie hätte da Mémé Amanoua den Herren hinter den Schreibtischen begreiflich machen können, dass sie Geld brauchte, viel Geld für eine Reise nach Afrika, wo sie doch zeitlebens Analphabetin blieb und sich lieber ans Naheliegende hielt. Also verschob sie die Emigrationspläne und reiste mit den Kindern nach Baku zurück, die reiche Ölstadt am Kaspischen Meer mit ihrer international zusammengewürfelten Bevölkerung, um sich

dort an die Gemeinde der deutschen Christen zu wenden. Diese bildeten eine stattliche Community mit mehr als viertausend Mitgliedern, einem eigenen Gotteshaus und zahlreichen Wohltäterinnen in ihren Reihen. Mit der Familie Bruce hatten sie schon früher Bekanntschaft gemacht, im Revolutionsjahr 1917, als Dassi Creppy in Baku beerdigt und der kleine Wilhelm in der evangelischen Kirche von Baku getauft worden war. Damals gehörte die Stadt zum Zarenreich, dann wurde im Kaukasus die freie Republik Aserbeidschan ausgerufen und zwei Jahre später, nach erneutem Bürgerkrieg, in die Sowjetunion zwangsintegriert. Die Ölquellen wurden verstaatlicht, die meisten der internationalen Investoren ausgewiesen, die deutschen Christen hingegen blieben in Baku und verrichteten weiterhin ihre guten Dienste. Sie boten Amanoua Bruce eine Unterkunft in einem ihrer Häuser an und halfen ihr dabei, mit den Kindern in einen praktikablen Alltag hineinzufinden. Die beiden kleineren Töchter, Christine und Lydia, wurden regulär eingeschult, und bald auch Wilhelm, der Jüngste. Mit zehn Jahren bekam er, der das väterliche Showunternehmen nur noch vom Hörensagen kannte, seine erste Nebenrolle am Stadttheater von Baku, spielte den Pagen in Shakespeares «Othello», und wie seine Schwestern verspürte er wohl keinerlei Verlangen, die afrikanische Heimat der verstorbenen Eltern kennen zu lernen. Christine machte bei den Komsomolzen mit; sie heiratete, kaum volljährig geworden, einen russischen Artisten und schloss sich seiner kleinen Truppe an. Lydia trat mit siebzehn Jahren der Transportgewerkschaft bei, arbeitete als Metrochauffeurin in Moskau und verdiente sich damit den Besuch von weiterführenden Abendschulen und schliesslich einen Studienplatz an der Universität.
So steckte Lydia Bruce mitten in der Ausbildung, als Mémé Amanoua zur weiten Reise nach Togo aufbrach, zusammen mit Wilhelm und den beiden ältesten Töchtern Victoria und Marika. Im Winter 1934 verliessen sie Baku und zogen in mehreren Etappen quer durch Europa, um sich in Marseille eine Schiffspassage bis Lomé zu beschaffen. Marika war vorausgereist, sie kannte eine Russin in Cannes, Madame Nininsky, mit ihrer Hilfe wurde das Nötigste für einen längeren Zwischenhalt an der Côte d'Azur vorbereitet. Denn inzwischen war auch Christine in Frankreich eingetroffen. Sie hatte sich von ihrem Ehemann und seinem Wanderzirkus getrennt und am 12. Juni 1937 in Cannes ihre Tochter Marina geboren. Das mag ein weiterer Grund dafür gewesen sein, dass die Überfahrt nach Togo immer wieder hinausgezögert wurde. Und nun, da es endlich ernst zu gelten scheint, hat Lydia ihren Abschiedsbesuch angekündigt.

Abb. 27: Lydia Bruce um 1939 als Studentin in Moskau. (Familienbesitz Nathalie Chabrel)

Abb. 28: Um 1930 ist Christine Bruce mit einem Zirkusartisten verheiratet und reist mit ihm und seiner Truppe ein paar Jahre lang durch die Sowjetunion. (Familienbesitz Emanuel Bruce)

In damaligen Reiseführern wird Cannes als Treffpunkt der Reichen vorgestellt, aristokratisch, mondän im Erscheinungsbild und zugleich sehr sportlich, mit mehreren Golfplätzen und Tennisanlagen, Segelregatten und Polotournieren. Jeden Frühling werden eine Woche lang die neuesten Automobile vorgeführt. Vom Hafen aus gibt es direkte Anschlüsse zu den Überseeschiffen. Eine florierende Stadt also, und wo so viele Reiche wohnen, braucht es auch unzählige Hilfskräfte. Innert weniger Jahre hat sich die Einwohnerschaft von Cannes mehr als verdoppelt. Rund 50 000 Personen sind es mittlerweile und das ganze Jahr über fast ebenso viele Gäste, aus England vor allem. Sie residieren in eigenen Villen, verkehren in ihren Clubs und besuchen die exklusiven Galaveranstaltungen im Casino, so bleibt man weitgehend unter sich, selbst während der Hochsaison im Februar und im August. Dies aber beginnt sich rasch zu ändern, seit in Frankreich 1936 die obligatorischen Betriebsferien eingeführt wurden, die jours congés, und die Erwerbstätigen sommers scharenweise an die Küste fahren. Unter den Touristen befinden sich auch politische Flüchtlinge aus Deutschland und, dies wird in den Reiseführen am Rande erwähnt, zahlreiche Nachzügler jener russischen Emigrantenfamilien, die seit Jahren in der Altstadt von Cannes kleine Läden und Restaurants betreiben. Mit ihnen kommen die sprachgewandten Bruce-Töchter mühelos in Kontakt, nichts ahnend, wie eng sie in fortgeschrittenem Alter mit der russischen Diaspora in Cannes verbunden sein werden: Marika wird sich 1963 nach orthodoxem Ritus mit Georges Voskobonikoff vermählen und jeden Winkel ihrer Wohnung mit Ikonen schmücken, während Victoria mit ihrem Lebensgefährten, dem Legionär Grégory Volodine, in die Villa Tobosa einziehen wird, eine Residenz am Boulevard Montfleury, halb Hotel, halb Pension mit möblierten Zimmern für Dauergäste. Die beiden Schwestern werden kinderlos bleiben und viele Jahre in Cannes verbringen, genauso wie Wilhelm, der jüngste Bruder, der sich mit der französisch-mediterranen Lebensart bestens anzufreunden weiss.

Das Töchterchen von Christine Bruce wurde an der Avenue du Prince-de-Galle geboren. So ist es in der Acte de naissance der Mairie vermerkt. Die übrigen Familienmitglieder sind nicht registriert worden. Das müsste eigentlich erstaunen, weil sie selbst in einer international frequentierten Stadt wie Cannes eine ungewöhnliche Erscheinung waren – man stelle sich vor: Mémé Amanoua mit den vier bildschönen Töchtern beim abendlichen Spaziergang auf der Croisette. Als Gruppe sind sie losgezogen, Christine hat ihr kleines Mädchen auf den Arm genommen, um schneller vorwärts zu kommen. Lydia bleibt immer wieder stehen, um das legendäre Panorama anzuschauen. Sie ist erst ein paar Tage an der Côte und wie alle Neuangekommenen von der Aussicht überwältigt. Seit sie von Baku weggezogen ist, aus der Hafenstadt im Kaukasus nach Moskau, hat sie kein Meer und keine Berge mehr gesehen. Neben ihr wirkt Marika wie eine Habituée, überall begrüsst sie Bekannte und versucht zugleich, Schritt zu halten mit ihrer ältesten Schwester. Die beiden sind unzertrennlich und dabei so grundverschieden. Victoria, nach der englischen Queen benannt, ist von sanftem Wesen, graziös und anpassungsfähig. Marika hingegen hat vieles vom väterlichen Temperament geerbt, sie gibt sich selbstbewusst, ist extravertiert und sehr stolz auf ihre Herkunft. Ihr Grossvater sei König in Togo gewesen, Vater Nayo der Prinz von Anecho, erwähnt sie bei jeder Gelegenheit und wird dies, einer Familienlegende zufolge, auch auf ihre Hochzeitskarten drucken lassen. Sie liebt es ausgesprochen, ihren Aberglauben zu kultivieren, auf eine fast schon theatralische Weise, und wird dabei immer religiöser. Nur fünf Jahre ist sie älter als Lydia, ihre patente Schwester, die auch äusserlich einen ganz anderen Typus verkörpert, die Generation der russischen Pioniere: sportlich, emanzipiert, vielseitig ausgebildet und sehr chic in ihrem selbst genähten Sommerkleid auf der belebten Croisette. Inzwischen hat Christine sich mit ihrer kleinen Tochter auf die Hafenmole gesetzt, und irgendwo im Gedränge steht Mémé Amanoua, bemüht wie immer, die Familie zusammen zu halten. Sie selber ist in der Menschenmenge leicht zu übersehen, obwohl sie einst ein Freakstar war, fällt sie in Cannes überhaupt nicht auf: eine ältere Frau, weisshaarig, mit hellen Augen und einem etwas blassen Teint.

Im September lässt Lydia ihr Retourbillet verfallen. Die Rückreise über Berlin und Warschau wäre zu riskant, vielleicht auch gar nicht mehr möglich gewesen, nachdem die deutsche Wehrmacht das benachbarte Polen überfallen und damit den Zweiten Weltkrieg ausgelöst hatte. Auch die Überfahrt nach Togo verzögert sich erneut, und inzwischen hat Lydia sich entschlossen, nach Afrika mitzureisen, wenn auch contre coeur. Nicht dass sie damit gerechnet hätte, doch noch nach Moskau zurückkehren und ihr Studium abschliessen zu können, nein, etwas ganz anderes war geschehen, als sie mit ihrer Familie in Südfrankreich auf eine Ausreisegelegenheit wartete. A ce moment, wird sie später ihrer Tochter Nathalie erklären, à ce moment je rencontrais ton père. C'est tout. Mehr ist über ihre Liebesgeschichte nicht zu erfahren. Auch Nathalie erzählt nur sehr wenig von ihrem Vater: Dass er Korse war, ein mu-

Abb. 29: Familienbild, aufgenommen 1943 in Lomé anlässlich der Taufe von Nathalie Bruce. Sie sitzt auf dem Schoss ihrer Patin Priscilla de Medeiros, links daneben ihr Pate Pedro Olympio sowie Mémé Amanoua; rechts des Taufkindes die Mutter Lydia Bruce; stehend Marika Bruce (3. v. l.), Guillaume Bruce (7. v. l.), Emanuel Bruce (4. v. r.) und Victoria Bruce (2. v. r.). Auf dem Boden sitzen Christine Bruce (ganz rechts) und in der Mitte der Kindergruppe die siebenjährige Marina. (Familienbesitz Nathalie Chabrel)

tiger Mann, dass er Joseph Césari hiess und sich in Marseille der Résistance anschloss, zusammen mit Wilhelm, um gegen die deutschen Besatzer zu kämpfen.

Wieder sind fast zwei Jahre verstrichen, bis sich Mémé Amanoua mit ihren Töchtern endlich Plätze auf einem Schiff nach Westafrika beschaffen kann. Die Überreise ist beschwerlich. Statt der üblichen zwei Wochen dauert sie mehr als drei Monate, weil entlang der atlantischen Verkehrrouten deutsche U-Boote im Einsatz sind. Anfang November 1941 treffen die Reisenden in Lomé ein und werden von Achli Bruce, dem ältesten Bruder, ins neue Leben eingeführt.

Sieben Jahre dauerte der Exodus. Und gar dreimal so lang hatte Mémé Amanoua sich mit dem Wunsch getragen, den letzten Willen ihres Ehemanns

Nayo zu realisieren: Führe meine Kinder nach Afrika zurück. Jetzt sind die Kinder keine Kinder mehr, Togo hat sich sehr verändert, und Wilhelm, der Jüngste, kämpft in der Armee von General de Gaulle gegen die Nazis. Er geniert sich für seinen deutschen Vornamen und heisst in seinen offiziellen Papieren künftig Guillaume Gabriel Benjamin Bruce.

Beizufügen wäre, dass auf dem Familienfoto von 1943 auch Guillaume abgebildet ist. Zusammen mit Joseph Césari wurde er zu einer bestehenden Einheit der Résistance nach Westafrika verlegt und deshalb eine Zeit lang in der Kaserne von Lomé einquartiert. Joseph Césari war unter den ersten gewesen, die zu militärischen Einsätzen nach Europa zurückkehrten. Er kam 1944 am Monte Cassino ums Leben, der blutigsten Schlacht in Italien.
Soviel weiss Nathalie aus den Geschichten von Mutter Lydia weiterzuerzählen. Eigene Erinnerungen an ihren Vater hat sie keine.
Sie wurde 1943 in Lomé geboren.
Noch etwas bleibt nachzutragen: Im selben Jahr, als die Familie Bruce die letzte Etappe ihrer langen Reise hinter sich brachte, wurde in Baku die christliche Community der Deutschen von den Sowjets des Hochverrats bezichtigt und nach Sibirien deportiert.

Frühling 1949: Familientreffen in Baden-Baden

Man möchte sich einen freundlichen Frühlingstag vorstellen. Es geht auf Ostern zu. Wieder ist ein Winter überstanden, der vierte nach dem Krieg, und immer noch ist Baden-Baden von den Franzosen besetzt. Die Lebensmittel sind knapp, die meisten Wohnungen beschlagnahmt. 40'000 Besatzungssoldaten sind im Kurstädtchen einquartiert worden. Die Administration militaire belegt sämtliche Grandhotels. Im Bellevue, einem der besten Häuser am Platz, wohnen die Offiziere. Für sie setzt Kwassi Bruce sich jeden Abend ans Klavier. Er verfügt über ein breites Repertoire, mit seinen sechsundfünfzig Jahren, spielt Chansons, Mazurka, spanische Volkslieder, Blues, Soul und Jazz und dazwischen immer wieder kurze Passagen aus Werken von Franz Liszt und Richard Wagner, Klassisches von Bach und Beethoven, seinen Lieblingskomponisten. Als Musiker darf er sich gewisse Freiheiten herausnehmen. Er muss keine Uniform tragen und ist privat untergebracht, an der Gunzenbachstrasse bei der Familie Maedge. Dort redet er deutsch, seine Muttersprache sozusagen, er ist in Berlin aufgewachsen und vor vielen, vielen Jahren in Deutschland eingebürgert worden. Und dass er nun in Baden-Baden als Pianist der französischen Armee arbeitet, ist auf wahrhaft groteske Weise der Weltgeschichte zuzuschreiben: Im Juli 1939 hatte Kwassi Bruce, in einer schwierigen Situation, die Möglichkeit genutzt, auf dienstlichem Weg nach Afrika auszureisen und als Büroangestellter im deutschen Konsulat von Lagos zu arbeiten. Kaum sechzig Tage hatte seine Beschäftigung gedauert, als er von den Engländern aufgrund seines deutschen Passes verhaftet und als Kriegsgefangener an die Franzosen nach Togo ausgeliefert worden war. Nach der Entlassung hatte er eine Zeit lang bei Verwandten in Lomé gelebt und sich mit Jean Louis Réhart befreundet, einem Beamten der Administration coloniale. Mit ihm konnte er nach Kriegsende über Frankreich ins besetzte Süddeutschland reisen. Von Baden-Baden aus hat er in der Schweiz seine langjährige Freundin Ruth Müller besucht und zum ersten Mal seine Tochter gesehen: Dorothy, ein Schulmädchen inzwischen. Und Kwassi Bruce hat inzwischen Arbeit, eine Unterkunft und einen französischen Pass; so liess Ruth Müller sich dazu bewegen, mit der kleinen Dorothy zu ihm nach Baden-Baden zu ziehen. Einer Hochzeit steht nun nichts mehr im Wege, sie ist auf den 16. April 1949 angesetzt, den Karsamstag. Commandant Réhart wird Trauzeuge sein, zusammen mit dem Gartenbauarchitekten Franz Maedge.

Abb. 30: 1949 im Salon der Familie Réhart an der Yburgstrasse in Baden-Baden: Die zehnjährige Dorothy zwischen ihrer Mutter Ruth Müller und ihrem Onkel Pietro Bruce; ganz links Jean Réhart, neben ihm seine Mutter und sein Vater, Commandant Jean Louis Réhart im Gespräch mit Jonathan Savi de Tové; im Hintergrund sitzt Kwassi Bruce. (Familienbesitz Dorothy Bruce)

Ein viel versprechender Frühlingsanfang also, wie gemacht für ein kleines Familientreffen. Aus Berlin ist Pietro Bruce angereist, der jüngere Bruder, und für ein paar Wochen im Bellevue als Koch angestellt worden. Schwager Jonathan Savi de Tové lässt sich im Dienstwagen aus Strasbourg herüberchauffieren. Er ist oft in Frankreich, seit er in der Assemblée de l'Union française die Interessen der Bevölkerung von Togo vertritt. Seine Frau Regina lebt in Lomé. Wie lang es schon her ist, dass sie nach Europa zurück wollte, doch immer ist so manches dazwischengekommen, die vielen Geburten, der Krieg, die Karriere des Ehemanns. Er ist eine gewichtige Person in Togo, als Verleger, Generalsekretär des Comité de l'unité togolaise und Verbindungsmann der Franzosen. Jetzt aber, im Kreise seiner Verwandten, heisst er Nat und spricht deutsch, wie er es seinerzeit bei den Bremer Missionaren gelernt hat.

Vom Baden-Badener Familietreffen gibt es ein Foto, aufgenommen im Salon der Réharts an der Yburgstrasse. Es zeigt die zehnjährige Dorothy mit sieben Erwachsenen, zwei Frauen und fünf Männern – ihr kommt dies alles sehr merkwürdig vor: Onkel Nat, der die meiste Zeit redet, über seine Arbeit und die Politik vor allem, ohne zu merken in seinem Eifer, wie weit weg Afrika für die anderen ist. Onkel Pietro, still und freundlich wie immer, wirkt ein bisschen bedrückt und ist oft sehr traurig. Er hat im Krieg seine Frau verloren und seither in Deutschland keine Arbeit mehr gefunden. Im Bellevue wird er nur für kurze Zeit beschäftigt sein, deshalb hofft er nun, dass sein einflussreicher Schwager ihm eine Stelle in Frankreich beschaffen kann. Und Kwassi, der neu aufgetauchte Vater, möchte unbedingt zurück nach Berlin und wieder mit seinen früheren Musikerkollegen arbeiten. Die Mutter dagegen, im ehemals deutschen Küstrin aufgewachsen, dem polnischen Kosztryn an der Oder, hat entsetzliche Angst davor, für immer in Deutschland zu leben.

Obwohl Kwassi und Pietro Bruce genau genommen als Halbbrüder zu gelten hätten, werden sie im Stammbaum beide dem so genannt deutschen Teil der Familie zugerechnet und von den Nachkommen in Togo bis heute als Berliner-Bruce bezeichnet. Aus nahe liegenden Gründen, wie sich aus ihren Lebensläufen ablesen lässt. Am 11. Mai 1893 in Anecho geboren, reiste der dreijährige Kwassi mit der Showtruppe seines Vaters Nayo an die Kolonialausstellung nach Berlin-Treptow. Weil er auf dem Gelände das einzige Kind aus Togo war, schloss er sich den Massai-Jungs an, spielte mit ihnen auch auf der Bühne, zum Entzücken der Reporter, die ihn zum Publikumsliebling erklärten. Dies wiederum scheint die Anthropologen sehr verärgert zu haben. Ihnen gegenüber hatte der kleine Kwassi sich apathisch verhalten, wie der offizielle Ausstellungsbericht in giftigen Sätzen festhält.
Die Truppe kehrte nach Togo zurück, Kwassi blieb in Berlin. J. C. Nayo Bruce, bekanntlich versessen darauf, seinen Kindern eine europäische Erziehung angedeihen zu lassen, hatte für seinen Sohn einen geeigneten Platz gefunden und ihn dem kinderlosen Ehepaar Bruno und Marie Antelmann anvertraut. Ihnen gehörte das Deutsche Kolonialhaus, ein expansives Unternehmen mit zahlreichen Filialen und rund neunzig Angestellten. Man belieferte den Kaiser mit Delikatessen, ebenso den Grossherzog von Mecklenburg-Schwerin, und versuchte darüber hinaus, Produkte aus Übersee in Deutschland zu lancieren und sie mittels Versandhandel bis in die Provinzen zu verbreiten: Erdnussöl, Kokosfett, Vanillepulver, Kakao, Früchtetee, Usambrakaffee, Kolalikör, Palästinaweine, Kiautschouzigaretten, ein reichhaltiges Sortiment also, von ordinären Lebensmitteln bis zu Luxusdingen wie Elfenbeinfigürchen, Löwenfellen, Raubtierkrallen, Schlangenhäuten und Straussenfedern. Solches war sehr geeignet, Eleganz zu suggerieren, erst recht im Jugendstildekor des Antelmannschen Hauptgeschäfts an der Jerusalemerstrasse 28, im Zentrum von Berlin.

Abb. 31: Der dreijährige Kwassi mit seiner Pflegemutter Marie Antelmann an der Jerusalemerstrasse in Berlin. (Familienbesitz Dorothy Bruce)

Abb. 32 : Der achtjährige Kwassi Bruce (Bildmitte) im Deutschen Kolonialhaus seiner Pflegeeltern in Berlin; einer der älteren Lehrlinge könnte sein Bruder Achli sein. (Deutsche Kolonialzeitung, 1901)

Abb. 33: Kwassi Bruce (in der Mitte) mit seinen Schulkameraden in Berlin. Das Foto erschien als Illustration zu einem Zeitschriftenartikel mit dem Titel «Ausländer in Berlin». (Die Woche, 1905, S. 1837)

Hier waren auch sieben kleine Lehrlinge aus Afrika beschäftigt. Zu ihnen hatte Kwassi ein herzliches Verhältnis, im Haushalt der Antelmanns jedoch eine Sonderstellung, als Pflegesohn ausdrücklich, wie in Briefen an die Behörden mehrmals vermerkt wird. Am Tischchen im Salon lässt die korpulente Frau Antelmann sich mit ihrem Ersatzkind fotografieren, als einziger der Afrikaner durfte Kwassi auch jederzeit ans Klavier. Da sass er oft stundenlang und wurde innert kurzer Zeit zum Solisten im Antelmannschen Hausorchester, wie die «Deutsche Kolonialzeitung» in einem Bildbericht festhält.

Zu festlichen Anlässen trug Kwassi nun Matrosenanzüge, wie die meisten Söhne aus gutbürgerlichem Haus, werktags Knickerbocker, Tweedjacken, sportliche Stoffmützen und bald auch einen Tornister. Was nicht verhindern konnte, dass er auffiel, wenn er mittags aus der Schule mit seinen Freunden über den Hausvogteiplatz gelaufen kam. Dabei nämlich wurde er während Wochen beobachtet von einem Mann, der gelegentlich Zeitungsartikel verfasste. Drei schwarze Knaben seien es, teilte dieser der «Vossischen Zeitung» mit und beschrieb in der umständlichen Art eines Gelegenheitsreporters, wie er sich ein Herz gefasst und die Kindergruppe angesprochen habe. Wider Erwarten sei es der Kleinste gewesen, der ihm Auskunft gegeben habe, und so wurde die Leserschaft über die Begegnung auf dem Hausvogteiplatz informiert: Der Kleinste also, ein schwarzer, hübscher Krauskopf mit einem Augenaufschlag, der später mancher Dame gefährlich werden dürfte, erzählte in

feinstem Berliner Dialekt, er heisse Kwassi Antelmann, komme aus Togo und befinde sich seit der Ausstellung in Berlin. «Fünf Jahre schon bin ich alt und der da», sagte er, indem er auf seinen etwas schüchternen Begleiter zeigte, «das ist mein Vetter Folevi, der ist sechs Jahre alt und der da» – jetzt zog er den abseits stehenden älteren Knaben zu sich heran – «das ist der Heinrich, der ist viel grösser als ich und gehört nicht zu meiner Grossmutter». Ob er noch mehr Geschwister habe, wollte der Reporter wissen, und Kwassi erzählte ihm von seinem Bruder Achli, der sich in Antelmanns Filiale an der Schillstrasse zum Kaufmann ausbilden liess. Als er dann aus der Schule zu plaudern begann, radebrechend seine Freunde in die Unterhaltung einbeziehend – «ich = singen gut, Heinrich und Folevi auch ziemlich gut» –, da endlich tauten seine beiden Begleiter auf. Kwassi machte den Dolmetscher, in lebhafter Unterhaltung ging es zur Jerusalemerstrasse hinunter, wo Kwassi plötzlich stehen blieb. Auf das grosse Eckhaus zeigend, die Schaufenster mit den afrikanischen Gegenständen, erklärte er strahlend: «Hier sind wir zuhause!» Und ehe der Reporter eine weitere Frage stellen konnte, hatten die Jungs sich mit artigem Knicks verabschiedet und waren, der kleine Knirps voran, in dem geräumigen Eckhaus verschwunden.
Auffallend übrigens, dass auch die «Deutsche Kolonialzeitung» den kleinen Sohn des J. C. Nayo Bruce als einen charmanten, etwas vorlauten Wortführer wahrgenommen hat. Auf die Frage, was er später einmal werden möchte, soll Kwassi geantwortet haben: Deutscher Kaiser.
Jedenfalls scheint er sich in Berlin rasch eingelebt zu haben. Bald nach seiner Ankunft wurde er evangelisch getauft, 1908 in der Zwölf-Apostelkirche konfirmiert und war mit den Antelmanns mittlerweile in einen prunkvollen Neubau an die Lützowstrasse gezogen. Er besuchte das Realgymnasium bis zur mittleren Reife – dem Einjährigen, wie das damals hiess – und anschliessend das Konservatorium Klindworth-Scharwenka an der Genthiner Strasse. Das war eine Privatschule in der Tradition von Franz Liszt, mit vielseitigem Musikverständnis und stolz darauf, Studierende aus allen fünf Kontinenten auszubilden. Sie wurden von einem international zusammengesetzten Lehrerkollegium unterrichtet. Kwassi besuchte die Klavierklasse, lernte auch Cello und Klarinette spielen und begann sich mit Geschichte zu beschäftigen. Seine Berufswahl hatte sich gleichsam von selber ergeben, und dabei war wohl ausschlaggebend, dass er aufgrund seiner herausragenden musikalischen Begabung kein Schulgeld zu bezahlen hatte. Denn von den eigenen Eltern konnte er keine finanzielle Unterstützung erwarten, und die Antel-

manns waren gewissermassen Opfer ihres volkserzieherischen Erfolgs geworden. Ihnen war mit zunehmender Beliebtheit der Kolonialwaren in ganz Deutschland so viel Konkurrenz erwachsen, dass der lukrative Versandhandel innert weniger Jahre zusammengebrochen war. In der Folge mussten sie eine Filiale nach der andern auflösen, immer mehr Angestellte entlassen und Stück für Stück das Unternehmen verkaufen. 1911 besass Bruno Antelmann nur noch ein paar wenige Anteilscheine an seiner einstigen Firma. Auch das Haus an der Lützowstrasse hatte er nicht halten können, stattdessen eine kleinere Wohnung an der Genthiner Strasse gemietet. Zusammen mit seiner Frau und zwei Angestellten führte er dort die Schöneberger Zweigstelle der königlichen Lotterieeinnehmerei zugunsten der Kolonien.
Lehrlinge wurden keine mehr gebraucht. Die kleinen Freunde aus Afrika kehrten nach Hause zurück, auch Achli, der ältere Bruder, war seit langem wieder in Togo, und mit dem Umzug an die Genthinerstrasse war alles Afrikanische aus Kwassis Alltag verschwunden. Vermutlich war dies einer der Gründe dafür, dass er sich umso mehr mit sich selbst zu beschäftigen begann, seiner kulturellen Identität und der eigenen Geschichte. Er beabsichtige, für einige Zeit nach Togo zu reisen, um seine Herkunft zu studieren, so wollte er seinen Visumsantrag begründet haben, in einem vertraulichen Brief an den Kaiser. Das soll nicht als Koketterie aufgefasst werden, aus dem übermütigen Jungen war ein nachdenklicher Student geworden. Als er die dreijährige Ausbildung am Konservatorium abgeschlossen hatte, kaufte er sich eine Schiffspassage nach Lome.
Zur gleichen Zeit war der deutsche Landschaftsmaler Ernst Vollbehr in Togo unterwegs. In Anecho porträtierte er die jungen Frauen aus den Grossfamilien der Häuptlinge Lawson und Ajavon und machte sich einen Spass daraus, sie mit Grammophonaufnahmen ihrer eigenen Gesänge zu verblüffen. Nebenher wollte er so seine Sammlung autochthoner Tondokumente ausbauen und musste dabei unwillkürlich, wie er sich in seinen Memoiren ausdrückt, an einen Lome-Schwarzen denken, den er ein paar Tage zuvor eine Rhapsodie von Liszt hatte spielen hören. Der junge Mann habe sehr verloren gewirkt, so ganz allein am Klavier, und ihm dann erzählt, schreibt Vollbehr, dass er seit seinem dritten Lebensjahr bei wohlhabenden Adoptiveltern in Berlin zuhause gewesen und jetzt nach Togo zurückgekommen sei, um seine leibliche Mutter kennen zu lernen. Doch er wisse nicht, was mit diesen Afrikanern anzufangen sei und wolle deshalb bei nächster Gelegenheit heim nach Deutschland, um seine Studien fortzusetzen.

So schnell jedoch liess sein Wunsch sich nicht realisieren. Westafrika wurde in den Ersten Weltkrieg hineingezogen, der zivile Schiffsverkehr war für längere Zeit unterbrochen. Kwassi Bruce kam nur bis Las Palmas. Er blieb einige Jahre in Spanien, und als er um 1920 in Berlin eintraf, war seine bisherige Welt auseinander gebrochen. Es gab keinen Kaiser mehr, keine Kolonien und also auch keine Schutzbefohlenen mehr. Marie und Bruno Antelmann, beide weit über sechzig Jahre alt, waren gewöhnliche Losverkäufer geworden und an die Gosslerstrasse gezogen. Auch ihr Pflegesohn hatte sich beruflich neuen Gegebenheiten anzupassen. Eine Zeit lang arbeitete er als Klavierrepetitor im Charlottenburger Opernhaus, bei den Proben von Inszenierungen aus dem Werk von Richard Wagner. Weil er aber von solchen Gelegenheitsarbeiten nicht leben konnte, suchte er sich sein Auskommen in der Unterhaltungsmusik. Dabei erwies sich seine vielseitige Ausbildung am Klindworth-Scharwenka-Konservatorium von Vorteil. Die ersten Engagements bekam er aus niederschlesischen Provinzstädten. In Brieg an der Oder verheiratete er sich an Weihnachten 1922 mit Elisabeth Wuttke. Vier Jahre später erhielt er die deutsche Staatsbürgerschaft. Die Urkunde wurde ihm am 3. November 1926 in Strausberg bei Berlin ausgehändigt, seinem neuen Wohnort, wo gleichentags im Kino Schwan *Ich hatt' einen Kameraden* zu sehen war, ein filmisches Heldenepos über die deutschen Schutztruppen in den ehemaligen Kolonien, live begleitet von einer vorzüglichen Künstlerkapelle, wie im Inserat der «Strausberger Zeitung» nachzulesen ist. Im folgenden Jahr konnte Kwassi Bruce, inzwischen als Untermieter an der Mühlenstrasse in Berlin-Schöneberg gemeldet, vom Auswärtigen Amt eine symbolische Entschädigung von zweihundert Mark einziehen, weil er im August 1914 freiwillig bei der deutschen Schutztruppe in Togo gedient hatte. Dies berechtigte ihn, sich als Askari zu bezeichnen, was so etwas wie ein Orden war und zumindest seitens deutschnationaler Kreise mancherlei Privilegien versprach.
Die nächsten Jahre verbrachte Kwassi Bruce erneut auf Wanderschaft. Zeitweise hatte er eine eigene Kapelle, spielte in Berliner Weinlokalen, oft auch im Ausland. Dann wieder war er irgendwo in der Provinz, wochenlang ohne Arbeit, und als es für ihn nach Hitlers Machtübernahme praktisch aussichtslos wurde, Engagements im nationalsozialistischen Deutschland zu finden, zog er nach Spanien, wo er namentlich in Malaga und auf Teneriffa seit Jahren gute Kontakte zu Veranstaltern hatte. Jetzt aber wurde ihm sein deutscher Pass zum Verhängnis. Alarmiert von der schlechten Wirtschaftslage, einer europaweiten Depression, intervenierten die spanischen Musikersyndikate bei den

Arbeitsämtern gegen unerwünschte Konkurrenz aus dem Ausland. Wo dies nicht verfing, verbreiteten gewerkschaftlich organisierte Musiker gezielt das Gerücht, sie würden künftig nur noch mit ihresgleichen zusammenarbeiten und keinesfalls in Lokalen, die nichtspanische Künstler beschäftigen. Angesichts solcher Boykottdrohungen sahen auch international ausgerichtete Clubbesitzer sich gezwungen, ihre Programme zu ändern, sodass Kwassi Bruce seine Hoffnungen auf eine Musikerexistenz in Spanien fahren lassen musste. Im Juni 1934 kehrte er nach Berlin zurück und wollte sich nun ebenfalls einer einflussreichen Berufsvereinigung anschliessen. Mangels gewerkschaftlicher Alternativen trat er der Reichsmusikkammer bei, der führenden Standesorganisation, und wurde dort der kleinen Fachschaft der nichtarischen Mitglieder zugewiesen. Damit war er ein offiziell registrierter Berufspianist, doch faktisch nützte ihm dies genauso wenig wie die deutsche Staatsbürgerschaft und sein ehrenvoller Status als Askari. Auch ein freundliches Empfehlungsschreiben des Auswärtigen Amts zeitigte bei potenziellen Arbeitgebern keinerlei Wirkung. Alles Papier, während im Erwerbsleben offenbar ganz anderes zählte und letztlich nur eines den Ausschlag gab: die Hautfarbe. Solche Gedanken umkreisend, begann Kwassi Bruce seine Erfahrungen aufzuzeichnen. Innert Kürze ist daraus eine zehnseitige Denkschrift entstanden, mit Betrachtungen, die weit über das persönlich Erlebte hinausweisen, die Rolle der Deutschen in Togo zum Beispiel, ihr diffuses Verhältnis zu ihrer Rolle als gescheiterte Kolonialmacht, allgemein verbreitete xenophobe Denkmuster und Verhaltensweisen, den tief verwurzelten Rassismus in Europa. Um dies veranschaulichen zu können, betrachtet Kwassi Bruce sich gleichsam von aussen, mit den weit aufgerissenen Augen eines Kindes, das auf dem Schoss der Mutter in der Strassenbahn sitzt und lautstark zurechtgewiesen wird: Wenn du nicht artig bist, wird der schwarze Mann dich mitnehmen. Eine leere Drohung wohlverstanden und völlig absurd, nicht nur auf die konkrete Situation in der Strassenbahn bezogen, sondern auch als beliebte Redensart ohne jede Logik, gibt Kwassi Bruce zu bedenken, abrupt die Perspektive wechselnd, denn wir Afrikaner, schreibt er, wir sind uns nicht bewusst, der weissen Rasse überhaupt und dem deutschen Reich je Schaden zugefügt zu haben. Wir sind nie als Eroberer nach Europa gekommen und haben nie den Versuch gemacht, Europa zu bekriegen oder auszubeuten. Europa kam nach Afrika! – Die heiligen drei Könige brachten einst Gold, Weihrauch und Myrrhe. Europa bescherte Afrika die Bibel des Missionars, das Kontobuch des Kaufmanns und das Gesetzbuch des weissen Mannes. Tausende von Afrikanern wurden als Sklaven nach Amerika geschleppt. Tausende dieser Ärmsten starben auf dem Transport dorthin. Europa trug seine Unrast in unsern Kontinent und nahm uns unsern inneren Frieden. Wir wurden gezwungen, Jahrhunderte kultureller Entwicklung zu überspringen, skizziert er in kurzen Zügen den Kolonialismus als eine rasante Entwicklung, für die Europa selbst mehr als tausend Jahre gebraucht habe.

In solcher Mischung von Alltäglichem und kulturgeschichtlichen Exkursen ist ein spannungsvolles Dokument entstanden, in seinen Aussagen sehr direkt und unmissverständlich, auch wenn der Autor immer wieder betont, seine Denkschrift sei nicht als Kritik aufzufassen. Möglich, dass in den forciert positiv formulierten Passagen über die Nationalsozialisten ein bisschen Opportunismus mitspielte, denn wie hätte er sonst eine massgebende Leserschaft ansprechen können, in seinem Bestreben, diese Kreise über die desolate Lage der Afrikaner in Deutschland aufzuklären, denn darauf kam es ihm an: Der Text sollte etwas bewirken. In jungen Jahren hätte Kwassi Bruce seine Denkschrift dem Kaiser geschickt, nun brachte er sie ins Auswärtige Amt, am 7. August 1934, und überreichte sie Edmund Brückner, von dem er wusste, dass er vor mehr als zwanzig Jahren als Gouverneur in Togo tätig gewesen war.

Die Denkschrift fand weithin Beachtung. Brückner liess Kopien anfertigen und sie weiteren Amtsstellen zukommen, mit dem Bemerken, die Entwicklung in Deutschland habe für Zugewanderte aus den ehemaligen Schutzgebieten tatsächlich negative Folgen, vor allem was Arbeitsmöglichkeiten angehe. Dies könnte nicht nur im kleinen Kreis der Betroffenen, sondern auch international eine Missstimmung auslösen. Und dies hätte verheerende Folgen, sollte Deutschland dereinst in Afrika wieder Mandate übernehmen. Im Übrigen sei der Verfasser der Denkschrift, heisst es in Brückners Begleitschreiben, einer der geistig am höchsten stehenden Afrikaner in Deutschland.

Die Adressaten zeigten sich beeindruckt, auch wenn sie die politischen Hintergründe ignorierten. Vereinzelt kamen gar Vorschläge zurück, wie man den arbeitslosen Autor beschäftigen könnte: Schreibarbeit für die Deutsche Kolonialgesellschaft, Bürogehilfe im Reichsministerium, eine Stelle als Tierpfleger im Berliner Zoo, eine musikalische Weiterbildung, offeriert von der nationalsozialistischen Deutschen Arbeitsfront.

Zum Glück konnte Kwassi Bruce solche Angebote ausschlagen, ohne sich Brückners Sympathien zu verwirken. Er hatte inzwischen Arbeit im *Negerdorf* gefunden, einem Freilichtzirkus nach Art der Völkerschauen, betrieben von Julietta Tippner, deren Mutter aus Liberia stammte, und ihrem Ehemann

Adolf Hillerkus. Der ursprüngliche Besitzer, ein Financier namens Gosslau, hatte sich aus dem Unternehmen weitgehend zurückgezogen, weil die Schulden ihm über den Kopf gewachsen waren. Seither häuften sich die Probleme mit den Organisatoren von Jahrmärkten, Schützenfesten und ähnlich populären Anlässen. Sie befürchteten organisierte Tumulte im Publikum und Ärger mit der nationalsozialistischen Partei, sodass sich Adolf Hillerkus und Kwassi Bruce am 18. November 1935 mit Edmund Brückner trafen und ihm die Bitte vortrugen, das Auswärtige Amt möge für das Negerdorf die Schirmherrschaft übernehmen. Das würde Vertrauen bei den Veranstaltern schaffen und weitere Gastspiele an zahlreichen Parteifesten wie *Kraft durch Freude* nach sich ziehen und so den ehemaligen Schutzbefohlenen zu einer dauerhaften Beschäftigung verhelfen. Diese Argumentation schien Brückner einzuleuchten, er übernahm sie fast wortwörtlich in einem Rundschreiben und fügte noch weitere Überlegungen bei. Es gebe drei triftige Gründe, die für eine staatliche Unterstützung des Negerdorfs sprächen, suchte er mögliche Verbündete zu gewinnen: Erstens würden die solcherart Beschäftigten der Allgemeinheit nicht länger zur Last fallen, sie hätten genügend Einkünfte, um sich und ihre Familien zu ernähren. Zweitens könne von den Betreibern des Unternehmens eine Aufsichtspflicht verlangt und somit eine bessere Kontrolle über die Afrikaner in Deutschland gewährleistet werden. Dadurch seien drittens Rassenvergehen leichter zu unterbinden – womit Brückner allfällige Liebesverhältnisse mit Deutschen meinte –, und als viertes Argument kam später dazu, dass es mittels geeigneter Präsentationen möglich wäre, den Kolonialgedanken in breiten Bevölkerungskreisen wach zu halten.

Im Frühling 1936 startete das Unternehmen in die nächste Saison, mit offiziellen Empfehlungsschreiben diesmal, als *Deutsche Afrika-Schau*. Rund dreissig Personen wurden engagiert. Auch wenn einige von ihnen keine afrikanische Vorfahren hatten und andere untalentiert fürs Artistenmetier waren, fanden auch sie Unterschlupf in einer Art Schicksalsgemeinschaft und damit eine Überlebenshilfe im faschistischen Deutschland. Die Aufführungen, als lockeres Nummernprogramm konzipiert, fanden im Freien statt, so war man vom Wetter abhängig, sass tagelang in verregneten Kleinstädten fest. Die Reserven waren bald aufgebraucht, und als es am 13. August auf der Fahrt von Zwischau nach Kötzschenbroda zu einem Transportunfall kam, mit einem Toten und mehreren Verletzten, gab Hans Gosslau in Berlin seinen definitiven Ausstieg bekannt. Adolf Hillerkus wurde zum alleinigen Besitzer und künstlerischen Leiter, Kwassi Bruce zum Geschäftsführer befördert und als Vertrauensmann des Auswärtigen Amts eingesetzt. In der Praxis änderte sich vorerst gar nichts. Kwassi Bruce machte weiterhin die Ansagen, begleitete musikalisch durchs Programm. Zudem hatte er seine eigene Solistennummer am Klavier. Nebenher führte er die Buchhaltung, erledigte viel Administratives und schickte, wie gewünscht, regelmässig kurze Zwischenberichte ans Auswärtige Amt, wobei er sich strikt an geschäftliche Informationen hielt.

Trotz aller Anstrengungen aber waren die Defizite aus der unglücklich verlaufenen Sommersaison nicht mehr wettzumachen. Deshalb musste die Tournee vorzeitig abgebrochen, die Truppe entlassen, das Unternehmen entweder liquidiert oder auf eine solidere Basis gestellt werden. Eine Investition von 3000 Mark wäre nötig, um die Truppe beisammen zu halten und die Deutsche Afrika-Schau zu einem Ganzjahresbetrieb auszubauen, argumentierte Adolf Hillerkus am 8. Oktober 1936 an einer Krisensitzung im Auswärtigen Amt. Diesmal hatten auch die Deutsche Arbeitsfront, das kolonialpolitische Amt und das Reichspropaganda-Ministerium ihre Vertreter geschickt. Man bewilligte einen sofortigen Überbrückungskredit von 800 Mark und stellte weitere Gelder in Aussicht. Tatsächlich wurden in den nächsten zwei Monaten auf Darlehensbasis weitere 2490.70 Mark ausbezahlt, gleichzeitig aber ein neuer Leiter für die Deutsche Afrika-Schau gesucht und auf April 1937 Alfred Schneider anstelle von Adolf Hillerkus engagiert. Er war Parteimann, Mitglied der SA und bekannt als Löwenbändiger. In seinem Bewerbungsschreiben hatte er versprochen, den Jahrmarktcharakter der Schau zu eliminieren und die Truppenmitglieder eisern unter Kontrolle zu halten. Im Gegenzug konnte er für die Umstellung auf den Ganzjahresbetrieb eine Investition von 39'000 Mark aushandeln, die dann effektiv auf 62'050 Mark zu stehen kam. Im Übrigen brachten weder Schneider noch sein baldiger Nachfolger, der Kaufmann Georg Stock, eine ausgeglichene Betriebsrechnung zustande, die Deutsche Afrika-Schau blieb ein defizitäres Unternehmen bis zu ihrer Auflösung im Juni 1940.

Als Adolf Hillerkus entlassen wurde, verliess Kwassi Bruce die Truppe. Es interessierte ihn auch nicht, von den Funktionären der Deutschen Arbeitsfront in einer Musikkapelle untergebracht zu werden. Er wollte mit dem Schauwesen nichts mehr zu tun haben und machte mit vierundvierzig Jahren ein Volontariat in einer Bremer Kaffeeimportfirma. Danach reiste er nach Berlin zurück, wohnte bei afrikanischen Freunden, ratlos, was seine Zukunft betraf. Die Ehe mit Elisabeth Wuttke war geschieden – oder aufgrund der Nürnberger Rassengesetze annuliert? – worden; seine Verlobte Ruth Müller konnte er nicht hei-

raten, ohne sich auf ein riskantes Prozedere einzulassen. Obwohl sie beide Deutsche waren, hätten sie als Kandidaten einer «Mischehe» gegolten und ein unberechenbares Bewilligungsverfahren durchstehen müssen, mit Beleidigungen, moralischem Druck, Schikanen oder noch Schlimmerem möglicherweise: Heiratsverbot, Freiheitsentzug, Zwangssterilisierung. Man konnte nicht wissen, was tatsächlich passieren würde und auch in keinem anderen europäischen Land die Trauung beantragen, weil dazu Papiere aus Deutschland vorzuweisen waren. Zermürbt von der ungewissen Situation reiste Ruth Müller im Januar 1939 über Triest nach Ägypten zu ihrem Bruder, der in Kairo als Kaufmann für Siemens arbeitete. Dort wollte sie sich das weitere Vorgehen überlegen, während ihr Verlobter sich beim Auswärtigen Amt für eine Bürogehilfenstelle bewarb, mit dem Wunsch, in eine Botschaft nach Westafrika geschickt zu werden. Kurz vor Kriegsbeginn traf er in Lagos ein.
Sein guter Ruf im Auswärtigen Amt hätte ihn auf Dauer vor Bösartigkeiten nicht schützen können. Sein Sonderstatus als Vertrauensmann war vergleichsweise fragil. Was Wörter wie *Rassenschande* und *Sippenhaft* konkret bedeuten konnten, zeigt sich im Schreiben von Karl Dustert, einem Beamten im Auswärtigen Amt. Aus Lagos habe er vernommen, dass Kwassi Bruce von den Engländern an die Franzosen ausgeliefert worden sei und sich jetzt in Lomé befinde, berichtet er seinem Freund Hans Gruner. Und dass in diese Angelegenheit leider auch ein gemeinsamer Bekannter involviert sei, ein Kollege mit dem Spitznamen Bazi, wie Dusterts Brief in üblicher Klatschmanier kolportiert: Bruce also abgehauen aus Berlin, nicht ohne vorher noch zwei deutschen Frauen ein Kind angedreht zu haben. Die eine sei in Bremen mit einem Musiker verheiratet, die andere eine Pastorentochter aus Küstrin und verschwägert mit eben diesem gemeinsamen Bekannten, schreibt Dustert und bittet, den Fall vertraulich zu behandeln, soweit sie den Schwager betreffe. Es sei ein Jammer für den armen Kerl, der einem wirklich Leid tun könne, umso mehr als man seit Studienzeiten miteinander befreundet sei. Während man sich also wortreich um den armen Bazi bekümmert, wurde dessen Schwägerin mitleidlos dem Schicksal überlassen.
Es war Winter, das Mittelmeer unruhig in den Februarstürmen, und ihr war auf dem Schiff die meiste Zeit schlecht gewesen. Doch die Schwangerschaft war ihr noch nicht anzusehen, als Ruth Müller in Kairo eintraf. Ihr Bruder brachte sie zu Bekannten ans Rote Meer. Dort aber konnte sie nicht bleiben. Von einer Weiterreise nach Westafrika wurde ihr dringend abgeraten, eine Rückkehr nach Deutschland kam nicht mehr in Frage. Das wäre für sie zu

Abb. 34: Kwassi Bruce mit Tropenhelm und in der Kleidung europäischer Kolonialisten, aufgenommen zur Zeit des Zweiten Weltkriegs in Togo. (Familienbesitz Nathalie Chabrel)

riskant gewesen und hätte auch ihre Familie zusätzlich belastet; als Mitglied der Bekennenden Kirche wurde Vater Müller in Küstrin nach jeder Predigt von den Faschisten ins Verhör genommen. In dieser ausweglosen Situation schickte Ruth Müller aus Ägypten einen Brief an Pfarrer Hopf, den langjährigen Freund der Familie Bruce. Er besorgte ihr ein Einreisevisum in die Schweiz. Mit diesem Papier reiste sie, sichtlich schwanger unterdessen, von Alexandria zurück nach Triest und weiter über Domodossola durch den Simplontunnel ins Exil. In Thun brachte sie am 4. September 1939 ihre Tochter zur Welt. Als gelernte Säuglingsschwester fand sie, wieder mit Hilfe von Pfarrer Hopf, eine Anstellung im christlichen Kinderheim Tabori in Aeschi, einem Dörfchen oberhalb von Spiez. So konnte sie mit Dorothy zusammenbleiben, einem fröhlichen Mädchen, nach dem Fotoalbum zu schliessen.

In Baden-Baden erfährt die kleine Dorothy, dass sie eine fast gleichaltrige Schwester hat. Sie heisst Regina, wie die Frau von Onkel Nat, und wohnt bei einer andern Mutti und einer Tante in Görlitz.

Mit ihren zehn Jahren kann Dorothy sich die vielen Namen nicht merken und noch kaum ermessen, wie gross ihre Verwandtschaft tatsächlich ist. Erst viel später wird sie einen oft gehörten Ausspruch ihres Vaters begreifen: Wenn du Probleme hast, dann fahre nach Togo und sag allen, du seiest eine Bruce. Sie werden dich aufnehmen, auch wenn du ihre Sprache nicht sprichst. Weil sie dir ansehen, dass du eine Bruce bist und weil dieser Name etwas gilt an der westafrikanischen Küste.

Jetzt aber, in Baden-Baden, will der Vater unbedingt nach Berlin. Und Onkel Pietro wäre froh, wenn er bald irgendwo eine Arbeit fände.

Als fast einziger seiner vielen Geschwister ist Pietro Bruce nie in Togo gewesen. Er wurde am 21. Januar 1899 auf dem Weg nach Rom geboren und ein paar Tage darauf in der Kirche San Vitale katholisch getauft, war die ersten vier Jahre mit der Togotruppe auf Reisen, ehe er in Warnemünde der Familie des Baron George von Fircks anvertraut wurde. Der Pflegevater stammt aus baltisch-deutschem Adelsgeschlecht und besass ein Landgut in Riga. Hier wurden Pietro und seine Schwester Regina zusammen mit den Kindern des Hauses von Privatlehrern unterrichtet. Vor dem Ersten Weltkrieg kehrte die Baronin, verwitwet inzwischen, mit der ganzen Familie nach Mecklenburg zurück.

Mit zwanzig Jahren zog Pietro Bruce nach Berlin, spielte Nebenrollen in *Angelo, das Mysterium des Schlosses* und *Das Gasthaus von Chicago*, beteiligte sich

Im Kampf um Diamantenfelder, einem Kolonialfilm von Hans Schomburgk. Auch später wirkte er hin und wieder als Schauspieler mit, ohne grosse Ambitionen wohl, denn Pietro Bruce war Koch aus Leidenschaft und nach Berlin gekommen, um sich in allen Facetten des Gastgewerbes weiterzubilden. Er arbeitete im vornehmen Weinhaus des Hotel Kempinski, wurde Chef de Parti, das heisst Küchenmeister, und verantwortlich für Einkäufe und Kalkulation. Er verdiente gut und kaufte 1925 in Ostseebad Göhren auf Rügen ein Haus am Nordpeerd, das er Burg Niedeck nannte und im Hochsommer als Fremdenheim führte, mit fünfzehn Zimmern und gepflegter Küche laut Inserat in der lokalen Bäderzeitung. Die Saison an der Ostsee war kurz, während den übrigen Jahreszeiten betrieb Pietro Bruce in Berlin eine eigene Stadtküche mit preisgünstig vollwertiger Verpflegung, wie dies der modernen Lebensweise entsprach. Von Steglitz war er mit seiner Frau Charlotte an die Humboldtstrasse nach Grunewald gezogen und liess sich 1930 im Adressbuch als Kaufmann eintragen. Das Haus auf Rügen hatte er verkauft und sich aus dem Erlös einen viel grösseren Gastbetrieb erworben, die Pension Stephanie in Ostseebad Heringsdorf auf Usedom, ein schlossähnliches Gebäude an der Delbrückstrasse 18, direkt an der Strandpromenade gelegen. Einundvierzig frisch renovierte Zimmer hatte das Ehepaar Bruce im Ganzjahresbetrieb anzubieten, vierundsiebzig Gästebetten mit Vollpension, auf Wunsch auch vegetarische Menus, Schonkost oder spezielle Diäten.
Am 9. Oktober 1930 hatte Pietro Bruce den Kaufvertrag unterzeichnet, doch als er nach mehr als zwei Jahren endlich als Besitzer im Grundbuch von Heringsdorf eingetragen wurde, kamen keine Gäste mehr. Die vielen Zimmer im Hotel Stephanie blieben die ganze Saison über die meiste Zeit leer, desgleichen der grosse Speisesaal, im Herbst konnten deshalb die Hypothekarzinsen nicht bezahlt werden. So kam es am 3. November 1933 zur Zwangsversteigerung, die Sparkasse Swinemünde bekam den Zuschlag. Dreimal noch wechselten in den nächsten Jahren die Besitzverhältnisse, ehe das Hotel im Krieg niederbrannte. Abgefackelt wurde, wie man auf Usedom sagt.
Ihr guter Ruf in Heringsdorf indessen ging dem Ehepaar Bruce so rasch nicht verloren. Für die Saison 1934 wurde Pietro im Hotel Ostseeblick als Küchenchef angestellt und zog mit Charlotte in eine der geräumigen Wohnungen im betriebseigenen Terrassenhaus. Da lebten sie ein bisschen für sich. Ein stiller und ausnehmend freundlicher Mensch sei er gewesen, glücklich verheiratet offenbar und überaus tüchtig in seinem Beruf, ein ausgezeichneter Koch, der beste, den wir je hatten, erinnert sich Gertrud Radlmaier, die Toch-

Abb. 35: Werbepostkarte, um 1933 entstanden; auf der Rückseite zeichnet Pietro Bruce als Besitzer; in der lokalen Kurzeitung empfiehlt er die Vorzüge seiner Hotelpension: «Freundliche, grosse renovierte Zimmer mit und ohne Verpflegung, auf Wunsch vegetarische und Diätkost.» (Sammlung Rea Brändle)

ter der Hotelierfamilie, und deshalb sei es ihren Eltern ungemein schwer gefallen, ihn nach kurzer Zeit entlassen zu müssen, weil die Stammgäste keinen schwarzen Koch akzeptierten. An die vielen Reklamationen mag Gertrud Radlmaier sich im Detail nicht entsinnen, sie war erst dreizehnjährig damals, doch die Liebenswürdigkeit von Pietro und seiner Frau Charlotte habe nachgewirkt in ihrem Leben, auf entscheidende Weise, fast vierzig Jahre später, als ihre eigene Tochter sich mit einem Afrikaner verheiratete. Und unvergesslich bleibt ihr auch, dass Pietro Bruce der Mutter anvertraut hatte, er werde nie Kinder haben wollen, ja, genauso habe er es formuliert: Ich werde nie Kinder haben wollen.

Von der Insel Usedom war das Ehepaar Bruce 1936 nach Berlin zurückgekehrt und in den nächsten Jahren am Savignyplatz gemeldet. Pietro wurde vom Auswärtigen Amt auf der Liste der möglichen Kandidaten für die Deutsche Afrika-Schau geführt, von Beruf sei er Film- und Bühnenschauspieler, heisst es in seinen amtlichen Papieren. Tatsächlich aber blieb er zeitlebens Koch, fand sofort wieder eine Stelle in der Küche von Haus Vaterland, das einst zum Hotel Kempinski gehörte. In den nächsten Jahren arbeitete er als Chefkoch

in einem bayerischen Restaurant an der Weidendammerbrücke und blieb sicher bis 1943 in Berlin, wie aus verschiedenen Quellen hervorgeht.
In Baden-Baden hat Pietro Bruce den Verwandten erzählt, dass er sich mit seiner Frau Charlotte während den letzten Kriegsjahren an der Ostsee habe verstecken müssen, um den Faschismus zu überleben. Und die Schwierigkeiten wollten nicht aufhören. Kaum war der Krieg zu Ende, kam Pietro Bruce bös ins Gerede. Der schwarze Koch, erzählte man sich auf Usedom noch während vieler Jahre, habe ein persönliches Handschreiben des Führers besessen und auf dem Dachboden seines Hotels eine Hakenkreuzfahne deponiert. Die werde er raushängen, falls die Nazis kämen, soll er gesagt haben. Auch Gertrud Radlmaier sind diese Gerüchte zu Ohren gekommen. Das konnte ja nur bedeuten, sagt sie, dass er ein offizielles Zeugnis brauchte, um weiterhin in Deutschland leben und arbeiten zu dürfen. Und warum, unter Millionen von Opportunisten, gerade ihm die versteckte Fahne derart übel genommen wurde, darüber kann auch sie sich nur wundern.
Schwer zu sagen, wie weit ihn die üble Nachrede verfolgt hat. In Baden-Baden erwähnt Pietro diese Geschichte nicht. Er ist überhaupt sehr schweigsam, spricht nur davon, dass es in Deutschland für ihn keine Arbeit mehr gebe und er sich deshalb anderswo umsehen müsse.
Am 16. Mai 1949, einen Monat nach dem Familientreffen, ist er in Berlin gestorben. Tod durch Fenstersturz auf die Strasse, ist in den standesamtlichen Meldeunterlagen notiert.

Im darauffolgenden Herbst zieht Kwassi Bruce nach Berlin. Nach kurzer Zeit schon kann er seine Familie nachkommen lassen. Er ist engagiert in der Pinguinbar an der Bülowstrasse beim Nollendorfplatz, *Berlins einziger Negerbar*, wie die Eigenwerbung lautet. Es ist ein Nachtclub, betrieben vom deutschen Ehepaar Gruß und atmosphärisch geprägt von einer kosmopolitischen Belegschaft. Portier ist Volde Tadek, wie Kwassi ein einstiges Mitglied der Deutschen Afrika-Schau. Bodo Mpessa mixt die Drinks, Fatima Baumann und Zoa Aqua unterhalten die Gäste an der Bar, Fred Egiomue arbeitet in der Küche, Gottlieb Kala Kinger als Kellner, zusammen mit Charly Toby, Jean «Haiti» Poleard und Jimmy Bachert. Nelly Pirano aus Argentinien ist eine der Tänzerinnen auf der tropisch dekorierten Bühne, wo Abend für Abend ein Orchester im Einsatz ist. Eine Spezialität seien die raschen Stimmungsumschläge, so berichtet «Der Abend» am 22. Oktober 1949 begeistert über einen der Stars: Kwassi Bruce am Piano, Königssohn aus Togo, Professor der Musik. Eben

Abb. 36: Gottlieb Kala Kinger, 1949 als Kellner in der Pinguinbar an der Bülowstrasse, mit einer unbekannten Dame und Kwassi Bruce. Das Lokal nannte sich auch «Berlins einzige Negerbar» und war während seiner nur einjährigen Existenz eine Plattform für Musikstile, die im Nationalsozialismus verboten waren. (Familienbesitz Dorothy Bruce)

noch phantasierte er Beethoven und Schumann, um dann, von Trommel und Gitarren begleitet, in einen Negrospiritual überzuleiten, so herzzerreissend, dass die Gäste augenblicklich verstummen.

Dorothy hat als Zehnjährige viele dieser Auftritte miterlebt. Im Laufe des Abends, so erinnert sie sich, hat mein Vater immer mal wieder eine klassische Einlage gemacht. Dann hatten sämtliche Musiker und Tänzer Pause, und sicherlich war dies meines Vaters Lieblingsbeschäftigung. Er lud die Gäste ein, sich für ein paar Momente der klassischen Musik zuwenden zu wollen, und zur Einstimmung erzählte er oft Anekdoten zu den verschiedenen Lebenssituationen der Komponisten. Dabei fand er immer eine sehr interessierte Zuhörerschaft, was meinen Vater ausserordentlich bewegte.

Ähnliche Schicksale verbinden. Das erzeugt die besondere Atmosphäre in der Pinguinbar, musikalisch wird hier innert kurzer Zeit so vieles wieder möglich. Man spielt Walzer, Jazz und Samba, oft mit Special Guests, die aus der

Emigration zurückgekommen sind. Thomas Ngambi ul Kuo, Drummer und politischer Aktivist, hat den Faschismus als Flüchtling in Frankreich überlebt; auch Bebe Mpessa alias Louis Brody ist wieder da, ein bekannter Schauspieler, Ringer und Musiker der Zwischenkriegszeit. William McAllen, in Berlin geboren und aufgewachsen, ist nie mehr in Deutschland aufgetreten seit seinem Konzert mit dem berühmten Saxophonisten Sidney Beechet in den frühen dreissiger Jahre in der Wild-West-Bar von Haus Vaterland. Aus Istanbul kommt er jetzt zurück nach Berlin in die Pinguinbar, um eine neue Band zusammenzustellen. Keine Frage, dass Kwassi Bruce dazugehören soll.

Im Sommer 1950 wird die Mc-Allen-Band nach Westerland auf Sylt eingeladen, das Ehepaar Gruß übernimmt das Management und nimmt die ganze Crew der Pinguinbar mit auf die Insel. Hier werden die beliebten deutschen Heimatfilme mit Sonja Ziemmann gedreht, das zieht viele reiche Leute an, und so genügt eine Baracke, um einen exklusiven Club einzurichten, mit Eintrittspreisen bis zu 50 DM, wie der Gitarrist Herbert Reiprich sich erinnert. Das Lokal sei den ganzen Sommer über gewesen, Gagen habe es allerdings keine gegeben, weil Herr Gruß mit der Kasse abgehauen war.

Damit geht die erfolgreiche Geschichte der Pinguinbar abrupt zu Ende. Die Equipe löst sich auf, Willy Mc Allen tut sich in Hamburg mit neuen Leuten zusammen, Kwassi Bruce reist zurück nach Berlin. Seine Frau hat eine schwierige Zeit hinter sich. Neunmal ist sie mit Dorothy umgezogen, von einem Provisorium ins nächste. Weil sie durch die Heirat Französin geworden ist, wird sie von der Ausländerpolizei kontrolliert. Das hätte sie aushalten können, doch unerträglich ist für sie, dass es nach dem Krieg in Deutschland immer noch Leute gibt, die sich rassistische Bemerkungen über ihre Tochter machen. Ja, erinnert sich Dorothy, es sei die Mutter gewesen, die zur Auswanderung gedrängt habe.

So sucht Kwassi Bruce ein Musikerengagement in Frankreich und zieht im August 1951 mit seiner Familie nach Saint-Ouen, eine Vorstadt im Norden von Paris.

Le retour d'Afrique: Vom Gehen und vom Bleiben

Eine Zeit lang wohnt die kleine Nathalie mit ihrer Mutter Lydia an der Rue Kamina, im selben Haus wie Mémé Amanoua und die Familie von Tante Christine. Vicoria und Marika wohnen ebenfalls in Lomé, ganz in der Nähe und kommen jeden Tag zu Besuch, auf einen Schwatz, wie sie sagen. Untereinander reden sie russisch, auch mit den Kindern meistens, mit ihren älteren Geschwistern manchmal deutsch. Und wenn die Situation es erfordert, wechseln sie ins Französische, wie sie es in Cannes gelernt haben. Das ist die Amtssprache, im kolonialisierten Togo versprechen viele sich vom Französischen eine bessere Zukunft.
So sei sie in ihren ersten Lebensjahren in einem vielsprachigen Gemisch aufgewachsen, erinnert sich Nathalie. Es habe ganz pragmatisch funktioniert, aus Notwendigkeit eben, sich innerhalb der Grossfamilie Bruce und in der neuen Umgebung überhaupt verständigen zu können. Das Russische hat Nathalie, anders als ihre ältere Cousine Marina, mit den Jahren verlernt.

Schwer zu sagen, was Menschen an einen Ort bindet. Warum man sesshaft wird und wie viel Zeit es dazu braucht. Regina Bruce weiss, wovon sie redet, wenn sie ihre jüngeren Schwestern ermutigt, etwas mehr Geduld zu haben. Zwanzig Jahre ist es her, seit sie den eigenen Schwierigkeiten davonlaufen wollte und sich heimlich eine Schiffskarte nach Hamburg gekauft hatte. Vergeblich hatte sie damals versucht, ihren Verlobten Jonathan zur Emigration nach Deutschland zu überreden. Jetzt gehören sie beide zur afrikanischen Elite in Togo. Jonathan Savi de Tové verbringt aufgrund seiner politischen Ämter jedes Jahr mehrere Wochen in Frankreich.

Bleiben oder weggehen, das wird in der Familie Bruce zu einem endlosen Thema, als nach dem Krieg sich die Grenzen wieder öffnen. Als erster hatte sich Kwassi aus Lomé verabschiedet, getrieben vom Wunsch, wieder bei den Seinen zu sein. Und bald beginnen auch die kinderlosen Geschwister davon zu reden, wie schön es doch wäre, an die Côte d'Azur zurückzukehren. 1947 ist Marika nach Frankreich gereist, nach anderthalb Jahren aber wieder zurückgekommen, ohne Aussicht freilich, in Lomé doch noch heimisch zu werden, mit über vierzig Jahren. Victoria mag es ähnlich ergangen sein, obwohl sie

Abb. 37: Um 1946 an der Rue Kamina in Lomé; in der Mitte Emanuel Bruce mit Sohn Henry Vladimir, links seine Frau Christine mit Marina, rechts Lydia Bruce mit Nathalie, im Hintergrund Mémé Amanoua. (Familienbesitz Nathalie Chabrel)

seit jeher sehr anpassungsfähig ist und nur selten über ihre Wünsche spricht. Auch sie hat sich fürs Weggehen entschieden. Mit Marika emigriert sie nach Cannes, wo ihr jüngster Bruder Guillaume nach dem Krieg ein Auskommen gefunden hat. 1954 wird Marina, die siebzehnjährige Tochter von Christine, bei ihrer Tante Marika in Cannes wohnen und in Frankreich ihre Ausbildung fortsetzen.
Auch Mémé Amanoua ist im Alter noch einmal für längere Zeit aus Togo weggezogen, in ihre Geburtsstadt, nach Accra.

Nathalie ist ein putzmunteres Mädchen, als Baby aber oft krank gewesen. Immer wieder bekam sie Malaria. Mit sechs Jahren wird sie 1949 in Lomé eingeschult und erleidet bald darauf einen derart schweren Anfall, dass der Arzt ihrer Mutter dringend empfiehlt, mit dem kleinen Mädchen aus Togo wegzuziehen, um es vor der lebensbedrohenden Krankheit zu schützen. Im selben Monat noch reisen die beiden nach Frankreich aus, doch nicht nach Cannes zu den Verwandten. Lydia Bruce hat sich für Paris entschieden.

So ist von den fünf Geschwistern des so genannt russischen Teils der Familie einzig Christine in Togo geblieben. Sie verliebte sich schon bald nach ihrer Ankunft in Lomé in Emanuel Bruce, den Sohn eines Halbbruders von Vater Nayo. Nebst demselben Grossvater haben die beiden ähnliche Vorlieben und viel Gemeinsames in ihren Lebensgeschichten. Auch Emanuel Bruce hatte den grössten Teil seiner Kindheit und Jugend in Europa verbracht, nicht im kommunistischen Russland wie Christine allerdings, sondern in Deutschland. Mit sieben Jahren war er zu einer Pflegefamilie nach Nürnberg gebracht worden. Er fand sich sehr gut zurecht, besuchte die Schulen und das Gymnasium, bis 1935 die Nationalsozialisten ihm dies verboten. Dass er daraufhin ohne Schulabschluss nach Togo zurückkehren musste, wird er zeitlebens als Stachel empfinden und alles daran setzen, dass seine drei Kinder ihr Studium an einer europäischen Universität beenden können.
Auch für sich selber schaffte es Emanuel Bruce, das Beste aus seiner abgebrochenen Ausbildung herauszuholen. Sechs Jahre arbeitete er bei der United Africa Company zunächst, einer international tätigen Tochterfirma des englischen Konzerns F. & A. Swanzy. 1944 wechselte er in die Administration coloniale, wo er dank seiner zweiten Muttersprache, dem Deutschen, mit der Übersetzung von Verwaltungsakten aus der früheren Besatzungszeit betraut wurde. Auch zuhause an der Rue Kamina spricht er oft Deutsch, was Christine

sehr amüsiert. Es ist die Sprache, auf die ihr Vater Nayo, aus welchen Gründen auch immer, in Russland so viel Wert gelegt hatte.
Nach dem Krieg beginnt sich Emanuel Bruce in der französischen Kolonialverwaltung auf Eigentumsrechte zu spezialisieren und wird im Lauf der nächsten zwölf Jahren zum Direktor des Grundbuchamtes arrivieren, mit zweiundzwanzig Mitarbeitern, einer geräumigen Dienstwohnung am Boulevard Circulaire und einem eigenen Haus schliesslich, der Villa Verte in Bè, einem Vorort von Lomé. Daneben engagiert er sich all die Jahre weiterhin in der Jugendbewegung, er gehörte zu den Gründern des Conseil de la Jeunesse in Togo und hat später als Exekutivmitglied der World Assembly of Youth alle Kontinente kennen gelernt. Hin und wieder begleitet ihn Christine auf diesen Reisen, die für sie beide eine Art von Entschädigung sind, zumal sie als junges Ehepaar oft mit dem Gedanken gespielt hatten, für längere Zeit in Europa zu leben. Am liebsten wäre er damals Diplomat geworden, schreibt Emanuel Bruce in seinen Memoiren.

In Paris muss sich Lydia Bruce mit siebenunddreissig Jahren noch einmal von Grund auf neu orientieren. Sie wohnt mit ihrer Tochter an der Rue Laugier 22 und verdient sich den Lebensunterhalt vorerst mit Näharbeiten. Trotz ihrer vielseitigen Qualifikationen ist es schwierig, eine besser bezahlte Arbeit zu finden. Eine Anstellung als Metrochauffeurin wie einst in Moskau kommt erst gar nicht in Frage. Ihre Studienjahre der Politikwissenschaften sowjetischer Prägung kann sie zu Zeiten des Kalten Krieges kaum als Pluspunkt einbringen. Sie bewirbt sich für Büroarbeiten und wird in einer Privatfirma als Dactylo und Facturière angestellt. Daneben unterrichtet sie zuhause kleine Gruppen von Russischschülern. Mit diesem Pensum ist sie vollständig ausgelastet, berufstätig und allein erziehende Mutter. Den Besuch einer Privatschule, wie in den ersten Wochen nach der Ankunft in Paris, kann sie ihrer Tochter à la longue nicht bieten, auf ihre Klavierstunden aber soll Nathalie nicht verzichten müssen und ihre Schulferien verbringt sie immer bei Tante Victoria oder bei Oncle Guillaume in Cannes.

Dorothy wurde von ihrer Mutter von Saint-Ouen in die Schweiz zurückgebracht, damit sie nach einigen unsteten Jahren ihre Schulzeit im Kinderheim Tabori in Ruhe abschliessen kann. Mittlerweile sind ihre Eltern nach Saint-Denis umgezogen, das liegt an einer Pariser Metrolinie. Kwassi Bruce gibt Klavierstunden in der neuen Wohnung und ist Pianist und Bluessänger in

Abb. 38: Jenny Alpha mit ihrer Band um 1957 im Casino von Cabourg: Roland Paterne aus Guyana (Gitarre und Gesang), Desart (Saxophon), Kwassi Bruce (Piano und Gesang), Alex Gauvin aus Guadeloupe (Trompete). (Privatbesitz Jenny Alpha)

der Band von Jenny Alpha, einer vielseitigen Künstlerin aus Martinique. Es ist Ethnomusik, was sie anstrebt, auch wenn es dieses Wort noch nicht gibt. Längere Tourneen sind selten. Man spielt an den Wochenenden in den Casinos französischer Kleinstädte wie Cabourg, Guétary, Mulhouse, Saint-Jean de Luz, Vichy oder Sables d'Or les Pins, gibt Konzerte im Palais de la Mediterranée von Nizza und im Floréal in Paris, wird manchmal ins benachbarte Ausland eingeladen. Auch im Casino Bern hat die Band einen Auftritt, und am nächsten Tag, erinnert sich Dorothy, sei ihr Vater nach Aeschi hinaufgefahren, um im Kinderheim Tabori ein Klavierkonzert zu geben. Aus Dankbarkeit darüber, wie Kwassi Bruce sagte, dass seine Frau und seine Tochter hier während der Nazizeit so gut aufgehoben waren.

Ein einziges Mal kann Lydia Bruce es sich leisten, ihre Tochter für drei Wochen in die Sommerferien nach Cannes zu begleiten. Da sitzt sie jeden Tag mit ihren Schwestern Victoria und Marika zusammen. Fast wie früher an der Rue Kamina will es Nathalie vorkommen, wenn die Frauen miteinander russisch reden. Das vertraute Familienleben wieder, mit den gegenseitigen

Abb. 39: Lydia Bruce mit ihrer Tochter Nathalie, 1962 in Cannes. (Privatbesitz Nathalie Chabrel)

Besuchen. Nur die Distanzen sind grösser geworden. Togo ist unendlich weit weg, Tante Christine wird für immer in Afrika bleiben.

Und Mémé Amanoua ist am 3. Mai 1952 in Lomé gestorben.

DDR/BRD: Die junge Frau mit den vertauschten Namen

Wer vor dem vollendeten achtzehnten Lebensjahr heiraten möchte, muss nebst der Geburtsurkunde eine schriftliche Einwilligung beider Eltern vorweisen. So verlangen es 1956 die Bestimmungen in der Bundesrepublik Deutschland. Eine reine Formsache, so denkt sich die junge Frau in Koblenz und schreibt Briefe nach Görlitz, Saint-Denis und nach Bremen, ihren Geburtsort. Vom Vater in Frankreich erhält sie nach wenigen Tagen die erbetene Unterschrift, mit herzlichem Glückwunsch zur Verlobung. Aus Bremen erfährt die junge Frau vorerst nur, dass mit ihren Papieren etwas nicht stimmt. Und je länger sie nachfragt, desto unglaublicher werden die Auskünfte: Dass sie offiziell nicht existiert. Nicht unter dem Namen jedenfalls, den sie von kleinauf gewohnt ist, der in ihrem Taufschein steht, den Schulzeugnissen, dem Lehranschluss und dem Pass aus der DDR. Dass die Mutti in Görlitz nicht ihre Mutter sein kann. Und dass sie selbst nicht Regina Bruce heisst, sondern Erika Charlotte Knüpling.
Eine Verwechslung ist ausgeschlossen. Stück für Stück beginnt die junge Frau ihre eigene Geschichte zu begreifen.

Es begann damit, dass Frau Knüpling viel zu lange zugewartet hatte. Während der ganzen Schwangerschaft und wohl noch ein bisschen darüber hinaus hatte sie gehofft, dass der fremde Vater ihrem Kind nicht anzumerken sein werde. Tatsächlich war es als rosiges Baby zur Welt gekommen, am 26. April 1939 in Bremen, ein Töchterchen nach vier älteren Brüdern. Doch nach wenigen Wochen wurde unübersehbar, dass Vater Knüpling nicht der Erzeuger sein konnte. Ein Kuckuckskind, schlimmer noch: eines mit dunkler Haut, einem solchen Skandal konnte man sich im Nationalsozialismus nicht aussetzen. Noch vor der Taufe wurde das Kind daher nach Thiemendorf gebracht, einer Gemeinde bei Laubau in Niederschlesien, das damals noch nicht im Ausland, aber aus Bremer Sicht doch am andern Ende von Deutschland lag.
In Thiemendorf wohnten die Gerlachs. Sie führten einen Gasthof und ein Kaufhaus mit eigener Bäckerei, alles im Familienbetrieb, zusammen mit vier erwachsen Kindern, die alle ledig waren. Die ältere der beiden Töchter, die dreissigjährige Ilona, hatte sich bereit erklärt, der kleinen Erika Charlotte Knüpling die Mutter zu ersetzen. Um niemanden zu kompromittieren, er-

Abb. 40: Die zweijährige Regina Bruce mit Marianne und Ilona Gerlach und ihrem Spielgefährten Jürgen, 1941 in Thiemendorf. (Familienbesitz Regina Grisar)

hielt das Kind den Familiennamen seines richtigen Vaters. Ihn kannte man in Thiemendorf. Er hatte in der Gastwirtschaft eines Nachbarorts oft Klavier gespielt. Ältere Leute konnten sich gar noch erinnern, wie der kleine Kwassi Bruce einst mit seiner Pflegemutter, der dicken Frau Antelmann, aus Berlin zur Kur nach Niederschlesien gekommen war. Viele Jahre später hatte er in den umliegenden Provinzstädten mit der Deutschen Afrika-Schau gastiert, einem Zirkus, wie die Leute sagten. Und mehr brauchte niemand zu wissen.

Ilona Gerlach gab dem Kind einen neuen Vornamen. Sie wollte, dass es Regina hiess, und mit der Taufe in der evangelischen Kirche in Thiemendorf beginnt auch das kleine Fotoalbum, das sie für ihre Tochter geführt hat. Bild für Bild ist datiert. Man sieht ein Kind in einer Grossfamilie aufwachsen, wie eine Prinzessin in aparten Kleidchen, von allen geherzt, und im Hintergrund ist eine Gastwirtschaft zu sehen, wie man sie nur noch von sehr alten Fotos her kennt. Ein stattliches Gebäude in wild wucherndem Garten, davor ein Kiesplatz, die Strasse gepflastert, im Hof überall Gänse und ein paar Schafe, kniehohes Gras auf den Wiesen, an der Leine zwischen den Obstbäumen trocknet die Wäsche, und trügen die Brüder von Ilona keine Uniformen,

Abb. 41: Kwassi Bruce mit seinen beiden Töchtern Regina und Dorothy, Herbst 1949 in Berlin. (Familienbesitz Regina Grisar)

würde man nicht glauben, dass die Aufnahmen in den Jahren nach 1939 entstanden sind.

Im letzten Kriegswinter geriet der gesamte Landstrich an der Oder zwischen die feindlichen Fronten. Reihum mussten die Städte und Dörfer geräumt werden. In der Nacht zum 25. Januar 1945 wurde ganz Thiemendorf evakuiert. Die Gerlach-Frauen flüchteten mit dem Kind über Böhmen nach Sachsen. Nur wenige Erinnerungsstücke hatten sie mitnehmen können, dazu gehörte auch das kleine Fotoalbum. Man zog von einer Notunterkunft zur nächsten, an die einzelnen Ortsnamen kann Regina sich nicht mehr erinnern, weiss nur noch, dass einmal ein Mann breitbeinig auf der Treppe stand und mit dem Finger auf sie zeigte: Das da kommt mir nicht ins Haus.

Also zogen die Gerlachs weiter, unzertrennlich, Ilona mit dem Kind, mit ihrer Mutter und mit Marianne, der jüngeren Schwester. Ein paar Monate wohnten sie in Lüpditz bei Wurzen und gingen dann nach Görlitz, weil hier eine Cousine mütterlicherseits lebte. Das war die Endstation, eine Grenzstadt an der östlichsten Ecke der DDR, dahinter Polen und im Süden die Tschechoslowakei. Regina lebte fortan in einem reinen Frauenhaushalt. Vater Gerlach blieb verschollen, die Söhne hatten mittlerweile geheiratet und ihre eigenen Familien.

Über all die Jahre war Kwassi Bruce mit den Gerlachs in Verbindung geblieben. Aus Togo schickte er Regina dieselben Fotos von sich wie seiner andern Tochter in der Schweiz. Ilona hielt ihn auf dem Laufenden, und als das Reisen nach dem Krieg wieder selbstverständlicher wurde, fuhr sie mit ihrer kleinen Tochter mehrmals nach Berlin, um sie mit ihrem Onkel Pietro bekannt zu machen. Bei diesen Besuchen lernte Regina auch zwei langjährige Freunde ihres Vaters kennen; sie nannte sie Onkel Becker und Onkel Döhring.
Im Herbst 1949 kam es zu einem eigentlichen Familientreffen, auch davon zeugt ein Foto: Kwassi Bruce mit seinen Töchtern Regina und Dorothy. Man sieht es dem Bild nicht an, dass die beiden Mädchen praktisch gleichaltrig sind. Dorothy ist wie ihre Mutter kleingewachsen, Regina gleicht mehr dem Vater.

Die Schulzeit in Görlitz war problemlos verlaufen. Regina hatte einen guten Lehrer, sie las immer sehr viel und begann mit der zweijährige Facharbeiterlehre zur Bibliothekstechnikerin, wie dies in der DDR genannt wurde. Vom Vater erhielt sie weiterhin kleine Lebenszeichen aus Frankreich, Fotos meistens mit handgeschriebenen Kommentaren auf der Rückseite: Das ist deine Cousine Nathalie in Paris, sie wurde in Lomé geboren.
Manchmal schickte er Karten von den Konzertreisen mit Jenny Alpha und zu Weihnachten und den Geburtstagen tolle Geschenke: ein schwarzes Taftkleid, Parfum de Paris und ein paar Schuhe, wie man sie in Görlitz noch nie gesehen hatte. Auch die Musik ihres Vaters war in der DDR offiziell nicht gelitten. Jazz galt als amerikanisch und deshalb als staatsfeindlich. Das hatte Regina gegen Ende ihrer Lehrzeit zu spüren bekommen, 1955, an einem mehrwöchigen Diplomvorbereitungskurs im thüringischen Sondershausen. Da hatte sie mit einer Gruppe von Gleichaltrigen am 8. Mai, dem Tag der Befreiung und damit einem der höchsten Feiertage in der DDR, zu Glenn Millers *In the Mouth* getanzt und sich damit fast den Diplomabschluss verscherzt.
Um sich nach der Facharbeiterausbildung für einen Platz an der Leipziger Bibliothekarsschule zu qualifizieren, musste man ein Praktikum vorweisen. Regina ging deshalb nach Eisenhüttenstadt, das seit kurzem Stalinstadt hiess und zu einem Modell für sozialistische Industriestädte werden sollte. Ihre Wochen-

Abb. 42: Die zwölfjährige Regina Bruce, 1951 in Görlitz. (Familienbesitz Regina Grisar)

enden verbrachte sie immer häufiger bei den Beckers in West-Berlin. Da stiess sie eines Sonntagmorgens beim Zeitungslesen auf die merkwürdige Schlagzeile: *Mr. Bruce spricht perfekt deutsch.* Selbstverständlich wollte sie diesen Mann sofort kennen lernen und fuhr mit Onkel Becker zum angekündigten Vortrag. Der Referent war ihr Onkel Emanuel aus Togo, der in einer seiner internationalen Funktionen zu einer Konferenz nach Berlin eingeladen worden war. Er erzählte ihr von den Verwandten in Afrika (und durch ihn wird sie wenige Jahre später mit weiteren Familienmitgliedern aus Togo in Kontakt kommen).
Wie langweilig dagegen das Leben in Stalinstadt war. Die meisten redeten immer nur vom Weggehen. In Görlitz war es nicht viel anders, nur dass Tante Marianne mittlerweile tatsächlich im Westen lebte, als Haushaltsangestellte der Familie Réhart in Baden-Baden.

Als Regina Bruce sich 1956 mit abgeschlossenem Praktikum an der Bibliothekarsschule in Leipzig bewarb, wurde ihr nahe gelegt, eine Ausbildung zur

Masseuse zu machen. Das brachte das Fass zum Überlaufen. Sie fuhr nach West-Berlin – dies war immer noch recht einfach, es gab ja die Mauer noch nicht – und wollte nicht mehr in die DDR zurück. Bei den Beckers aber konnte sie nicht bleiben, Republikflüchtige hatten sich bei den Behörden anzumelden. Als Siebzehnjährige wurde sie dem Jugendamt unterstellt und mit einer Gruppe junger Leute nach Hannover ausgeflogen. Von dort wurde sie ins Auffanglager nach Westerntimke bei Bremen gebracht. Da hatte man ganze Tage lang Kartoffen zu schälen für alle Restaurants der weiteren Umgebung und bekam abends fünfzig Pfennig, das reichte gerade mal, um sich eine Cola und einen Song aus der Musicbox leisten zu können. Daneben hatte man abzuwarten, bis man einem neuen Bestimmungsort zugeteilt wurde. Für Regina Bruce gings weiter nach Koblenz, zu den Nonnen im katholischen Juliaheim. Sie fand bald Arbeit in einer Restaurantküche. Und so kommt es, dass sie von Koblenz aus ihre Briefe geschrieben hat, weil sie schwanger wurde und nun die nötigen Papiere braucht, um möglichst bald heiraten zu können.

Mit einer Erika Charlotte Knüpling hat ihre weitere Lebensgeschichte nichts mehr zu tun. Nach der Hochzeit heisst sie Regina Schäfer und zieht mit ihrem jungen Ehemann ins Haus der Schwiegereltern. 1957 wird ihre Tochter geboren, nach sieben Jahren eine zweite Tochter. Mittlerweile ist auch Ilona Gerlach zu ihnen nach Koblenz gezogen. Seither ist die junge Familie im mittleren Stockwerk buchstäblich eingeklemmt zwischen zwei Müttern, die sich beide in den Haushalt und die Kindererziehung einmischen, umso mehr als Regina mitverdienen muss. Im Sommer arbeitet sie morgens bei Bauern auf den Feldern an der Mosel, im Winter in der Konservenfabrik.

So konnte es nicht weitergehen. Als erste ist Ilona Gerlach ausgezogen, zu ihrer verheirateten Schwester Marianne ins Rheinland, bald darauf auch die junge Frau mit den beiden Mädchen. Sie sucht sich in Koblenz eine Wohnung und arbeitet als Putzfrau, damit ihre Töchter eine gute Ausbildung bekommen.

Die Töchter werden als junge Frauen mehrere Ferienreisen nach Togo machen und in ihren deutschen Familien einen Brauch der Bruce' einführen: Jedes Kind bekommt einen europäischen und einen afrikanischen Vornamen. Die älteste der Tochtertöchter wird Lea Tandive getauft, ihre Cousinen heissen Julia Kadisha und Elena Massiko.

Ihre Oma hat, seit sie in Koblenz zum zweiten Mal geheiratet hat, einen neuen Namen: Regina Grisar.

1960 da und dort: Im Jahr der Unabhängigkeit

Eine beliebte Frage, wieder und wieder gestellt, in vertrauter Runde ebenso wie in grosser Gesellschaft und in den Medien, sie lautet: Wo warst du, als ES passierte? Als Togo unabhängig wurde, am 27. April 1960, endlich ein souveräner Staat, anerkannt von den Vereinten Nationen, lebten die meisten der Geschwister Bruce in Frankreich. Es war ein Mittwoch, Kwassi gab Klavierstunden in Saint-Denis, Lydia fuhr wie jeden Tag mit der Métro ins Büro, Guillaume bemalte Betonfassaden auf einer der vielen Baustellen in der Gegend von Nizza, Victoria und Marika waren zuhause beschäftigt, als femmes de ménage ihrer russischen Lebensgefährten in Cannes.
Für ihre Schwestern in Afrika war es ein bewegendes Ereignis. Fünf Tage und fünf Nächte lang wurde in Lomé das Ende der Kolonialzeit gefeiert. Christine betreute die offizielle Delegation aus der Sowjetunion, übersetzte alle Ansprachen und führte die kommunistischen Staatsgäste von einer Attraktion zur nächsten: Aufzug der Nationalflagge, Salutschüsse, Einweihung des Unabhängigkeitsdenkmals, Militärparade, Gottesdienste der verschiedenen Religionen, Gymnastikschau, Fussballturnier, Bootsregatta durch die Brandung, Rundgang durch das neue Krankenhaus in Lomé, Besichtigung der Phosphatwerke von Kpemé, Wahl der ersten Miss Togo, Cour d'Elégance der Automobile, Volksfest mit Kirmes, Galadinner mit dem Lions Club im Grandhotel Bénin, ein Feuerwerk über der Lagune, Party im Garten des ehemaligen Gouverneurspalastes, Empfang der Regierung. Regina gehörte zum innersten Zirkel der neuen Elite, als Vorsitzende des Roten Kreuzes von Togo und als Begleiterin ihres einflussreichen Ehemanns Savi de Tové. Sein Comité de l'unité togolaise hatte sich im Lauf der Jahre zur CUT-Partei entwickelt, für die Unabhängigkeit des Landes gefochten und jetzt die Wahlen gewonnen. So wurde Jonathan Savi de Tové, neben Premierminister Sylvanus Olympio, dem künftigen Staatspräsidenten, zum mächtigsten Mann in der Republik Togo: Parlamentsvorsitzender, Regierungsberater und Aspirant auf weitere gewichtige Ämter.
Schwager Emanuel, der Ehemann von Christine, hatte wie die meisten Beamten der Administration coloniale mit der unterlegenen Fortschrittspartei, der PTP, sympathisiert, doch auch er durfte dank seiner hervorragenden Fremdsprachenkenntnisse in einem unabhängigen Togo auf neue Aufgaben hoffen.

Schon wenige Monate nach den Feierlichkeiten wurde er vom Grundbuchamt ins Aussenministrium berufen und von Regierungschef Sylvanus Olympio mit der Mission beauftragt, als Sonderbevollmächtigter seines Landes nach Bonn zu ziehen, um in der Bundesrepublik Deutschland die Interessen von Togo zu vertreten. Dass er nun also doch noch Diplomat werden sollte und dies ausgerechnet in dem Land, wo ihm einst der Besuch des Gymnasiums verboten worden war – dies wird für Emanuel Bruce eine unbeschreibliche Genugtuung sein.

Schmal wie ein Handtuch liegt Togo am Golf von Bénin. Das ist ein oft gehörter Satz, er wird auch in der Literatur gerne verwendet. Zu den Unabhängigkeitsfeierlichkeiten indes will ein solcher Satz nicht so recht passen, weil das Bild vom Handtuch die Blessuren aus der Kolonialzeit allzu sichtbar werden lässt. Das unabhängige Togo ist in dieselben Grenzen gezwängt wie zuvor Französisch-Togo, das seinerseits eine Hälfte vom ehemaligen Deutsch-Togoland war. Auf einer Länge von über 600 Kilometern schiebt sich der Staat vom Atlantik landeinwärts, die breiteste Stelle misst knapp 150 Kilometer. In den Städten an der Küste und ihrem Einzugsgebiet haben die europäischen Einflüsse sich am stärksten durchgesetzt. Der Süden, das traditionelle Gebiet der Ewe, wurde zu grossen Teilen modernisiert, von den Missionsschulen christianisiert und alphabetisiert, der Norden hingegen blieb weitgehend sich selbst überlassen. Für ethnische Unterschiede oder gar kulturelle Nuancen hatten die auswärtigen Machthaber sich kaum interessiert, schon gar nicht während der Phase ihres Rückzugs. Vielvölkerstaaten, so umschreibt die internationale Konferenzsprache die vielen Probleme, die von den Europäern infolge ihrer Handtuchpolitik auf dem afrikanischen Kontinent zurückgelassen wurden.

In der Kolonialpolitik ist jeder Fehler auf einen früheren Fehler zurückzuführen, und im Nachhinein kann man sich nur wundern. Unglaublich, dass man dermassen blind sein konnte für die Tatsache, dass sich die Menschen in agrarisch geprägten Gesellschaften seit alters an natürlichen Gegebenheiten orientieren. Küste, Dünengürtel, Lagunenniederungen, südliche Tiefebene, die Hügelzüge mit ihren Hochplateaus, kristallines Gebirge, im Norden die Steppen bis hin zur Wüste – sie alle erstrecken sich horizontal über weite Teile Westafrikas. Ganz anders die politischen Grenzziehungen zwischen Ghana, Togo, Bénin und den angrenzenden Nachbarländern, sie zerschneiden als Vertikalen die traditionellen Stammesgebiete, uralte Verkehrswege und die

Lebensräume einzelner Ethnien. So zerstören sie einerseits herkömmlich gewachsene Strukturen und zwängen andererseits zusammen, was nicht zusammengehören will.

Aus solcher Sicht kann die CUT-Partei am Tag der Unabhängigkeit nur einen halben Sieg feiern. Sie hatte sich ursprünglich zum Ziel gesetzt, das politisch geteilte Ewe-Gebiet zu einem souveränen Staat zusammenzuführen. Ihr Projekt wurde von einer breiten All-Ewe-Bewegung getragen, auch im britisch verwalteten Togo und von den Vereinten Nationen seit den vierziger Jahren grundsätzlich unterstützt. Die Realisierung aber scheiterte, am französischen Desinteresse ebenso wie am pragmatischen Vorgehen der Engländer, die ihr Mandatsgebiet Britisch-Togo schon in den frühen zwanziger Jahren der Goldküstenkolonie einverleibt hatten. 1956 durfte die Bevölkerung im (ehemaligen) West-Togo darüber abstimmen, ob sie lieber Französisch-Togo zugeschlagen oder als ein Teil eines unabhängigen Staates Ghana in die Freiheit entlassen werden wollte. Keine Frage, dass Letzteres verlockender schien, mit 67'000 zu 93'000 Stimmen unterlagen die Ewe den Bevölkerungsgruppen im Norden.

Auch in Französisch-Togo hatte die CUT-Partei mit ihren Wiedervereinigungsplänen eine folgenreiche Kontroverse ausgelöst. Opposition gab es vor allem seitens der Union des Chefs et des Populations du Nord (UCPN). Sie hatten sich zur Partei zusammengeschlossen, aus Angst, entweder als Minderheit einem künftigen Ewe-Staat beitreten oder auf unbestimmte Zeit unter französischer Herrschaft bleiben zu müssen. Sie erhielten Support aus den Kreisen afrikanischer Beamter und deren Parti togolais du Progrès, der PTP, die sich für einen behutsamen Weg in Richtung Eigenstaatlichkeit einsetzte, ein schrittweises Vorgehen in enger Kooperation mit den Franzosen. Als die Unabhängigkeit dann tatsächlich in Reichweite rückte, schwand der Einfluss der PTP zur Bedeutungslosigkeit, sodass sie sich von selber auflöste.

La nuit est longue, mais le jour vient, rief Regierungschef Sylavnus Olympio in die Mitternacht hinaus, als er in den ersten Minuten des 27. April 1960 die Unabhängigkeitsfeierlichkeiten eröffnete. Seine Anspielung wurde von der zahlreichen Zuhörerschaft in Lomé sehr wohl verstanden. Der Applaus wollte nicht enden, in diesem historischen Moment war man sich im ganzen Land einig. Der Einsatz für die Unabhängigkeit hatte die zerstrittenen Parteien zusammengeführt, ihre unterschiedlichen Interessen verflüchtigen lassen und das Gefälle zwischen Norden und Süden vergessen gemacht. Dieses aber ist mit einem Festakt nicht aus der Welt geschafft, die Spannungen bleiben.

Irgendwo in der Menschenmenge wäre vielleicht auch Lisa auszumachen, die jüngste der einstigen drei Missionsschwestern Bruce. Überraschend war sie aus Ghana zurückgekommen, um 1960 vermutlich, an ein genaues Datum erinnert sich niemand. Man weiss nur, dass sie in einem sehr schlechten Zustand in Lomé eintraf, begleitet von der älteren ihrer beiden Töchter. Die jüngere blieb in Odumi beim Vater, dem Pastor Andreas Abutiate.
Die Ehe war gescheitert. Die beiden hatten sich vermutlich längst scheiden lassen wollen, doch dies verbot nicht nur der christliche Glaube mit seinem Familienideal, einer Vorbildfunktion in der evangelischen Gemeinde. Auch fehlte es Lisa an der nötigen Kraft, im fremden Land eine selbständige Existenz zu führen. Von klein auf an Fieberschüben leidend, war sie im Lauf der Jahre an Schwermut erkrankt, einer unheilbaren Depression, wie sich herausstellte. Zerbrochen an den Widersprüchen ihrer Lebensgeschichte, könnte man sagen, und was dies wirklich bedeutet haben mochte, wäre stückweise zu erfahren aus den vielen Briefen, die Lisa Bruce aus Odumi während Jahren ihrer Freundin Margrit in die Schweiz geschickt hatte, der ältesten Tochter von Pfarrer Alfred Hopf. Doch die Briefe sind nicht mehr zu finden.
Lisa selbst verlor kaum ein Wort über die Zeit in Odumi. Viel lieber redete sie darüber, wie glücklich sie als Kind gewesen sei, vor vielen, vielen Jahren in Deutschland.
Annie war ausser Landes, als Togo unabhängig wurde. Wie Lisa, ihre gleichaltrige Schwester, war sie nach der Hochzeit in die Goldküstenkolonie gezogen und mittlerweile ebenfalls geschieden. Rejected, wie ihr Enkel Sylvestre Bruce sich ausdrückt, zu Deutsch: zurückgewiesen, weggeschickt worden, verstossen vom Ehemann, ihrem Cousin John Aboki Bruce aus Aného. Er sei ein unruhiger Mensch gewesen, von unternehmerischer Natur und kaum dazu geschaffen, in der Kleinstadt Kpong ein Angestelltenleben in einer Ladenkettenfiliale zu führen, versuchte Annie es später ihren Kindern zu erklären. Ein paar Jahre nach der Heirat machte John Aboki Bruce sich selbständig, reiste als Händler durch Westafrika und später in den Kongo. Dort nahm er sich eine andere Frau und verfügte, dass Annie die vier Kinder aus Kpong zu seinen Verwandten nach Togo zu bringen habe. Für sie war es nicht möglich, als Verstossene bei den Bruces in Aného zu leben, deshalb zog sie zu einer Tante nach Nigeria und wurde Lehrerin an der Baptistenfrauenschule. Dies ermöglichte es ihr, die Kinder aus Aného nach Nigeria zu holen und allein für sie zu sorgen. Sie fand kaum Zeit dazu, wie Lisa der Vergangenheit nachzutrauern; mit zunehmendem Alter aber bekam sie Heimweh nach Togo.

Über kurz oder länger: In Beziehung zu Deutschland

Mitte Oktober 1961 wird Jonathan Savi de Tové vom Kölner Flughafen nach Bonn-Bad Godesberg chauffiert, ins Regierungsviertel der Bundesrepublik Deutschland. Er übergibt im Auswärtigen Amt sein Beglaubigungsschreiben, als Auftakt zu einem dicht gedrängten Programm mit zahlreichen Besprechungen, und spätestens zum Monatsende hat er wieder zurück in Lomé zu sein, um die Budgetdebatte der Nationalversammlung zu leiten. Anschliessend fliegt er zu Staatsbesuchen in die USA und die Sowjetunion. So sind wieder mehrere Wochen verstrichen, bis für Regina Bruce endlich, endlich ein Wunsch in Erfüllung geht. Sie wird nach Deutschland zurückkehren, nach mehr als dreissig Jahren und in offizieller Mission, nach Bonn an die Goethestrasse ziehen, als Ehefrau des neuen Botschafters von Togo.

Das Ziel war nicht einfach zu erreichen. Selbst einem einflussreichen Politiker wie Savi de Tové bereitete es einige Mühe, seine Akkreditierung in der Bundesrepublik durchzusetzen. Zwei heikle Angelegenheiten galt es zu meistern. Zum einen musste er in Bonn seinen Vorgänger entlassen, Emanuel Bruce, den eigenen Schwager, zum andern die Deutschen überzeugen, einer unüblichen Ämterkumulation zuzustimmen: dass er, Jonathan Savi de Tové, neben seiner Botschaftertätigkeit in der Bundesrepublik weiterhin Parlamentsvorsitzender in Togo zu bleiben gedenke.

Eigentlich hätten die Deutschen dieses Begehren ablehnen müssen, weil es demokratischen Standards zuwiderläuft, umso gründlicher waren deshalb beiderseits Vorabklärungen gemacht worden. Staatsrechtlich gesehen sei ein solches Doppelmandat nicht unbedenklich, hatte der deutsche Botschafter Alexander Török aus Lomé bereits am 25. August nach Bonn geschrieben und zugleich dem Auswärtigen Amt geraten, eine Sonderregelung zu tolerieren, weil dies der Bundesrepublik Deutschland unschätzbare Vorteile eintragen könnte. Die aktuellen politischen Zusammenhänge braucht er nicht eigens zu erläutern: man befindet sich mitten im Kalten Krieg, speziell in Deutschland, erst ein paar Tage ist es her, seit in Berlin die Mauer hochgezogen wurde. BRD und DDR rivalisieren um die Sympathien aus aller Welt und um das Recht, als deutscher Staat in die Vereinten Nationen aufgenommen zu werden. Angesichts dieses ideologischen Wettlaufens müsste es als ein gutes Omen aufgefasst werden, wenn die junge Republik Togo einen ihrer besten Männer nach Bonn

schicken wolle, argumentiert Török in seinem Schreiben. Denn Savi de Tové sei eine bedeutende Persönlichkeit, viel bedeutender gar als der Botschafter von Togo in Paris, und mit ihm wäre zweifellos ein gewichtiger Verbündeter zu gewinnen. Den ersten Schritt hatte Török bereits gemacht, indem er Savi de Tové in diplomatischer Weise zu verstehen gab, wie wichtig es für seine Tätigkeit in der Bundesrepublik wäre, wenn er dem Herrn Bundespräsidenten und dem Herrn Bundeskanzler schon bei seinem ersten Empfang mitteilen könnte, dass Togo das Recht des deutschen Volkes auf Selbstbestimmung gegebenenfalls auch in den Vereinten Nationen unterstützen werde. Und dass es in Deutschland einen hervorragenden Eindruck machen würde, wenn Togo in den Vereinten Nationen die Bundesrepublik vor allfälligen kommunistischen Verleumdungen in Schutz nehmen würde, insbesondere wenn solch absurde Vorwürde auf Neokolonialismus und Militarismus hinauslaufen sollten.
Im Bericht von Török heissen die Togoer immer noch Togoländer, nach alter Sprachregelung.

Zum zweiten Mal schon ist für Emanuel Bruce ein Aufenthalt in Deutschland auf brüskierende Weise zu Ende gegangen. Doch er soll die Abberufung nicht als Schmach auffassen. Kaum ist er in Lomé zurück, wird er von Staatspräsident Sylvanus Olympio nach Lagos geschickt mit dem Auftrag, eine Botschaft in der nigerianischen Hauptstadt einzurichten. Zudem ist er ausersehen, sein Land in den Vollversammlungen der Vereinten Nationen zu vertreten. Er wertet dies als Zeichen der Hochschätzung seiner geleisteten Dienste in der Bundesrepublik und führt im Rechenschaftsbericht an den Staatspräsidenten all die Projekte deutscher Investoren auf, die dank seiner Vorarbeiten zustande gekommen sind: ein Bierbrauerkonzern in Lomé, die Textilfabrik in Dadja bei Atakpamé, eine Bildungsinitiative der katholischen Steyler Mission, effizientere Verwertung der heimischen Phosphatvorräte für die Produktion von Kunstdünger. Zwanzig solche Initiativen, Entwicklungsprojekte genannt, hat Emanuel Bruce aufgelistet und deshalb, wie er später in seinen Memoiren gesteht, im Grunde fest darauf vertraut, dereinst als Botschafter in Deutschland weiterarbeiten zu können.

Von Reginas Tätigkeit als Diplomatengattin ist wenig zu erfahren. Da gibt es nur die Notiz vom Antrittsbesuch bei Wilhelmine Lübke, der Frau des Bundespräsidenten, und ein kurzes Dankesschreiben an die Protokollchefin des Auswärtigen Amts. Umso zahlreicher sind die inoffiziellen Quellen: Wie herzlich sie lachen konnte und wie gern sie Streuselkuchen ass, dabei immer comme il faut gekleidet, tipptopp die Frisur und stets das Beautycase in Reichweite, eine liebenswürdige Person mit dem seltenen Talent, auf verschiedenste Leute und ihre Fragen einzugehen. Auf ihre perfekten Deutschkenntnisse angesprochen – und dies wird sie oft in grosser Gesellschaft – erzählt sie lustige Anekdoten aus ihrer Kindheit bei der Familie von Fircks in Warnemünde. Nur in sehr privatem Rahmen kommt sie auf Vater Nayo und seine Togotruppe zu reden (namentlich ihre Nichte in Koblenz interessiert sich sehr für diese Geschichten und wird sie für sich behalten). Denn öffentlich soll man nicht allzu viel über die eigene Herkunft ausplaudern, das weiss Regina Savi de Tové, eine geborene Bruce. Und daran wird sich so schnell nichts ändern: Als ihre Tochter Isabelle Savi de Tové in Bonn den Medizinstudenten Michel Mensole heiratet, veröffentlicht die Lokalzeitung ein Foto mit der Schlagzeile *Die erste Negerbraut im weissen Hochzeitskleid.*

Das Heimweh ist so mächtig geworden, dass Annie Bruce mit bald sechzig Jahren aus Nigeria nach Togo zurückkehrt. Mit ihren Qualifikationen muss sie sich nicht lange um Arbeit bemühen. Am neu eröffneten deutschen Goethe-Institut in Lomé wird sie als Kursleiterin angestellt und erhält bald weitere Lehraufträge an staatlichen Schulen. Wie wäre Vater Nayo stolz gewesen auf seine Tochter, die in Afrika die deutsche Sprache verbreitet. In Annies Wohnzimmer hängt ein riesiges Porträt von J. C. Nayo Bruce, das ihr jüngster Sohn in Nigeria nach einem Foto gemalt hat.

Nur ein gutes Jahr lang währt der ehrenvolle Status in der Bundesrepublik. Dann trifft aus Togo die Nachricht ein, dass die CUT-Partei aus der Regierung geputscht und Staatspräsident Sylvanus Olympio vor seinem Haus erschossen worden ist. Auch Jonathan Savi de Tové befindet sich an jenem 13. Januar 1963 in Lomé und hätte als engster Weggefährte des ermoderten Regierungschefs mit dem Schlimmsten rechnen müssen, wäre es ihm nicht gelungen, ins Nachbarland Dahomey zu fliehen, das heutige Bénin. Von dort kann er unbehelligt nach Deutschland ausreisen und versucht nun vergeblich, aus Bonn mit den neuen Machthabern zu verhandeln, um wenigstens das Diplomatenmandat behalten zu können. Seine Frau Regina hingegen wird wegen verstärkter Einsätze des Roten Kreuzes in Togo dringend gebraucht und bleibt in dieser Funktion auch künftig, wie zwei Fotos zeigen, mit hochrangigen Persönlichkeiten der bundesdeutschen Regierung in Kontakt.

Abb. 43/44: Als Präsidentin des Roten Kreuzes von Togo gehört Regina Bruce zu den Ehrengästen beim deutschen Staatsbesuch am 4. und 5. März 1966 in Lomé. Die beiden Aufnahmen zeigen sie mit Walter Scheel, damals Minister für Entwicklungszusammenarbeit (oberes Bild) und mit Wilhelmine Lübke, der Frau des deutschen Bundespräsidenten. (Familienbesitz Regina Grisar)

Nun also ist *sie* die viel Beschäftigte, oft unterwegs zwischen Afrika und Europa, während *er* alle Ämter abgeben und als politisch Verfolgter in Deutschland ein Auskommen suchen muss, Verdienstmöglichkeiten im wörtlichen Sinn. Mehrere seiner vielen Kinder sind noch in der Ausbildung. Jean-Lucien studiert am Institut des Hautes Etudes d'Outre-Mer in Paris, Isabelle macht das Hebammendiplom an der Universitätsklinik in Bonn, Héctor ein Praktikum in einem Medienkonzern in Hamburg, prädestiniert, den Zeitungsverlag im Druckereiunternehmen der Familie Savi de Tové in Togo weiterzuführen.
Es trifft sich gut, dass die Universität zu Köln auf Anfang 1964 eine Lektoratsstelle für afrikanische Sprachen neu zu besetzen hat. Die Bewerbung des ehemaligen Botschafters Savi de Tové sei ein Glücksfall, zumal er nicht nur hervorragend Deutsch spreche, sondern überdies einer Generation angehöre, die noch im traditionellen Togo aufgewachsen und deshalb für die Interpretation der Sitten und Bräuche besonders geeignet sei, begründet Professor Oswin Köhler die Wahl des neuen Mitarbeiters am Kölner Institut für Afrikanistik. Zehn Wochenstunden umfasst das Lehrpensum. Jonathan Savi de Tové unterrichtet Ewe für Anfänger und Fortgeschrittene, leitet Konversationsübungen und betreut die Gruppenlektüre volkskundlicher Texte. Als Lohn bekommt er monatlich eine Pauschale von 1500 DM, die Sozialleistungen entfallen, auch in die Krankenkasse wird er nicht mehr aufgenommen mit seinen achtundsechzig Jahren. Mit Regina zieht er von Bonn nach Köln-Ehrenfeld in eine kleine Wohnung am Neptunplatz.

Am 11. Januar 1964 ist Kwassi Bruce in Paris gestorben. Von weit her sind Angehörige und Freunde zum Begräbnis gekommen, sein Tod geht allen sehr nahe.
Beim Beerdigungsessen treffen sich Cousinen, die sich bisher nur von Fotos kannten. Tante Marika mit ihrem ausgeprägten Familiensinn veranlasst, dass alle am Tisch sich zu einem Erinnerungsfoto gruppieren.
Auch in Aného wird es eine Totenfeier geben. Im Familienhaus der Bruce versammelt sich jedes Jahr im September die ganze Verwandtschaft, um speziell jener zu gedenken, die innerhalb der letzten zwölf Monate verstorben sind. Wie Kwassi sind viele im Ausland gestorben, in Europa und in Amerika, und ehe sie dort beerdigt oder kremiert worden sind, wurden ihnen die Nägel geschnitten und diese zusammen mit ein paar Haaren nach Aného geschickt.

Ein untätiges Witwendasein fällt für Ruth Müller ausser Betracht. Ihre Tochter Dorothy ist erwachsen und lebt im Ausland, in Saint-Denis gibt es keine Pflichten mehr und nichts, was sie an Frankreich binden würde, und so beginnt sie, die einst so vehement auf die Emigration gedrängt hatte, sich mit dem Gedanken zu tragen, eine Arbeit in Deutschland zu suchen. Einer ihrer Neffen ist Staatsanwalt und hilft ihr, eine beglaubigte Kopie ihres Kinderkrankenschwesterdiploms aus Frankfurt an der Oder zu beschaffen. Der Schriftenverkehr mit den DDR-Behörden kommt nur mühsam voran. Das gewünschte Dokument stammt aus den Anfangsjahren der Weimarer Republik. Ruth Bruce geborene Müller ist Französin und stammt aus dem ehemals deutschen Küstrin in Polen. Fast zwei Jahre lang muss sie warten, auf ihrer Zwischenstation bei Verwandten in Freinsheim bei Ludwigshafen, bis sie sich für eine der vielen offenen Stellen bewerben kann. Sie hat sich für das Saarland entschieden, den frankophonsten Zipfel in Deutschland. Mit fast einundsechzig Jahren nimmt sie in der Rotkreuzklinik von Saarbrücken den Dienst auf.

Trotz erneuter Unruhen geht für die Schwestern Bruce in Lomé das Leben den gewohnten Gang. Lisa kann nicht aufhören, über ihre glückliche Kindheit in Deutschland zu reden. Annie unterrichtet weiterhin Deutsch am Goethe-Institut. Sie ist voll ausgelastet und könnte auf die Hilfe ihrer Tochter Sweety kaum mehr verzichten, seit sie zwei Enkelkinder aus Nigeria bei sich aufgenommen hat. Die beiden sind kurz vor dem Ausbruch des Biafrakriegs zu Grandma Annie in Sicherheit gebracht worden. Da werden sie zusammen mit den Kindern von Tante Sweety aufwachsen.

Zu Sylvestre, ihrem älteren Enkel aus Nigeria, hat Annie ein sehr enges Verhältnis. Er schläft im selben Zimmer wie sie, so erzählt sie ihm vor dem Einschlafen viele Geschichten, aus der Bibel meistens und manchmal auch von Deutschland. Wie kalt es da im Winter werden kann, so kalt, dass vor vielen, vielen Jahren ihr Bruder im Kinderheim krank geworden und gestorben ist.

Grandpa John Aboki Bruce, mittlerweile erneut geschieden, ist ebenfalls nach Togo zurückgekommen mit der Absicht, in Lomé einen Parfumhandel aufzuziehen. Annie besucht ihn regelmässig einmal pro Woche mit allen Enkelkindern und hätte es nicht geduldet, wenn in der Familie jemals ein böses Wort über John Aboki gesagt worden wäre. Sie ist ein aktives Mitglied der evangelischen Gemeinde, für die sie einst als Missionsschwester der Deutschen tätig war.

Zu Ende des Sommersemesters 1967 ist Jonathan Savi de Tové erkrankt und muss fast acht Wochen im Spital verbringen. Weil er nicht versichert ist, hat er die Kosten selbst zu tragen. Auf 3600 Mark, also fast zweieinhalb Monatsgehälter, kommt die Rechnung zu stehen und hätte ihn ohne die einmalige Beihilfe von 2000 Mark aus der Universitätskasse in finanzielle Bedrängnis gebracht. Das soll ihm kein zweites Mal passieren! Jonathan Savi kündigt seinen Lehrauftrag zum Ende des nächsten Semesters. Der Aufenthalt in Deutschland wird mehr und mehr zur Belastung.
Und in Togo ist erneut geputscht worden. Wieder war es das Militär, diesmal reisst General Gnassimbé Eyadéma alle Macht an sich. Sein Aussenminister, Secrétaire du Conseil de la Révolution genannt, hat die Auslandposten neu zu besetzen. Zum Botschafter in der Bundesrepublik wird Bruno Jao Savi de Tové ernannt, ein Sohn von Jonathan aus der ersten Ehe mit Flora Kpelly. Anders als all seine Vorgänger wird er wegen mangelhafter Deutschkenntnisse auf eine Dolmetscherin angewiesen sein.
Für Jonathan Savi de Tové ist die Position seines Sohnes ein Zeichen, dass eine Rückkehr nach Togo riskiert werden kann. Am 1. Januar 1968 verabschiedet er sich mit einem Rundschreiben von seinen engsten Freunden. Offiziell wird er sich in Deutschland nicht abmelden und die Wohnung in Köln einstweilen untervermieten, um für den schlimmsten aller möglichen Fälle gewappnet zu sein. Mit dreiundsiebzig Jahren kehrt er nach Togo zurück.
1971, ein paar Monate vor seinem Tod, wird er in Lomé zum Präsidenten einer Gesellschaft für kulturellen Austausch mit dem Ausland ernannt.

Emanuel Bruce steht dem diplomatischen Dienst nicht mehr zur Verfügung. Schon vor dem Putsch hat er sein Détachement im Aussenministerium eingeleitet, weil er vollzeitlich für die Vereinten Nationen tätig werden wollte. Die Kinder studieren alle im Ausland, so vermietet er die Villa Verte in Lomé und zieht mit Christine nach Accra, wo er bis zu seiner Pensionierung das afrikanische Büro der FAO leiten und sich im Auftrag der Welternährungsorganisation vor allem für die Campagne mondiale contre la faim einsetzen wird.

In Lomé bleiben die drei einstigen Missionsschwestern Bruce zeitlebens mit Deutschland verbunden: Annie durch den Unterricht am Goethe-Institut, Lisa in ihren Erinnerungsschüben, Regina mit den Freundschaften, die sie über viele Jahre weiterpflegt. Eine Reise nach Deutschland wird auch sie nicht mehr

Abb. 45: Christine Bruce mit dem Porträt ihres Vaters Nayo, im Februar 1999 in Lomé. (Foto: Peter Sebald; Sammlung Rea Brändle)

machen. Sie ist Togoerin geworden und führt in Lomé ein offenes Haus für ihre zahlreichen europäischen Gäste, auch während politisch schwierigen Zeiten, und kann sich andererseits darauf verlassen, dass nur weniges nach aussen dringt. Von ihren Söhnen ist nur Guido in Togo geblieben, als Nudelfabrikant in Lomé. Héctor, der vielseitige Kommunikationsspezialist, arbeitet bei der Unesco in Paris, auch Jean-Lucien hat sich ins Ausland abgesetzt, nachdem er als Regimekritiker in Togo sieben Jahre lang im Gefängnis war.

Als letzte der drei Schwestern Bruce ist Regina am 21. September 1991 in Lomé gestorben. Ihr jüngster Sohn, Jean-Lucien Savi de Tové, wird nach dem Tod des Diktators Gnassimbé Eyadéma im Frühling 2005 zum Minister für Handel, Industrie und Handwerk der Republik Togo gewählt.

Ruth Müller, verwitwete Bruce, hat mehrere Jahre über das Rentenalter hinaus als Kinderkrankenschwester in Saarbrücken gearbeitet und wie die meisten ihrer allein stehenden Kolleginnen im Personalhaus der Rotkreuzklinik gewohnt. Nach der Pensionierung bezieht sie erstmals eine eigene Wohnung, in Umkirch, einem kleinen Dorf bei Freiburg im Breisgau. Das liegt nahe an der Grenze. Ihre Tochter Dorothy ist verheiratet und in ihrem Geburtsland heimisch geworden. Auch ihr Mann, aus Durban in Südafrika stammend, ist mittlerweile Schweizer geworden, ebenso ihre drei Kinder. Ruth Bruce besucht sie häufig. Aber sie möchte kein weiteres Mal mehr emigrieren. So bleibt sie in Deutschland bis zu ihrem Tod im Mai 1982.

Annonay 2002: Zuhause in der Kleinstadt

Mittelgross, kariertes Jackett, die Haare aufgesteckt, so hat sie sich selber am Telefon beschrieben, damit wir uns am Bahnhof nicht verpassen würden, falls sie sich ein paar Minuten verspäten sollte. Es ist früher Nachmittag, als mein Zug in Lyon eintrifft. Sie steht auf dem Perron, winkt, kommt auf mich zu, und auch ohne die vereinbarten Kennzeichen hätte ich sie jetzt sofort erkannt, an ihrer Stimme, einer hohen Stimme, wie ich sie seit jeher mit älteren Französinnen der besseren Gesellschaft in Verbindung bringe.

Nach einem Bummel durch die Altstadt, vorbei an den eleganten Handelshäusern und Cafés, zeigt sie mir Lyon von oben, auf einem ruhigen Kirchplatz über der Rhone.

Auf der Autobahn fahren wir die Rhoneebene hinunter, eine halbe Stunde etwa, biegen ab, in die Hügel der Ardèche hinein, über steile Strassen und im Schritttempo jetzt, durch das verkehrsberuhigte Zentrum von Annonay. Nathalie sitzt am Steuer und grüsst jedesmal freundlich zurück, wenn Passanten ihr zuwinken. Als Mitglied im Lokalparlament ist sie hier keine Unbekannte, sie, eine Enkelin des Nayo Bruce, ist von Amtes wegen für die Kommunikation ihrer Stadt zuständig und dabei immer parteilos geblieben, wie sie betont.

Morgen, sagt sie, werde sie mir Annonay zeigen. Die Stadt ist seit alters bekannt für ihre Textilien, für Lederverarbeitung und die Produktion erlesener Papiere. Ihre berühmtesten Söhne sind die Brüder Montgolfier, obwohl sie eigentlich aus der Nachbarstadt Davézieux stammen, wie ich laut Nathalie fairerweise anfügen müsste. Auf der Place des Cordeliers in Annonay veranstalteten die beiden 1783 ihre erste öffentliche Ballonfahrt und sind mit einem Denkmal als Flugpioniere am Stadtrand verewigt. Im weiteren Umland wird Obstbau und Seidenraupenzucht betrieben.

Ob mir die vielen Plakate aufgefallen seien? In ein paar Tagen wird der französische Staatspräsident gewählt und seit Wochen schon jeder Haushalt mit Werbematerial eingedeckt, erklärt mir Natalie angesichts ihres vollen Briefkastens. Alle Parteien verschicken postkartengrosse Konterfeis ihrer Kandidatinnen und Kandidaten, eine regelrechte Kollektion. Doch genug über Politik geredet jetzt, unterbricht sie sich selbst und führt mich ins Gästezimmer.

Ihr Haus ist geräumig und bestückt mit Möbeln aus weit zurückliegenden Zeiten. Auch sie sind seit langem im Familienbesitz der Chabrels. Vom Balkon aus sieht man in den Garten hinab und unten am Hang einen stillgelegten Gewerbekomplex. Es ist eine ehemalige Gerberei, seit Jahren ausser Betrieb, chancenlos als Kleinunternehmen wie so vielerorts in Europa.

Auf dem Salontisch liegen Fotos bereit, Porträts der Grosseltern Nayo und Yenoussi Erika. Eigentlich wisse sie nur sehr wenig über die beiden. Ihre Mutter, Lydia Bruce, war erst fünf Jahre alt gewesen, als sie in Russland ihre Eltern verloren hatte. Auch über die Kindheit in Baku habe die Mutter so gut wie gar nichts erzählt, sondern lieber nach vorne geschaut, begreiflicherweise, weil immer so viel Neues auf sie zugekommen sei, in Moskau, in Südfrankreich, in Lomé und in Paris. In einem aparten Schächtelchen ist bis heute das Carnet mit den Dokumenten jener schicksalhaften Reise vom Sommer 1939 aufbewahrt, samt dem verfallenen Retourbillet von Cannes in die Sowjetunion.
Aus Lomé gibt es ein paar Familienbilder mit Mémé Amanoua. An sie kann Nathalie sich gut erinnern, sie wohnten im selben Haus an der Rue Kamina, und während sie von den vielen Verwandten auf den Fotos berichtet, den Tanten und Cousinen, vom Umzug nach Paris, den Sommerferien in Cannes, kommt sie beiläufig auch auf ihre eigene Lebensgeschichte zu reden: Dass sie ohne Vater aufgewachsen und noch nicht volljährig gewesen sei, als ihre Mutter an Krebs erkrankte.
Lydia Bruce starb am 15. März 1963 in Paris.
Mit zweiundzwanzig Jahren feierte Nathalie ihre Hochzeit mit Alain Chabrel. Er war Berufsoffizier, das bedeutete, künftig in verschiedenen französischen Garnisonstädten zu leben, im Elsass und lange Zeit in Fontainebleau. Dort sind ihre drei Töchter aufgewachsen. Die Ferien verbrachten sie Jahr für Jahr in Annonay, im Haus der Chabrels. Und nach jahrhundertealter Tradition wird ihre älteste Tochter die Livres familiales weiterführen.

Seit einiger Zeit lebt Nathalie allein im Haus. Ihr Mann ist gestorben, die Töchter leben im Ausland. Die Älteste hat in den USA das Studium der internationalen Beziehungen abgeschlossen, dort als Beraterin gearbeitet und ist vor wenigen Jahren nach Brasilien gezogen. Die zweite Tochter studierte an der E.S.I.T. in Paris und lebt heute als Übersetzerin in Berlin. Die Jüngste hat sich an der Uni Konstanz zur Verwaltungswissenschaftlerin ausgebildet und arbeitet jetzt in München. Eine kosmopolitische Familie eben, nur sie selber, bedauert Nathalie, habe wenig vom Sprachentalent der Bruce' geerbt. Umso mehr hat sie vom Unternehmersinn ihres Grossvaters Nayo mitbekommen,

Abb. 46: Nathalie Chabrel, im Juli 2007 in ihrem Haus in Annonay. (Foto: Philippe Nombret; Familienbesitz Nathalie Chabrel)

wie sich im Lauf unseres Gesprächs herausstellt. Bei einem Verwandtenbesuch in Lomé geriet Nathalie in einen der berüchtigten tropischen Platzregen hinein. Niemand hatte einen Schirm. Das habe sie auf die Idee gebracht, ein afrikanisches Regenschirmmodell zu entwerfen, aus traditionell togoischen Stoffen und ausladend in der Form. 1993 war das, es folgten weitere Kollektionen: Regenhüte, Windjacken zunächst, dann alternativ zur Regenlinie auch eine Reihe von Accessoires für sonniges Wetter, mit gemusterten Espadrilles, stadttauglichen Mokassins und Taschen aus ghanaischen Stoffen. «Soleil et Pluie» nannte sie ihre Firma, vertrieben wurden die Kreationen in Paris und Lomé, und bald begannen die Galeries Laffayette sich für ihr Label zu interessieren und nahmen die Chabrelschen Markenartikel ins eigene Sortiment auf. Vor allem die Schirme verkaufen sich immer noch gut, wenn auch kaum ausserhalb von Frankreich.

Als die Töchter klein waren, erzählte Nathalie ihnen oft von den Bruces. Die Mädchen interessierten sich sehr für die Familiengeschichten, auch wenn sie die vielen Namen oft durcheinander brachten. All die Grosstanten in Russland, Afrika und Frankreich, wie sollten sie sich diese merken, geschweige denn die zahllosen Cousins und Cousinen, die Halbcousins und Coucousinen, immer neue Figuren tauchten auf in den Erzählungen, bald in Togo, bald in Deutschland, auch die Mutter kannte viele nur vom Hörensagen; sie kamen und verschwanden in einem schier unergründlichen Familiengeflecht.
Du müsstest das aufschreiben, Maman, sagten die Mädchen.
Nicht jetzt, später, versprach sie.
Doch leider fand sich nie Zeit dafür.
Die meisten ihrer Bruce-Verwandten in Frankreich konnten Nathalies Töchter nicht mehr kennen lernen. Tante Victoria ist wenige Jahre nach ihren Geschwistern Lydia und Kwassi in Cannes gestorben. Oncle Guillaume wurde nur zweiundfünfzig Jahre alt. Tante Marika hingegen überlebte alle Angehörigen ihrer Generation. Mit fast dreiundneunzig ist sie am 26. April 2001 in einem Pflegeheim in Südfrankreich gestorben. Und selbst sie, die zeitlebens so stolz auf die Familie von Vater Nayo war, hat keine Aufzeichnungen hinterlassen.

Am letzten Tag meines Besuchs in Annonay beginnen in Frankreich die Wahlen. Nathalie hat Urnendienst nachmittags in der Mairie. Trotzdem will sie sich nicht davon abbringen lassen, mich vorher nach Lyon zu chauffieren. Das sei doch keine Distanz, sagt sie.
Etwas wolle sie mir gerne noch zeigen, sagt sie später auf der Autobahn. Wir zweigen auf immer kleinere Strassen ab, fahren durch Dörfer, über flache Felder, bis an die Rhone. Es riecht nach Frühling. Da vorn auf dem Hof, sagt Nathalia, gebe es ausgezeichneten Spargel und das ganze Jahr über wunderbares Gemüse. Davon müsse ich unbedingt etwas mit nach Hause nehmen.

Übersichten

Die Ehefrauen und ihre Nachkommen

Für die Vornamen einzelner Mitglieder der Familie Bruce gibt es in den Quellen verschiedene Schreibweisen. Aus Gründen der Klarheit habe ich sie vereinheitlicht, wenn immer möglich in der Orthographie, wie sie die jeweiligen Personen selbst benutzt haben; bei den Vornamen der Ehefrauen des Bruce habe ich die französische Schreibweise verwendet, weil sie in der Familie Nayo Bruce gebräuchlich ist, auch im provisorischen Stammbaum, den Emanuel Bruce um 1997 mit Hilfe des Historikers Etienne Ahiako erstellt hat. Darin sind achtzig Mitglieder der Familie Nayo Bruce genealogisch erfasst, die meisten ohne Lebensdaten.
Aus diesem Stammbaum geht hervor, dass J. C. Nayo Bruce schon vor seiner Europareise mehrmals verheiratet war; insgesamt sind elf Ehefrauen und über dreissig Kinder aufgeführt.
Meine Zusammenstellung beschränkt sich auf die Nachkommen der Ehefrauen, die J. C. Nayo auf die Europareise begleitet haben.

Ohui Creppy, geboren 1865, nahm an der Kolonialausstellung von 1896 in Berlin-Treptow teil; Mutter von vier Söhnen, zwei von ihnen waren in Europa:
Achli, machte in Berlin eine kaufmännische Lehre; kehrte 1905 nach Togo zurück.
Kwassi, geboren in Togo, wuchs in Berlin auf; in zweiter Ehe verheiratet mit Ruth Müller, Vater von Regina und Dorothy.

Dovi Kumi, geboren um 1878, hatte mit Nayo Bruce in Afrika mehrere Söhne; war von 1898 bis 1904 als Truppenmitglied mit in Europa unterwegs.
Mutter von Pietro.

Dassi Comfort Creppy, geboren 1880 in Accra, gestorben 1917 in Baku; war an der Berliner Kolonialausstellung und auf der ganzen Europatournee dabei.
Ihre Kinder sind:
Regina, verheiratet mit Jonathan Savi de Tové; Mutter von Fernanda, Guido, Héctor, Isabelle und Jean-Lucien.
Lisa, verheiratet mit Andreas Abutiate; Mutter zweier Töchter.
Marika, verheiratet mit Georges Voskobonikoff.
Emma.

Yenoussi Erika Johnson, geboren am 5. April 1882 in Anecho, gestorben am 15. Januar 1919 in Russland; reiste 1898 mit der Togotruppe nach Europa, wurde um 1903 eine Ehefrau des Bruce und hatte mit ihm sechs Kinder:

Richard.

Annie, verheiratet mit John Aboki Bruce; Mutter von Ahlin, Ahlonko, Sweetie, Sanvi Frederic Victor (Vater von Sylvestre Bruce).

Victoria

Christine, Mutter von Marina; in zweiter Ehe in Lomé verheiratet mit Emanuel Bruce, Mutter von Henry-Vladimir, Olga und Nina.

Lydia, Mutter von Nathalie.

Guillaume/Wilhelm.

Amanoua Rebecca Ankrah Kpapo, geboren am 8. September 1875 in Accra, gestorben am 5. Mai 1952 in Lomé; trat 1902 erstmals als «weisse Negerin» auf, schloss sich im folgenden Jahr dem Bruceschen Showunternehmen an und blieb bis um 1935 in Europa; Mutter von Fritz und Cäcilia sowie weiteren früh verstorbenen Kindern.

Die Kinder und Enkelkinder des Nayo Bruce in Togo haben alle einen zweiten afrikanischen Vornamen. Weil diese nicht vollständig zu eruieren waren, wurden sie hier weggelassen.

Stationen der Europatournee

Die nachfolgende Zusammenstellung von 222 Stationen der Europareise des J. C. Nayo Bruce und seiner Familie kann auf mehrere Weise gelesen werden. Zunächst einmal vermittelt sie über längere Strecken ein nahezu lückenloses Bild vom Tourneenverlauf. Dabei ist zu beachten, dass in der Auflistung der Städte die aktuellen Eigenbezeichnungen verwendet wurden, weil historische Namen wie Angram, Leibach, Steinamanger oder Apenrade kaum mehr verständlich wären und einer heutigen Sicht auf Europa nicht entsprechen würden. Bei den Aufführungslokalitäten und Strassennamen hingegen wurden die damaligen Bezeichnungen aus den Veranstaltungsinseraten verwendet.

Im Weiteren kommen in der Auflistung einige Eigenheiten und Vorlieben des Schaustellers Bruce zum Vorschein. So war er im Laufe der Reise mit mindestens einem halben Dutzend verschieden grosser Formationen unterwegs. Von Anfang hatte er sich auf zeitweilige Kooperationen mit anderen Völkerschauenunternehmen einzustellen, und auch innerhalb seiner eigenen Togotruppe kam es verschiedentlich zu personellen Wechseln; konstant über all die Jahre blieb lediglich ein kleiner Kern: die eigene Familie.

Wer sich speziell für Völkerschauen interessiert, könnte der Rekonstruktion der Bruceschen Tournee ebenfalls einiges abgewinnen. Da wird ersichtlich, dass die Schaustellungen des J. C. Nayo Bruce sich nicht, wie dies in der Forschung oft gemacht wird, auf Veranstaltungsörtlichkeiten hin typologisieren lassen. Zwar gastierte er nur gerade zwei Mal in Zoologischen Gärten, sonst aber nutzte er das gesamte Spektrum von Auftrittsmöglichkeiten, beteiligte sich an Grossanlässen wie Kolonialausstellungen, Fachmessen und Volksfesten, gab Vorstellungen in Stadttheatern, Variétés, Gasthöfen, Panoptiken, Schützenhäusern und Turnhallen, beteiligte sich an Freak Shows, spielte an Jahrmärkten. Die einzelnen Engagements konnten mehrere Monate dauern, oft aber waren sie kurz, manchmal nur für einen einzigen Tag mit mehreren Vorstellungen. Diese unterschiedlichen Verpflichtungsarten wechselten in rascher Folge und ohne Änderungen im Programm. Das zeigt auch, wie breit und wie heterogen zugleich das Publikum der Völkerschauen war.

Jahr			Name der Truppe, Besetzung und besondere Ereignisse
1888–1890			
			Als Begleiter von Ernst Henrici weilt J. C. Nayo Bruce von Oktober 1888 bis Mitte Januar 1889 sowie vom November 1889 bis Ende Februar 1890 zu Werbezwecken für die Deutsche Togogesellschaft u.a. in Hamburg und Berlin.
1896			
15.5.–15.10.	Berlin-Treptow	Kolonial-ausstellung	
ab Mitte Okt.			Bruce wohnt an der Beusselstrasse 12 in Berlin-Moabit.
1897			
20.2.	Hamburg		Mit seinen Ehefrauen Ohui und Dassi Creppy kehrt Nayo Bruce nach Togo zurück.
ab Ende März	Aného		
1898			
27.2.	Lomé		Nayo Bruce reist mit seiner neuen «Togotruppe» nach Europa.
März			Ankunft in Hamburg, Weiterfahrt nach Berlin. Die Truppe leidet an Erkältungen und Verdauungsstörungen.
14.4.–23.5.	Berlin[1]	Passage-Panoptikum	«36 schwarze Mädchen aus unseren afrikanischen Kolonien». 23.5.: Wegen eines Pockenfalls wird die ganze Truppe in die Charité gebracht. 23.6.: Bruce schliesst mit Urbach einen Jahresvertrag ab.
ab Juni	Torino[2]	Esposizione nazionale	«Villaggio Dahomey», 87 Personen. 11.7.: Nelson Garber reist nach Togo zurück.
15.–19.7.	Lugano[3]	Hotel Eden	«Compagnia del Togo». In dieser Besetzung bis 5.10.1898.
20.–27.7.	Luzern[4]	Löwengarten	
28.7.–1.8.	Zürich[5]	Tonhalle	

2.–4.8.	Baden[6]	Hotel Linde	
5.–7. 8.	Aarau[7]	Saalbau u. Freihofgarten	
10.–21.8.	Zürich[8]	Sihlhölzliwiese	«Schöne Mädchen aus dem Togoland».
23.–28.8.	St. Gallen[9]	Konzerthalle St. Leonhard	
31.8.–5.9.	Konstanz[10]	Schweizerhaus	«Die Togo-Truppe aus unserem deutschen Schutzgebiet».
6.–8.9.	Schaffhausen[11]	Schweizerhalle	Ein mehrfach angekündigtes Gastspiel in Winterthur erhält keine Bewilligung.
10.9.	Lindau[12]	Schützengarten	
11.–13.9.	Kempten[13]	Colosseum	
14.–22.9.	Augsburg[14]	Schiessgraben	
24.9.–2.10.	Bern[15]	Schänzli	
3.–5.10.	Biel/Bienne[16]	Tonhalle	
12.10.–20.11.	Torino[17]	Esposizione nazionale	«Villaggio Dahomey», 53 Personen «e di altri 43 persone di Togo».
Ab 21.11.	Milano[18]	Ex-Cielodromo, Piazza Cairoli	«Dahomey-Togo-Carovana», 87 Personen; bis 30.6.1899.
1899			
6.–12.1.	Bologna[19]	Teatro del Corso	Auf dem Weg nach Rom: Geburt von Pietro Bruce.
16.–28.1.	Roma[20]	Teatro eldorado	26.1.: Taufe in der Chiesa San Vitale.
Febr./März			Winterlager im Ospedale San Giovanni in Rom.
April	Napoli[21]	Piazza Santa Lucia	10.4.: Erneuerung des Vertrages mit Urbach im deutschen Konsulat.
1.5.–20. 6.	Genova[22]	Festplatz am Bisagno	
30.6.–11.7.	Marseille[23]	Théâtre de l'Alhambre	«108 Africains du Dahomey et du Togo».
12.–21.7.	Marseille[24]	Prado	
23.7.	Arles[25]	Arènes	«Amazones de Dahomey-Togo», 87 Personen (bis 26.10.1899).

Ab 25.7.	Avignon[26]	Konzertcafé Palmier	«Les Soudanais du Togo et Dahomey».
3.8.–4.9.	Mulhouse[27]	Augustmesse, Tivoliplatz	«Dahomey-Togo-Karawane».
7.–22. 9.	Karlsruhe[28]	Stadtgarten-theater	
24.9.–8.10.	München[29]	Oktoberfest	
10.–26.10.	Nürnberg[30]	Centralsäle Beckengarten	
27.10.–31.12.	Köln[31]	Castans Panoptikum	«Togo-Truppe», mit dieser Bezeichnung bis 23.3.1900.
1900			
4.–15.1.	Düsseldorf[32]	Reichshallen-theater	
16.–31.1.	Mülheim[33]	Centralhalle	22.1.: Von Hamburg aus reisen drei Männer und eine Frau aus der Truppe nach Togo zurück.
1.–14.2.	Duisburg[34]	Restaurant Getreidebörse	
15.–28.2.	Essen[35]	Colosseum	
11.–15.3.	Münster[36]	Neues Theater	
19.3.–21.3.	Stendal[37]	Stadttheater	
22./23.3.	Rathenow[38]	Restaurant Bellevue	
24.3.–15.5.	Berlin[39]	Passage Panoptikum	«35 Togo-Neger».
19.5.–26.6.	Hannover[40]	Arena Goseriede	«Dahomey-Togo-Dorf», 87 Personen, in dieser Besetzung bis 4.7.1900.
27.6.–4.7.	Halle[41]	Radfahrbahn	
8.–14.7.	Görlitz[42]	Schützenhaus	«Unsere Landsleute von Deutsch-Ost- und Westafrika».
18.7.–3.8.	Chemnitz[43]	Thiergarten Scheibe	«Dahomey-Togo-Dorf», 87 Personen, in dieser Besetzung bis 21.8.1900.
4.–11.8.	Dresden[44]	Vogelwiese	
14.–19.8.	Plauen[45]	Garten der Freundschaft	

20./21.8.	Hof[46]	Pfaffs Colosseum	Ein bereits bewilligtes Gastspiel am 22./23.8. in Bayreuth kam nicht zustande.
25.8.–3.9.	Nürnberg[47]	Volksfest 1900	«Afrika in Nürnberg», 72 Personen, Direktor Albert Urbach.
5.–19.9.	Augsburg[48]	Schiessgraben	«Afrika in Augsburg», Verhandlungen vor der Magistratskommission.
23.9.–7.10.	München[49]	Oktoberfest	«Afrika in München».
11.–26.10.	Frankfurt[50]	Velodrom	«Dahomey-Togo-Karawane», 87 Personen.
27.–31.10.	Darmstadt[51]	Orpheum	«Togo-Karawane, 35 Personen».
3.–6.11.	Wiesbaden[52]	Reichhallen	
8.–12.11.	Mainz[53]	Glaspalast Schöfferhof	
13.–23.11.	Offenbach[54]	Reichshallen-theater	18.11.: Bruce kündigt den Vertrag mit Albert Urbach.
25.–29.11.	Worms[55]	Colosseum	
1./2.12.	Bonn[56]	Siegburger Hof	
5./6.12.	Solingen[57]	Grünewald	
7.–21.12.	Elberfeld[58]	Edentheater	12.12.: Geburt von Regina Bruce.
22./23.12.	Unna[59]	Saal des Herrn Schmitz	
ab 25.12.	Bremen[60]	Tivoli	«West-Afrika-Ausstellung, Unsere schwarzen Landleute aus dem Togolande», 37 Personen.
1901			
8.1.	Nienburg[61]	Hotel Stadt London	«Togo-Truppe», unter dieser Bezeichnung bis 1.5.1901.
9.1.	Verden[62]	Saal Himmelkamp	
13.–23.1.	Hannover[63]	Alhambra-Theater	
24.–27.1.	Peine[64]	Schützenzelt	Zugleich Annoncen für Auftritte von «Togo-Negern» beim Bahnhof Hettstett.
28.1.	Hildesheim[65]	Unionhaus	
29.1.	Alfeld[66]	Hotel Deutsches Haus	

30./31.1.	Hildesheim[67]	Unionhaus	
1.–3.2.	Goslar[68]	Bürgergarten	
5.–9. 2.	Halberstadt[69]	Neues Stadttheater	
10.–12.2.	Aschersleben[70]	Grosser Saal im Kaiserhof	
16./17.2.	Quedlinburg[71]	Kaiserhof	
19.–28.2.	Dessau[72]	Ronneburgs Conzerthaus	22.2.: Zusätzliches Gastspiel im Café Sansoussi in Jonitz.[73]
3.3.	Zerbst[74]		
4./5.3.	Coswig[75]	Hoffelt'scher Saal	Nach gewaltsamen Ausbrüchen muss Sosu nach Togo zurückkehren.
6./7.3.	Wittenberg[76]	Reichspostsäle	
8.–10.3.	Eilenburg[77]	Schützenhaus	
11./12.3.	Delitzsch[78]	Restaurant Stadt Leipzig	
13.–15.3.	Bitterfeld[79]	Bürgergarten	
16.–24.3.	Halle[80]	Apollotheater	
25.–31.3.	Weissenfels[81]	Apollotheater	
1./2.3.	Apolda[82]	Bürgerverein	
3.–6.4.	Weimar[83]	Metropol-Theater	
7.–13.4.	Erfurt[84]	Kaiser-Saal	
14.–16.4.	Gotha[85]	Parkpavillon	
17.4.	Arnstadt[86]	Kurhaus	
18.–20.4.	Ilmenau[87]	Mohr's Spezialitätentheater	23.4.: Der Weber Agbetoho stirbt im Spital von Ilmenau.
21.–28.4.	Sonneberg[88]	Turnhalle und Schiesshaus	26.4.: Agbetoho wird auf dem katholischen Friedhof von Ilmenaus beerdigt.
29.4.–1.5.	Coburg[89]	Vereinsbrauerei	
2./3.5.	Hildburghausen[90]	Schützenhof	«Togo- u. Singhalesentruppe», 50 Personen.
4./5.	Suhl[91]	Schützenhaus	«Togo-Truppe, 37 Personen».

6.–8.5.	Schmalkalden[92]	Wolffs Theater-Saal	«Togo- u. Singhalesentruppe», in dieser Besetzung bis 30.5.1901.
9./10.5.	Rudolstadt[93]	Restaurant Erholung	
11.–13.5.	Saalfeld[94]	Zapfe's Saal	
15.–17.5.	Jena[95]	Stadttheater	
18.–20..5.	Pössneck[96]	Schützenhaus	
21./22.5.	Buttstädt[97]	Gasthaus zu den drei Schwänen	
25.–28. 5.	Zeitz[98]	Preussischer Hof	
29./30.5.	Altenburg[99]	Preussischer Hof	
31. 5.–3.6.	Gera[100]	Wintergarten	Togotruppe
4./5.6.	Stadtroda[101]	Schützenhaus	Togotruppe
6.–11.6.	Lagensalza[102]	Kaffeehaus Erfurterstr. 15	«Togo- u. Singhalesentruppe», 50 Personen. In dieser Besetzung bis 22.12.1901.
12.–14.6.	Mühlhausen[103]	Restaurant Schützenberg	
16.6.–11.8.	Eisenach[104]	Kolonial-ausstellung	
14.8.–8.9.	Wroclaw[105]	Kaiser-Wilhelm-Park	
19.9.–24.9.	Bydgoszcz[106]	Elysium-Theater	
ab 26.9.	Kaliningrad[107]	Tiergarten	
15.–17.10.	Elblag[108]	Gewerbehaus	
21.–23.10.	Gdansk[109]	Schützenhaus	
1.–30.11.		Berlin[110]	Passage-Panoptikum
1.–22.12.	Hamburg[111]	Ludwigs Konzerthaus	«Original-Togo-Dorf und Singhalesentheater», 50 Personen. Direktion Fritz Sander.
25.–29.12.	Berlin[112]	Passage-Panoptikum	«Die Togo-Neger, darunter 24 junge hübsche Togo-Mädchen». Bruce arbeitet erstmals mit der Mandingotruppe, die vom 3.1.–1.2.1902 im Passage-Panoptikum zu Berlin[113] und vom 10.–13.2.1902 im Gesellschaftshaus von Frankfurt an der Oder gastiert.[114] Am 25.1.1902 reist J. C. Nayo Bruce zu seiner Togotruppe nach München.

1902			
1.1.–4.3.	München[115]	Hammer-Panoptikum	«Die Togo-Truppe», 25 Frauen, vier Männer und zwei Kinder.
5.–12.3.	Salzburg[116]	Restaurant Elektr. Aufzug	In dieser Besetzung bis 22.6.1902.
13.–19.3.	Urfahr[117]	Poschacher Bierhalle	
22./23.3.	Straubing[118]	Ortler-Keller	26.3.: Bruce verhandelt in Berlin mit Zirkusdirektor Paul Busch.
28.–31.3.	Erlangen[119]	Kolosseum	
1.–4.4.	Würzburg[120]	Huttenscher Garten	
5.4.–4.5.	Köln[121]	Castans Panoptikum	2.5.–15.6.: Gastspiel der Mandingotruppe im Panoptikum Köln.[122]
Mai	Budapest[123]		23.5.: In Hamburg verreist Nayo Bruce im Auftrag von Paul Busch nach Accra.
7.6.–2.7.	Praha[124]	Horáks Restaurant	«Afrika v Praze. Togo»; ab 22.6.: «Tlupy Mandingo a Togo».
			Ein bereits bewilligtes Gastspiel in Liberec kam nicht zustande.
10.–22.7.	Brno[125]	A. Brandeis Restaurant	«Togo- a Mandingo-|erno|i».
24.7.–3.8.	Graz[126]	Orpheum	«Togo- und Mandingo-Karawane», 45 Pers. in dieser Besetzung bis 26.9.1902.
4.–6.8.	Maribor[127]	Götz' Brauhausgarten	
7.–10.8.	Klagenfurt[128]	Radfahrschule Ziegelbauer	
11./12.8.	Villach[129]		
13.–15.8.	Klagenfurt[130]	Radfahrschule Ziegelbauer	
16.–20.8.	Ljubljana[131]	Narodni dom	20.6.: Die Truppe reist mit dem Nachtzug nach Zagreb.[132]
27.–31.8.	Szombathely[133]	Restaurant Jégverem	«Togo-és Mandingo-karaván».
2.–5.9.	Györ[134]	Badehaus Györszigetben	Überfall auf zwei Männer der Truppe.

7.–26.9.	Bratislava[135]	Landwirtschafts-ausstellung	
Ab 2.10.	Hamburg[136]		Nayo Bruce ist aus Accra zurück gekehrt und an der Hopfenfstr. 19 gemeldet. 22.10.: 14 Frauen und zwei Männer der Truppe reisen nach Togo zurück.[137] Amanua Ankra Kpapo trifft in Hamburg ein und reist weiter nach Berlin,[138] wo sie als «weisse Negerin» in Castans Panoptikum (23.11.–21.12.) und im Passage-Panoptikum (25.–31.12.) gastiert.
22.–31.10.	Bremen[139]	Freimarkt, grosse Allee	«Mandingo-Krieger», 10 Personen, Direktor Bruce.
6.–9.11.	Lübeck[140]	Tivoli	«Togomandingo-Karawane», 25 Personen. Auch bei den folgenden Gastspielen werden die beiden «schwarzen Künstler Morrow und Nilson» erwähnt.
11.–13.11.	Kiel[141]	Restaurant Hoffnung	
14./15.11.	Rendsburg[142]	Tonhalle	
17./18.11.	Schleswig[143]	Grosser Baumhof	
20.11.	Flensburg[144]	Kolosseum	
21./22.11	Åbenrå[145]	Stadttheater	
23.–26.11.	Haderslev[146]	Konkordia	
28./29.11.	Fredericia[147]	Hotel Kronprins Frederik	
30.11.	Middelfart[148]	Berendts Hotel	
1.–7.12.	Odense[149]	Arbeider-foreningens Sal	
8./9.12	Korsør[150]	Korsør Theater	
10.–13.12.	Slagelse[151]	Teatret i Slagelse	
14. und 16.12.	Vordingborg[152]	Hotel Valdemar	
18.–20.12.	Maribo[153]	Hotel Søro	
21.–23.12.	Nykøbing[154]	Teatret i Nykøbing	
	Hamburg		Das Gerichtsverfahren Bruce gegen Busch wird eröffnet.

Ab 26.12.	Warne-münde[155]	Hotel Schumacher	Der vierjährige Pietro Bruce wird der Baronsfamilie George von Fircks in Warnemünde in Pflege gegeben.
1903			
1.–4.1.	Stralsund[156]	Elysium	
8./9.1.	Greifswald[157]	Concerthaus	
10.–12.1.	Stralsund[158]	Elysium	
15.–22.1.	Rostock[159]	Tivoli	
23.–25.1.	Wismar[160]	Schützenhaus-Tivolihalle	
Ende Januar	Hamburg[161]		31.1.: Bruce meldet sich aus Hamburg nach Ludwigslust ab.
14.2.–15.3.	Köln[162]	Castans Panoptikum	13.3.: Taufe von neun Truppenmitgliedern im Dom.
17.3.–31.5.	Zürich[163]	Panoptikum am Mühlesteg	14.5.: Yenoussi Johnson wird in der Predigerkirche getauft.
5.6.–1.7.	Genève[164]	Brasserie des Casernes	Amanoua Kpapo schliesst sich der Togotruppe an.
2.–9.7.	Lausanne[165]	Tivoli	
16.–24.7.	Bern[166]	Restaurant Bierhübeli	16.7.: Geburt von Richard Bruce; 23.7.: Taufe im Berner Münster.
4.–9.8.	Aarau[167]	Gasthaus Kettenbrücke	
10.–13.8.	Solothurn[168]	Restaurant Rosengarten	
18.–25.8.	Bern[169]	Restaurant Bierhübeli	
26.–30.8.	Fribourg[170]	Jardin de Tivoli	
2./3.9.	Payern[171]	Brasserie Espagnol	
4.–8.9.	Vevey[172]	Brasserie du Léman	Zur selben Zeit gastierte eine «Mandingoneger- und Singhalesentruppe» in Thun (4.–8.9.), Biel (12./13.9.) und Olten (22.–24.9.).
19.9.–1.10.	Chambéry[173]	Jardin publique	«Les Togomandingos»

4.–12.10.	Torino[174]	via Madame Cristina	Hinweise auf Gastspiele in Milano und Venezia. Ein bereits mehrfach angekündigtes längeres Engagement in Budapest liess sich nicht verifizieren.
1904			
20.8.	Lindau i. B.[175]		
20./21.8.	Dornbirn[176]	Gasthaus zum Rössle	«West-Afrikaner Negertruppe», 20 Personen mit der «weissen Negerin».
22./23.8.	Feldkirch[177]	Saalbau	
24.–27.8.	Bregenz[178]	Restaurant Forster	
28./29.8.	Dornbirn[179]	Volksfest in der Enz	
4.–ca.15.9.	Lindau i. B.[180]	Schützengarten	
1.10.–14.11.	Berlin[181]	Passage-Panoptikum	«Die Togoneger, darunter das Unikum, eine weisse Negerin».
	Hamburg[182]		16.11.: Dovi Bruce-Kumi, sieben weitere Frauen und die zweijährige Marie reisen zusammen mit dem Artisten Joseph Byll nach Togo zurück.
1.–15.12.	St. Pauli[183]	Tivoli	«Afrikanisches Schwesternpaar».
ab 18.12.	Kiel[184]	Variété Zauberflöte	Die vierjährige Regina Bruce wird von der Familie Baron George von Fircks in Warnemünde als Pflegekind aufgenommen.
1905			
ab Februar	Ulzburg[185]		Familie Bruce logiert längere Zeit im Gasthaus zum weissen Ross in Ulzburg.
16.–19.2.	Rendsburg[186]	Tonhalle kleiner Saal	«Westafrikanisches Geschwisterpaar Amanua und Ama».
ab 4.3.	Kaltenkirchen[187]	Zentralgasthof	«Afrikanisches Geschwisterpaar». 17.3.: Geburt von Annie Bruce in Kaltenkirchen; 23.3.: Taufe in Ulzburg.21.
28.5.	Schwerin[188]	kleiner Exerzierplatz	«Die Togo-Negerfamilie, vier Erwachsene und zwei Kinder, darunter Amanua, die weisse Negerin».
ab 15. Juli	Bruxelles[189]	Foire du Midi	«American Novelty Show», Direktion Fritz Geissler. 20.8.: Geburt von Fritz Bruce in Bruxelles.

1.–28.9.	Lille[190]	Foire de Lille	«Grand Panopticum avec les deux derniers Aztèques, Négresse blanche, Nouma Hawa, nègres Togo»; in dieser Besetzung bis Januar 1906.
29.9.–16.10	Le Havre[191]	Foire Saint-Michel	«Théâtre des attractions uniques».
ab 22.10.	Rouen[192]	Foire Saint-Romain	
ab 20.11.	Tours[193]	10, rue nationale	«Exposition anthropologique».
1906			
ab 1.1.	Bordeaux[194]	20, rue Ste Catherine	«Exposition anthropologique de Monsieur Geissler». 23.1.: Geburt von Lisa Bruce an der Rue Sainte Catherine 20.
6.–15.2.	Strasbourg[195]		Familie Bruce wohnt am Fischmarkt 14 bei Woelffel. 11.2.: Taufe von Lisa Bruce in der Jung-St.-Peterkirche. Weiterreise nach Milano.[196] Aus den folgenden sechs Jahren gibt es weitere, nicht datierbare Hinweise zu Aufenthalten in Lyon,[197] Breda,[198] Warnemünde,[199] Hamburg, Den Haag und Gommern bei Magdeburg.[200]
1907			
	London[201]	.	Familie Bruce ist in Hammersmith gemeldet, in Untermiete beim Tabakhändler George Lawrence an der Beaconsfield Terrace Road 3 12.1.: Geburt von Victoria Bruce.
1908/09			
ab 21.11.	Gent[202]		
Dezember	Sint-Niklaas[203]		8.12.: Geburt von Marika Bruce an der Nieuwstraat 39.
ab 27.12.	Sint-Niklaas	De Drij Fonteinen	«Togo Neger of de familie Amoema en de Witte Negerin».
1910			
November	Liège[204]		Familie Bruce wohnt an der Rue Varin 1. 8.11.: Geburt von Christine Bruce.

1911			
2.–14.4.	Düsseldorf[205]	Gasthaus zur Krücke	«Die weisse Negerin mit ihren Stammesangehörigen aus Afrika». 18.4.: Annie und Lisa Bruce werden im Kinderheim der Graf-Recke-Stiftung in Neudüsselthal aufgenommen.
9.–16.5.	Essen[206]	Wolffs Konzerthaus	«Eine weisse Negerin mit ihren 11 Stammesangehörigen».
1912			
			Angereist aus Hamburg.[207]
6. 4–22.6.	Dortmund[208]	Vergnügungspark	«30 Neger vom Kongo».
		Fredenbaum	20.4.: Geburt von Cäcilie Bruce; 26.4.: Taufe im Vergnügungspark. 2.5.: Fritz Bruce wird ins Kinderheim nach Neudüsselthal gebracht.
1.–30.11.	Berlin[209]	Passage-Panoptikum	«Die heilige weisse Negerin und ihre schwarze Priester-Schwester».
2.12.–12.1.13	Berlin-Niederschönhausen[210]	Etablissement Strauchwiese	«Kongolesen mit ihrer weissen Königin», 20 Personen.2.1.1913: Geburt von Emma Bruce; 9.1.: Taufe in der Friedenskirche.
1913			
ab 20.1.	Berlin-Neukölln[211]	Lindenpark	«Fünf Negerfamilien aus dem uns zugeteilten Kongogebiet mit der weissen Negerin und einem 4 Wochen alten Kind». 3.2.: Familie Bruce erhält einen Reisepass für Russland.
	Bedzin[212]		
Oktober	Kiew[213]		21.10.: Geburt von Lydia Bruce.
1914–1918			
Februar 1914	Odessa[214]		
	Russlandtournee mit Gastspielen u. a. in		
	St. Petersburg[215] Moskau[216] Kazan[217] Kislovodsk[218] Askhabad[219]		

Zanako[220] und auf der Krim[221]	
Baku[222]	1917: Tod von Dassi Creppy in Baku. 12.8.1917: Geburt von Guillaume Bruce in Baku. 15.1.1919: Tod von Yenoussi Johnson. 3.3.: Tod von J. C. Nayo Bruce.

Anmerkungen

Jede der aufgeführten Tourneestationen wurde anhand von Inseraten und Berichten in den jeweiligen Lokalzeitungen überprüft. Dadurch ist das Material derart umfangreich, dass hier aus Platzgründen für längere Gastspiele in der Regel nur jeweils die erste und die letzte Belegstelle aus den Tageszeitungen aufgeführt werden.

1 Berliner Tageblatt, 20. April und 24. Mai 1898 sowie Vossische Zeitung, 4. und 25. Mai 1898.

2 Città di Torino, Archivio Storico, Collezione Simeom, C 1981.

3 Corriere del Ticino, 13., 16. und 19. Juli 1898.

4 Luzerner Tagblatt, 20. und 24. Juli 1898.

5 Tages-Anzeiger, 26. Juli und 1. August 1898, Neue Zürcher Zeitung, 29. Juli 1898.

6 Badener Tagblatt, 1., 2., 3. und 4. August 1898.

7 Aargauer Tagblatt, 6. und 7. August 1898.

8 Tages-Anzeiger, 9., 12. und 19. August 1898.

9 St. Galler Stadt-Anzeiger, 23. August 1898,Tagblatt der Stadt St. Gallen, 23. und 26. August 1898.

10 Konstanzer Zeitung, 30. August und 3. September 1898.

11 Tage-Blatt für den Kanton Schaffhausen, 2. und 7. September 1898.

12 Lindauer Zeitung, 9., 10. und 11. September 1898.

13 Tag- und Anzeigenblatt für Kempten und das Allgäu, 11. September 1898.

14 Augsburger Neueste Nachrichten, 15. September 1898.

15 Der Bund, 23./24. September und 28./29. September 1898, Anzeiger der Stadt Bern, 23. September und 1. Oktober 1898.

16 Journal du Jura, 4. Oktober 1898, Express, 5. Oktober 1898.

17 Gazzetto del Populo, 12. Oktober und 26. Oktober 1898 sowie Archivio di Stato di Torino, Questura, mazzo 142, 10. Oktober 1898.

18 Corriere della sera, 18./19. November 1898.

19 L'Avenire, 5. und 12. Januar, Il Resto del Carlino, 7. Januar, Gazzetta dell'Emilia, 13. Januar 1899.

20 Il Messaggero, 16. und 27. Januar 1899 sowie La Capitale italiana, 16./17., 18./19., 23./24. und 27./28. Januar 1899 sowie Avanti, 16., 26. und 30. Januar 1899.

21 Archivio di Stato di Napoli, Questura, serie Polizia Giudiziaria, fascio 2230 sowie Der Artist, Nr. 741, 23. April 1899.

22 Caffaro, 30. April/1. Mai 1899, S. 3 sowie Der Artist, Nr. 742, 30. April und Nr. 748, 11. Juni 1899.
23 Le Petit Provençal, 1. Juli 1899 sowie Le Petit Marseillais 4. und 9. Juli 1899.
24 Le Petit Provençal, 12. Juli und 21. Juli 1899.
25 L'Homme de Bronze, 23. Juli 1899.
26 Le Mistral, 26. Juli 1899.
27 Mülhauser Zeitung, 5./6. August, 31. August und 3. September 1899.
28 Karlsruher Tagblatt, 6. und 21. September 1899.
29 Münchner Neueste Nachrichten, 23. September und 2. Oktober 1899 sowie Stadtarchiv München, Oktoberfest Nr. 100.
30 Generalanzeiger für Nürnberg-Fürth, 17. Oktober 1899 sowie Nordbayerische Zeitung, 10., 14. und 30. Oktober 1899.
31 Kölner Tageblatt, 28. Oktober und Stadt-Anzeiger der Kölnischen Zeitung, 30. Dezember 1899.
32 General-Anzeiger, 4., 5., 14. und 15. Januar 1900.
33 Rhein-Ruhr-Zeitung, 13. und 29. Januar 1900.
34 Rhein-Ruhr-Zeitung, 1. und 3. Februar 1900 sowie Meidericher Zeitung, 10. Februar 1900.
35 Allgemeiner Beobachter, 16. und 28. Februar 1900.
36 Münsterischer Anzeiger, 9. und 12. März 1900.
37 Altmärkisches Intelligenz- und Leseblatt, 17., 19. und 20. März 1900. Das Neue Theater wird auch als «Festhalle, Neuthor» bezeichnet.
38 Rathenower Zeitung, 21., 22. und 23. März 1900.
39 Vossische Zeitung, 24. März sowie 6. und 11. Mai 1900.
40 Hannoverscher Courier, 16. Mai und 21. Juni 1900, Hannoverscher Anzeiger, 23. Mai 1900.
41 Saale-Zeitung, 29. Juni und 4. Juli 1900. Die Radfahrbahn befand sich an der Merseburgerstr. 30/31.
42 Neuer Görlitzer Anzeiger, 8. Juli sowie Görlitzer Nachrichten und Anzeiger, 8. Juli 1900.
43 Chemnitzer Tageblatt, 18. und 20. Juli 1900.
44 Dresdner Nachrichten, 1., 7. und 8. August 1900.
45 Vogtländischer Anzeiger und Tageblatt, 12., 14. und 21. August 1900 sowie Stadtarchiv Plauen, P.A. 28, Bd. 2, Bl. 64/65.
46 Hofer Anzeiger, 20., 21. und 22. August 1900.
47 Generalanzeiger, 24. August 1900 sowie BAB, R 1001 – 4457/8, Bl. 31, 33/34 und 36.
48 Neue Augsburger Zeitung, 5. und 19. September 1900.
49 Münchner Neueste Nachrichten, 29. September und 1. Oktober 1900.
50 Frankfurter Nachrichten, 11. und 28. Oktober 1900.
51 Darmstädter Zeitung, 27. und 29. Oktober sowie Darmstädter Tagblatt, 26. und 30. Oktober 1900.
52 Wiesbadener Tagblatt, 1. und 6. November 1900.
53 Mainzer Tagblatt, 8. und 12. November 1900.
54 Offenbacher Zeitung, 14. und 19. November 1900.
55 Wormser Zeitung, 19., 26. und 29. November 1900.
56 General-Anzeiger, 1. Dezember 1900.
57 Solinger Kreis-Intelligenzblatt, 4. und 5. Dezember 1900.

58 Täglicher Anzeiger für Berg und Mark, 6., 7., 16. und 17. Dezember 1900.
59 Hellweger Anzeiger und Bote, 22. Dezember 1900.
60 Bremer Nachrichten, 25. Dezember 1900 und 1. Januar 1901.
61 Die Harke, 8. Januar 1901.
62 Verdener Anzeigerblatt, 8. und 9. Januar 1901.
63 Hannoverscher Curier, 13. und 23. Januar 1901.
64 Peiner Zeitung, 23. Januar sowie Peiner Tageblatt, 26. Januar 1901.
65 Hildesheimer Allgemeine Zeitung und Anzeigen, 25. Januar 1901.
66 Niedersächsische Volkszeitung, 26. Januar 1901.
67 Hildesheimer Allgemeine Zeitung und Anzeigen, 29. und 31. Januar sowie 1. Februar 1901.
68 Goslarsche Zeitung, 1. Februar 1901.
69 Halberstädter Zeitung und Intelligenzblatt, 3. Februar 1901.
70 Anzeiger für Aschersleben und Umgebung, 8., 10., 11. und 12. Februar 1901.
71 Quedlinburger Kreisblatt, 15., 16. und 19. Februar 1901.
72 Anhaltischer Staatsanzeiger, 19., 21. und 28. Februar sowie 1. März 1901.
73 Anhaltischer Staatsanzeiger, 22. Februar 1901.
74 BAB, R 1001 – 4457/8, Bl. 132.
75 Anhaltische Elbe-Zeitung, 4. und 5. März.1901.
76 Neue Wittenberger Zeitung, 5. und 8. März 1901.
77 Eilenburger Wochenblatt, 7., 9. und 10. März 1901.
78 Delitzscher Zeitung, 9., 10. und 13. März 1901.
79 Bitterfelder Kreisblatt, 10., 12. und 13. März 1901.
80 Saale-Zeitung, 16., 17., 18. und 21. März 1900.
81 Weissenfelser Tageblatt, 23. und 30. März 1901.
82 Apoldaer Tagblatt, 30. März 1901.
83 Weimarische Zeitung, 30. März und 5. April 1901.
84 Thüringer Allgemeine Zeitung, 7., 12. und 13. April 1901.
85 Gothaisches Tageblatt, 12., 15. und 16. April 1901.
86 Arnstädter Tageblatt, 17. und 18. April 1901.
87 Die Henne, 17., 20. und 23. April 1901.
88 Sonneberger Zeitung, 17., 18., 19., 25. und 28. April 1901.
89 Coburger Zeitung, 24. und 27. April 1901.
90 Dorfzeitung, 30. April sowie Tägliche Nachrichten, 2. und 3. Mai 1901.
91 Henneberger Zeitung, 5. und 7. Mai 1901.
92 Thüringer Hausfreund, 4., 6. und 7. Mai 1901.
93 Rudolstädter Zeitung, 5., 7. und 9. Mai 1901 sowie Schwarzburg-Rudolstädtische Landeszeitung, 5. Mai 1901.
94 Saalfelder Kreisblatt, 9. und 12. Mai 1901.
95 Jenaische Zeitung, 16. und 18. Mai 1901.
96 Pößnecker Zeitung, 15., 16., 18., 19., 20., 21. und 22. Mai 1901.
97 Buttstädter Zeitung, 19., 21., 23. und 24. Mai 1901.
98 Zeitzer Neueste Nachrichten, 21., 24., 25. und 29. Mai 1901.
99 Altenburger Zeitung, 26. und 31. Mai 1901.

100 Geraer Zeitung, 31. Mai sowie 1. und 2. Juni 1901.
101 Rodaische Zeitung, 4. Juni 1901.
102 Allgemeiner Anzeiger für Langensalza und Umgebung, 6. und 11. Juni 1901.
103 Mühlhäuser Anzeiger, 11. Juni 1901.
104 Eisenacher Zeitung, 14. und 20. Juni, 10. und 26. Juli , 4. und 13. August 1901.
105 Schlesische Zeitung, 11. August und 27. September 1901 sowie Breslauer Zeitung und Schlesische Volkszeitung, 15. August 1901.
106 Ostdeutsche Presse, Beilage Bromberg, 18., 19., 22. und 25. September 1901.
107 Der Artist, Nr. 870, 13. Oktober 1901.
108 Altpreussische Zeitung, Elbinger Tageblatt, 13., 15. und 17. Oktober 1901.
109 Danziger Neueste Nachrichten, 19. und 22. Oktober 1901.
110 Berliner Tageblatt, 31. Oktober und Berliner Lokalanzeiger, 17. November 1901 sowie BLA, Th 728, Bl. 10–16.
111 General-Anzeiger, 1. und 10. Dezember 1901 sowie BAB, R 1001 – 4457/8, Bl. 162/63.
112 Vossische Zeitung, 24., 25. und 29. Dezember 1901.
113 Vossische Zeitung, 3. und 19. Januar 1902 sowie LAB, Th 728, Bl. 17–19.
114 Frankfurter Oder Zeitung, 8. Februar 1902.
115 Münchner Neuste Nachrichten, 1. Januar und 17. Februar 1902 sowie Staatsarchiv München, Polizeidirektion München 1051.
116 Salzburger Zeitung, 1., 4., 8. und 11. März 1902.
117 Linzer Tages-Post, 13., 14. und 18. März 1902.
118 Straubinger Tagblatt, 22. und 23. März 1902.
119 Fränkische Nachrichten, 26., 27. und 29. März 1902.
120 Würzburger Generalanzeiger, 1. und 4. April 1902.
121 Kölner Volkszeitung, 3. April und 3. Mai 1902 sowie Stadtanzeiger der Kölnischen Zeitung, 8. April und 1. Mai 1902.
122 Stadtanzeiger der Kölnischen Zeitung, 3. Mai und 15. Juni 1902.
123 Stadtanzeiger der Kölnischen Zeitung, 1. Mai 1902 sowie Klagenfurter Zeitung, 8. August 1902; Details des Gastspiels waren nicht zu ermitteln.
124 Práva lidu, 5., 7., 22. und 25. Juni sowie 2. Juli 1902.
125 Lidové noviny, 10. und 22. Juli 1902.
126 Tagespost, 25. und 30. Juli 1902 sowie 2. August und 4. August (Tod des kleinen Maule Abotsi und Geburt eines Mädchens).
127 Marburger Zeitung, 2. August 1902.
128 Klagenfurter Zeitung, 7. August 1902 sowie Freie Stimmen, 9. August 1902.
129 Klagenfurter Zeitung, 10. August; die Lokalität des Villacher Gastspiels liess sich nicht nachweisen.
130 Freie Stimmen, 13. August sowie Klagenfurter Zeitung, 14. August 1902.
131 Slovenki narod sowie Slovenec, 16. und 20. August 1902.
132 Slovenki narod, 21. August 1902. Gastspiele in Zagreb sind nicht nachzuweisen.
133 Vasvármegye, 28. und 29. August 1902.
134 Györi Hírlap, 31. August und 4. September 1902 sowie Dunántúli Hírlap, 7. September (Überfall auf zwei Männer der Truppe).

135 Nyugat magyaroszági Hiradó sowie Pressburger Tagblatt, 7. September 1902.
136 StAHH, Alte Meldekartei, Eintrag Bruce.
137 StAHH, LinkToYourRoots, 22. Oktober 1902.
138 Berliner Lokalanzeiger, 25. November 1902 sowie Vossische Zeitung, 25. Dezember 1902.
139 Bremer Tageblatt, 21. und 25. Oktober 1902, Bremer Nachrichten, 23. Oktober 1902.
140 Lübeckische Anzeigen, 1902, Blatt 564.
141 Kieler Zeitung, 9. und 12. November 1902.
142 Rendsburger Zeitung, 13. und 14. November 1902.
143 Schleswiger Nachrichten, 16. und 19. November 1902.
144 Flensburger Nachrichten, 19. November 1902.
145 Apenrader Anzeiger, 19. und 23. November 1902 sowie Sonderburger Zeitung, 27. November 1902.
146 Modersmålet, 22., 24., 25. und 26. November 1902.
147 Fredericia Dagblad, 26., 27. und 28. November 1902 sowie Social-Demokrat Fredericia, 26., 27. und 28. November 1902.
148 Middelfart Avis, 30. November 1902.
149 Fyens Stiftstidende, 1. und 6. Dezember 1902.
150 Korsør Avis, 6., 8. und 9. Dezember 1902.
151 Sorø Amtstidende, 8. Dezember 1902 sowie Slagelse Posten, 8. und 11. Dezember 1902.
152 Vordingborg Dagblad, 16. Dezember 1902.
153 Lollands-Posten, 17. und 20. Dezember 1902 sowie Lolland-Falsters Social-Demokrat, 20. Dezember 1902.
154 Maribo Amts Avis, 23. Dezember sowie Lolland-Falsters Social-Demokrat, 23. Dezember.
155 Rostocker Zeitung, 6. Januar 1902.
156 Stralsundische Zeitung, 1. Januar 1903.
157 Greifswalder Tageblatt, 8., 10. und 11. Januar 1903.
158 Stralsundische Zeitung, 11. Januar 1903.
159 Rostocker Zeitung, 16. Januar und 21. Januar 1903.
160 Mecklenburger Tagesblatt, 22. Januar 1903.
161 Staatsarchiv Hamburg, Alte Meldekartei. Ein Gastspiel in Ludwigslust ist nicht nachzuweisen.
162 Kölner Stadtanzeiger zur Kölnischen Zeitung, 17. Februar und 14. März 1903.
163 Tages-Anzeiger, 16. März und 30. Mai 1903 sowie 15. Mai 1903 (Taufe).
164 Tribune de Genève, 5., 6. und 9. Juni 1903 sowie Genèvois, 27. Juni 1903.
165 Tribune de Lausanne, 30. Juni und 6. Juli 1903.
166 Anzeiger der Stadt Bern, 16. Juli 1903, Berner Tagblatt, 15., 17., 21. und 24. Juli 1903.
167 Aargauer Tagblatt, 4. August 1903.
168 Solothurner Tagblatt, 9. August 1903 sowie Stadtarchiv Solothurn, Polizeikasse, 10. August 1903.
169 Berner Anzeiger, 25. August 1903.
170 La Liberté, 27., 28. und 29. August 1903.
171 Auskunft Archives communales Payern, 22. Mai 1997.
172 Feuille d'avis de Vevey, 3. und 5. September 1903.

173 Le Patriote Républicain de la Savoie, 19. September 1903 sowie La Savois Liberale, 25. September 1903.
174 Gazzetta del Populo della Domenica, 4. Oktober 1903 (mit Abbildungen).
175 Postkarte im Besitz der Autorin.
176 Dornbirner Gemeindeblatt, 21. August 1904 sowie Vorarlberger Volksblatt, 26. August 1904.
177 Feldkircher Zeitung, 20. August 1904.
178 Vorarlberger Tagblatt, 24. und 27. August 1904.
179 Vorarlberger Volksfreund, 24. und 31. August 1904.
180 Lindauer Tagblatt, 4., 11. und 13. September 1904.
181 Berliner Lokalanzeiger, 2. Oktober und 13. November 1904.
182 StAHH, Datenbank LinkToYourRoots.
183 General-Anzeiger für Hamburg-Altona, 1. Dezember 1904. Das Lokal befand sich am Spielbudenplatz 27/28.
184 Kieler Zeitung, 18. Dezember 1904.
185 Stadtarchiv Henstedt-Ulzburg, Kommentar zum Foto XIII-02.06.05/12.
186 Rendsburger Wochenblatt, 15., 16., 17. und 19. Februar 1905.
187 Segeberger Wochenblatt, 7. März 1905.
188 Mecklenburger Nachrichten, 21., 23. und 28. Mai 1905 sowie Mecklenburgische Zeitung, 22. und 25. Mai 1905.
189 Peuple, 15. Juli und 29. August 1905.
190 L'Écho du nord, 1. und 28. September 1905, das Etablissement befand sich an der Rue de Valenciennes 18.
191 Le petit Havre, 1. Oktober 1905.
192 Journal de Rouen, 25. Oktober 1905.
193 La Touraine République, 19. November 1905 sowie Journal d'Indre-et-Loire, 19. und 22. November 1905.
194 Le Nouveliste de Bordeaux, 29. Dezember 1905 und 1. Januar 1906.
195 Archives municipales de Strasbourg, fichier domicilaire (schriftliche Auskunft 26. Mai 1998).
196 Ebenda sowie Strassburger Post und Strassburger Neueste Nachrichten, 13. Februar 1906.
197 Postkarte «Famille de la Négresse blanche», Collection Lévy, Paris.
198 Postkarte, aufgenommen von Bernard de Jong an der Annastraat 4 in Breda, im Besitz der Familie Emanuel Bruce in Lomé.
199 Vermerk in den Geburtseinträgen von Marika und Christine Bruce.
200 Stadtarchiv Dortmund, Hausstandsbücher Münsterstrasse 272a, Einträge 24. April und 9. Juni 1912.
201 General Register Office London: Geburtsurkunde Victoria Bruce, 12. Januar 1907.
202 Eintrag im Bevölkerungsregister der Stadt Gent, 21. November 1908.
203 Onze Stad, 27. Dezember 1908. Das Etablissement De Drij Fonteinen befand sich an der Nieuwstraat 39.
204 Ville de Liège, État civile, Geburtseintrag von Christine Bruce, Nr. 2285, 8. November 1910.

205 General-Anzeiger für Düsseldorf und Umgebung, 2. und 13. April 1911. Das Lokal befand sich an der Hunsrückenstr. 29.

206 Allgemeiner Beobachter, 9., 10., 13. und 16. Mai 1911.

207 Stadtarchiv Dortmund, Hausstandsbücher Münsterstr. 272a, Eintrag 24. April 1912.

208 Lisa Kosok, S. 159 sowie Dortmunder Zeitung, 25. April 1912.

209 Berliner Lokalanzeiger, 2., 3. und 30. November 1912.

210 Nördlicher Vorbote, 24. und 31. Dezember 1912 sowie 5., 7. und 9. Januar 1913.

211 Neuköllner Tageblatt, 23. Januar 1913.

212 Reisepass von J. C. Nayo Bruce, S. 9.

213 Pass von Lydia Bruce, im Besitz ihrer Tochter Nathalie Chabrel.

214 Wie Anm. 212.

215 Brief von Christine Bruce an die Autorin, 3. November 1998.

216 Ebenda.

217 Ebenda.

218 Ebenda..

219 Ebenda.

220 Ebenda.

221 Ebenda.

222 Ebenda.

Anhang

Abkürzungen

ANT	Archives Nationales du Togo
BAB	Bundesarchiv Berlin
BMA	Basler Missionsarchiv
DthA	Archiv der Graf Recke-Stiftung/Düsselthaler Anstalt
LAB	Landesarchiv Berlin
MNM	Monatsblatt der Norddeutschen Missionsgesellschaft
PAAA	Politisches Archiv des Auswärtigen Amts (Berlin)
StAB	Staatsarchiv Bremen
StAHH	Staatsarchiv Hamburg
StAM	Staatsarchiv München

Nachweise

Dieses Buch basiert auf Recherchen. Die Informationen wurden aus vielen Archiven zusammengetragen und mittels Korrespondenzen und Gesprächen mit Nachkommen des J. C. Nayo Bruce erweitert. Das Quellenmaterial enthält ausserdem Fotografien und zahlreiche Zeitungsnotizen. Aus Gründen der Lesbarkeit wurde, wie im Prolog erwähnt, auf einen Anmerkungsapparat verzichtet. Damit die zusammengetragenen Materialien über die Familie Bruce dennoch festgehalten sind und von einer wissenschaftlich interessierten Leserschaft überprüft und allenfalls weiter verwendet werden können, sind die wichtigsten Quellen im Folgenden kapitelweise und in chronologischer Reihenfolge aufgeführt, nötigenfalls mit einem Stichwort versehen, sodass sie mühelos gefunden werden können.

Teil I

«Solange ein Kopf da ist, setzt man den Hut nicht dem Knie auf»

Über Völkerschauen in verschiedenen europäischen Ländern siehe Nicolas Bancel/Pascal Blanchard et al., S. 193–283. Ausführliche Informationen über Völkerschauen in Deutschland siehe Anne Dreesbach. Zu den seltenen Ausnahmen, die einzelne Völkerschauen im Längsschnitt dokumentieren, gehören die Arbeiten von Roslyn Poignant und Gabi Eissenberger.

Die Ewe-Sprichwörter stammen aus der Sammlung von Ernst Bürgi: Bibliothek der Norddeutschen Mission Bremen, J.Z/1.

Erster Besuch mit Ernst Henrici in Europa, 1888/89: Krüger, S. 17. Goodwilltour Henricis 1889/90 in Deutschland: Norddeutsche Allgemeine Zeitung, 24. November 1889, S. 5.

Über Ernst Henrici (1854–1915) und die Deutsche Togogesellschaft siehe Ralph Erbar, S. 68–71 sowie die Kritik von Christian Krüger: ANT, FA 1/577, S. 49–97 und im Teil II dieses Buches.

Kindheit und Jugend von Nayo Bruce sowie seine Tätigkeit als junger Erwachsener in Togo kommen in Teil II ausführlich zur Sprache.

Über die Macht der Dolmetscher in Togo: Trutz von Trotha, S. 186–218.

Nähere Angaben zur Völkerschau der «acht Männer aus Little Popo und Kamerun» im Kristallpalast von Leipzig siehe Maren Viereckl sowie Leipziger Tagblatt, 24. und 27. Juli 1885.

Bruce über seinen Plan, an der Berliner Kolonialausstellung aufzutreten: BAB, R 1001/6349, Bl. 14 ff.

Alfred Kerr, S. 150.

Beschreibung des Togodorfes und Aufführungen der Togotruppe: Gustav Meinecke, S. 14–15, Eugen Neisser, S. 35 sowie Deutsche Kolonialzeitung, 1896, S. 226–228 und S. 234–236.

Das Interview mit J. C. Bruce aus der Kölnischen Zeitung vom 11. Oktober 1896 ist hier in orthographisch bearbeiteter Fassung wiedergegeben.

Felix von Luschan (1854–1924) war damals stellvertretender Direktor am Berliner Museum für Völkerkunde und wurde 1911 Professor für Anthropologie an der Humboldt-Universität Berlin. Seine Ausführungen über J. C. Bruce: Luschan, S. 209–213.

«Subversives» aus dem Togodorf: Eugen Neisser, S. 37–39.

Zur Berliner Kolonialausstellung siehe auch Daniela Schnitter, S. 115–124, Alfred Kerr, S. 125–126, 145–158 und 175–177 sowie Roland Richter, S. 25–42.

Verlängerter Aufenthalt von J. C. Bruce in Berlin: BAB, R 1001, 6350, Bl. 48–53, Hinweis Beusselstrasse: Bl. 50.

Rückreise am 20. 2. 1897 nach Togo: StAHH, LinkToYourRoots.

Ein Streit um Postkarten, Seife, Wolldecken und Zwiebeln

August Köhler an Alfred Zimmermann: BAB, N 2345/33 (Nachlass Alfred Zimmermann).

Telegramm und Abklärungen zur Ausreise von J. C. Bruce am 26./27. Februar 1898: ANT, FA 3/434.

Die Frage der Kaution: BAB, R 1001/4457/8, Bl. 1 ff.

Ankunft im Berliner Passage-Panoptikum: LAB, A. Pr. Br. Rep. 030-05, Th 726, Bl. 238–241 sowie Verhandlungen der Berliner Gesellschaft für Anthropologie, Ethnologie und Urgeschichte, 1898, S. 251–252 und 278–280.

Programmheft der Togotruppe: StAM, Polizeidirektion München 1051 sowie Stadtarchiv Plauen, P.A. 28, Bd. II.

Zum Passage-Panoptikum siehe Johann Friedrich Geist, hier auch eine Abbildung zum Gastspiel der Togotruppe, S. 76.

Albert Urbach, geboren am 21. Januar 1852 in Magdeburg, gastierte 1881 mit einem «Nordpoltheater» am Münchner Oktoberfest (Anne Dreesbach, S. 89), 1888 mit einer «Aschanti-Neger-Karawane» in Wien (Werner Michael Schwarz, S. 227). Seine Truppe aus Dahomey führte er seit 1896, vgl. dazu das Programmheft «Amazonen-Corps, wilde Weiber aus Dahomey» in StAB, 4,14/1-VI D.7 Vol 1, Quadr. 373. Weitere biografische Angaben über Albert Urbach siehe nächstes Kapitel.

Dahomey-Togo-Carovana an der Esposizione nazionale: Città di Torino, Archivio storico, Collezione Simeom, C 1981 (hier finden sich auch die italienischsprachigen Programmhefte der beiden Truppen).

Urbach über die Kosten der Schweizer Extratour und des Gesamtunternehmens: L'industriel forain Suisse, 6. August 1898, S. 5.

Rückkehr der Togotruppe nach Turin: Archivio di Stato di Torino, Questura di Torino, mazzo 142 sowie Gazzetta del Popolo, 12. Oktober 1898. Besucherzahlen der Dahomey-Togo-Vorstellungen in Turin: Gazzetta del Popolo, 29. November 1899.

Probleme der Truppe in Rom und Neapel: Archivio di Stato di Napoli, Questura, serie Polizia Giudiziaria, fascio 2230.

Urbachs Bildinserate aus Italien: Der Artist, Nr. 741, 23. April 1899 (Neapel) sowie Nr. 742–748, 30. April, 7. Mai, 14. Mai, 21. Mai, 28. Mai, 4. Juni und 11. Juni 1899 (Genua); über das Gastspiel in Genua: Caraffo, 30. April/1. Mai 1899.

John Hood gastierte 1899 mit seinem Amazonencorps im Februar im Frankfurter

Panoptikum, im April im Edentheater von Aachen, anschliessend im Palais d'Eté in Brüssel, vom Juni bis August in Paris, mit Abstechern nach Rouen und Lyon. Das Ashanti-Dorf mit 75 Personen war laut der Referenzliste von Viktor Bamberger in den Zoologischen Gärten von Hamburg, Leipzig und Königsberg aufgetreten, ebenso im Tivoli von Kopenhagen und in Breslau (Der Artist, Nr. 750, 25. Juni 1899): im September trat die Truppe im Tiergarten des Wiener Praters auf, «in fast derselben Besetzung wie zwei Jahre zuvor» (Werner Michael Schwarz, S. 159 und S. 232) und reiste im Oktober an die Deutsche Sportausstellung nach München. Impresario F. Gravier war im Frühling 1899 mit seiner Troupe Soudanais in Montpellier, Lyon und Poitier unterwegs (Le Progrès, 9. Mai 1899).

Vertrag vom 10. April 1899 zwischen Albert Urbach und J. C. Bruce: BAB, R 1001/4457/8, Bl. 20–21.

Zum Streit über die Wolldecken: BAB, R 1001/4457/8, Bl. 29 und Bl. 43.

Protokolle in Dresden: BAB, R 1001/4457/8, Bl. 28–29.

Schlichtungsversuch in Augsburg: BAB, R 1001/4457/8, Bl. 37–45 sowie Bl. 48–49.

Oktoberfest 1899: StAM, Pol. Dir. München 924/1 und 924/2.

Zustände im Frankfurter Velodrom: BAB, R 1001/4457/8, Bl. 62.

Müller-Czèrny am 25.10.1900 an das Auswärtige Amt: BAB, R 1001/4457/8, Bl. 58.

Albert Urbach am 23.11.1900 an das Auswärtige Amt: BAB, R 1001/4457/8, Bl. 93–94.

Das Offenbacher Telegramm und seine Folgen

Müller-Czèrny, Gustav Adolf: Ein seltener Prozess, in: Für Wahrheit und Recht, 24. November 1900, S. 2–3.

Albert Urbach am 26. Nov. 1900 an das Auswärtige Amt: BAB, R 1001 4457/8, Bl. 93–94.

J. C. Bruce am an das Auswärtige Amt: BAB, R 1001/4457/8, Bl. 84–85.

Verhandlungen in Elberfeld über die Präservative: BAB, R 1001/4457/8, Bl. 111–112.

Geburtsurkunde Regina Bruce: Standesamt Wuppertal, 13. Dezember 1900.

Geburt von Pietro Bruce am 21. Januar 1899 in Rom: Archivio storico del Vicariato di Roma, Parocchia di San Vitale, Libro de'Battesimo, anno 1899, foglio 102 v, atto numero 8.

Erlass vom 17. April 1901: BAB, R 1001/5576, Bl. 26–36 sowie 57/8, BAB, R 1001/6343, Bl. 16. BAB, R 1001/4457/8, Bl. 29 und Bl. 43.

Antje Vogt: Untersuchung zur Marine- und Kolonialausstellung zu Eisenach, unveröffentlichte Studienarbeit, Oktober 1997, im Stadtarchiv Eisenach.

Eisenacher Tagespost, Eröffnungsbericht vom 16. Juni 1901 sowie Inserat am 14. und 16. Juni 1901.

Das Elberfelder Verfahren gegen Bruce wurde am 26. Januar 1901 eingestellt: BAB, R 1001/4457/8, Bl. 137.

Streit in Coswig: BAB, R 1001/4457/8, Bl. 138.

Rückkehr von Sosu am 10. April 1901 nach Togo: StAHH, LinkToYourRoots.

Tod des Agbetoho in Ilmenau: BAB, R 1001/5295, Bl. 1–7.

J. C. Bruce am 28. Aug. 1901 aus Breslau an das Auswärtige Amt: BAB, R 1001/4457/8, Bl. 149–150.

Krankheitsfall im Berliner Passage Panoptikum: LAB, A Pr. Br. Rep. 030-05, Th 728, Bl. 4.

Heimweh der Frauen aus Togo: BAB, R 1001/4457/8, Bl. 160–161. Der Untersuchende war Referendar Otto Gleim, der 1896–1899 als Beamter in Togo tätig war.

Ein Hinweis über Bruce' erste Zusammenarbeit mit der Mandingotruppe: StAM, Polizeidirektion München 1051, Notiz vom 9. Jan. 1902; in dieser Akte befindet sich auch ein aktualisiertes Mitgliederverzeichnis der Togotruppe, ihr Vertrag mit dem Hammer-Panoptikum und das Programmheft. Über die Mandingotruppe siehe auch: LAB, A. Pr. Br. Rep. 030-05, Th 728, Bl. 17–24.

Ankunft von «Häuptling Bruth» der Togo-Truppe in Hammers Panoptikum siehe Münchner Neuste Nachrichten, 25. Januar 1902.

Umwandlung der Akte des Auswärtigen Amts in Personaldossiers: siehe BAB, R 1001/4457/8, Bl. 166; dass über einzelne Mitglieder der Togotruppe tatsächlich Dossiers geführt wurden, belegen auch die Hinweise in BAB, R 1001/5575, Bl. 4 sowie Bl. 125. Zerstörung der Personalakten im Zweiten Weltkrieg: Auskunft PAAA (damals Bonn), 22. Oktober 1998.

StAHH, Melderegister der Stadt Hamburg.

Stadtarchiv Cuxhaven, Melderegister sowie Adressbücher 1902 bis 1904.

Gütertrennung des Ehepaars Urbach: StAB, 4,45/1-VR. 58, Bl. 86 und Zwangsversteigerung ihres Hauses am Ostertorsteinweg in Bremen siehe: Bauakte StAB, 4,125/1.

Unter Führung von Direktor Tom Brown gastierte das Amazonencorps im Jahr 1902 u. a. in Wien (ab 17. Mai, Sommer-Etablissement Venedig), Salzburg (15.–29. Juni, Elektrischer Aufzug), München (1.–27. Juli, Volksgarten Nymphenburg), Budapest (August), Breslau (3.–14. September, Kaiser-Wilhelm-Park), Posen (ab 16. September Kaisergarten), Berlin (1. Oktober–15. November, Passage-Panoptikum), Eberswalde (16.–18. November, Grundmanns Saal), Stendal (29./30. November, Fürstenhof) und Magdeburg (1.–21. Dezember, Walhalla). Tom Brown verwendete dasselbe Programmheft wie Urbach, einzig den Umschlag hatte er ausgewechselt und den Namen seines Vorgängers durch seinen eigenen ersetzt. Programmheft aus der Direktionszeit von Urbach siehe StAB, 4,14/1-V.I. D.7 Vol. 1, Quadr. 373;

ein Exemplar aus Tom Browns Direktionszeit befindet sich im Stadtarchiv München (Pol. Dir. 371, hier auch ein Foto).

Strategien und Konfusionen zweier Unternehmer

Prozessakte Bruce ./. Urbach: StAHH, 213-4 Landgericht-Rechtssprechung D 1937-15, darin der Vertrag, Bl. 3, Anlage 1, Verpfändung, Bl. 37–38 sowie Urteil, Bl. 50.

Stadtanzeiger der Kölnischen Zeitung, 1. Mai 1902.

Schwierigkeiten in Accra: StAHH, D 1937-15, Bl. 8–12 (mit Anlagen).

Ankunft in Europa: StAHH, Melderegister der Stadt Hamburg, Eintrag Bruce.

Tod des Maule Abotsi: Stadtarchiv Graz, TP 1902, ZI 2275 und Tagespost, 4. August 1902.

Überfall auf zwei Männer der Togotruppe in Györ: Dunántúli Hírlap, 7. September 1902.

Heimkehr von sechzehn Mitgliedern der Truppe: StAHH, LinkToYourRoots, 22. Oktober 1902.

Premierebericht der Dahomey-Pantomime im Zirkus Busch: Der Artist, Nr. 925, 2. Februar 1902. Eine ausführliche Dokumentation der Produktion befindet sich im LAB, A Pr. Br. Rep. 030, Tit. 74, Th 1555, Bl. 55–86.

Rudolf Virchow über die «weisse Negerin»: Verhandlungen der Berliner Gesellschaft für Anthropologie, Ethnologie und Urgeschichte, 1902, S. 492–493.

Swiss Connection, Schweizer Freundschaften

Ein Programmheft der Togomandingotruppe war nicht zu finden; meine Angaben stützen sich auf Zeitungsinserate und Aufführungsberichte aus den Jahren 1902/03.

Historisches Archiv des Erzbistums Köln, Taufbuch der Dompfarrei, 13. März 1903. Berichte über die Taufe sind am 14. März 1903 in der Kölnischen Zeitung, in der Kölnischen Volkszeitung sowie im Kölner Tageblatt erschienen.

Berichte über die Taufe in der Zürcher Predigerkirche: Neue Zürcher Zeitung sowie Tages-Anzeiger, 15. Mai 1903, Zürcher Post, 16. Mai 1903; Zürcher Wochen-Chronik, 1903, S. 202 und 203.

Taufe des Türken in Zürich: Tages-Anzeiger, 15. Mai 1903.

Über Oskar Pfister siehe Dieter Schwarz, S. 169–179.

Unterbringung im Zürcher Panoptikum: Stadtarchiv Zürich, Akten zum Polizeiprotokoll vom 20. März, 1., 4. und 6. April sowie 6. und 7. Mai 1903.

Auftritt der «weissen Negerin» im Zürcher Panoptikum: Tages-Anzeiger, 21. März 1903.

Emile Jean-Jacques Yung (1854–1918) war seit 1895 Ordinarius an der Universität Genf und korrespondierendes Mitglied der Académie des sciences de France.

Ernst Bürgi: Missionsarbeit unter Negern in Zürich, in: MNM, August 1903, S. 57–59. Fast identische Abdrucke in: Brosamen. Evangelisches Volksblatt, Nr. 23–25, 1903 sowie in: Grüss Gott! Ein christlicher Freund für Jedermann, Nr. 6–8, 1903.

Alfred Hopf (1879–1942) studierte Theologie in Bern. Nach kurzem Vikariat in der Gemeinde Münsingen wirkte er 1907–1936 als Pfarrer in Zimmerwald und danach in Gurzelen. Mit Vortragsreisen und Publikationen engagierte er sich vor allem für die Armenier. Mit der Familie Bruce blieb er zeitlebens verbunden.

Geburt von Richard Bruce: Berner Tagblatt, 17. Juli 1903, Taufeintrag Richard Bruce: Staatsarchiv Bern, Taufrodel der Münsterkirchgemeinde Juli 1903; Inserate für das Taufessen: Berner Tagblatt, 23. Juli 1903.

Briefe von Ernst Bürgi an den Inspektor am 1. Mai, 15. September, 13. November und 28. Dezember 1903: StAB, 7,1025-61/2.

Freak Show und Familienleben

Rückkehr von neun Truppenmitgliedern am 16. November 1904 nach Togo: StAHH, LinkToYourRoots.

Hamburg zur Domzeit, in: Der Artist, Nr. 1348, 11. Dezember 1910.

Tarife der Schiffspassagen nach Togo: StAHH, Woermann-Handbuch.

Die «sechs waschechten Mohren» der Margarinenfirma Mohr, Hamburg-Bahrenfeld, absolvierten 1905 u.a. Werbeauftritte in Altona, Neumünster (13./14. Februar), Preetz (16. Februar) Rendsburg (17. Februar), Eckernförde (21./22. Februar): Holsteinischer Courier, 12. und 14. Februar 1905; Preetzer Zeitung, 18. Februar 1905; Rendsburger Wochenblatt, 19. Februar 1905; Eckernförder Nachrichten, 22. Februar 1905. Postkarten von ihren Aktionen befinden sich in der Sammlung Weiss, Hamburg.

Kurznotizen über den Aufenthalt der Familie Bruce in Ulzburg: Segeberger Kreis- und Wochenblatt, 7., 18. und 25. März 1905.

Geburtsurkunde Anna Sophie Bruce: Standesamt Kaltenkirchen, Geburtenbuch 37/1905.

Informationen über die Gaststätte Zum weissen Ross sowie Fotos und weitere Informationen zur Taufe befinden sich im Stadtarchiv Henstedt-Ulzburg: Ortschronik, S. 113 und XIII-02.06.05/12.

Über das Gastspiel in Schwerin siehe Mecklenburger Nachrichten, 21., 23. und 28. Mai 1905.

Inserate von Fritz Geissler für seine amerikanische Novelty Show in: Der Artist, Nr. 907, 29. Juni 1902 und Nr. 1046, 26. Februar 1905.

Über Bartola und Maximo siehe Hans Scheugl, S. 105–106.

Ville de Bruxelles, Etat civil: Geburtsurkunde Fritz Léopold Bruce, 20. August 1905.

Mairie de Bordeaux, Etat civil: Geburtsurkunde Elisabeth (Lisa) Bruce, 23. Januar 1906.

Taufe von Lisa Bruce: Paroisse Saint-Pierre-le jeune, Taufbuch, 11. Februar 1906. Berichte über die Taufe: Strassburger Post sowie Strassburger Neueste Nachrichten, 13. Februar 1906.

Auskunft Archives municipales, 26. Mai 1998.

Londoner Dom: Der Artist, Nr. 1134, 4. November 1906.

Über den Artistenstreik in London: Der Artist, Januar und Februar 1907.

Geburtsurkunde Victoria Catérina Bruce: General Register Office, London, Birth of the Sub-district South Hammersmith, 12. Januar 1907.

Die Übergangsjahre im Variété

Über die Veränderungen im deutschen Variété siehe Der Artist, 1906–1912 (Anzahl deutscher Variétébühnen) Vergleich mit Italien: Nr. 1219, 21. Juni 1908. – Leitartikel zur Qualität des deutschen Variétés: Nr. 1104, 8. April 1906, Nr. 1151; 3. März 1907, Nr. 1197; 19. Januar 1908; Nr. 1199, 2. Februar 1908; Nr. 1239, 8. November 1908; Nr. 1322, 12. Juni 1910; Nr. 1342: 30. Oktober 1342; Nr. 1413, 10. März 1912. – Beispiel Krefeld, Nr. 1200, 9. Februar 1908. – Klapphornverse, von den «Fliegenden Blättern» 1878 eingeführt: beliebte Modepoesie, meist Spottgedichte und oft Verballhornungen bekannter Lieder und Gedichte. Schnadahupferl, auch Schnaderhüpfel genannt: witzige Einstropher, oft zu einem Singtanz dargeboten.

Inserat der afrikanischen Familie in Sint-Niklaas: Onze Stad, 27. Dezember 1908.

Stadsarchief Sint-Niklaas: Geburtsurkunde von Marie (Marika) Bruce, 8. Dezember 1908.

Ville de Liège, Registre d'Etat civil, Nr. 2285: Geburtsurkunde Christiane (Christine) Bruce

Louise Marcelle an das Auswärtige Amt: BAB, R 1001/6347, Bl. 8.

Prominenter Besuch an der Internationalen Volkskunstausstellung in Berlin: Vossische Zeitung vom 22. und 27. Februar 1909 sowie Daheim, 1909, Nr. 23, S. 25.

Paula Karsten ans Reichspostamt: BAB, R 4701/1403, 19. April 1898.

Rückkehr von Nelson Garber, 11. Juli 1898 nach Togo: StAHH, LinkToYourRoots.

Paula Karsten, 1903, S. XXVI–XXXVII. Über ihren Roman siehe auch Adjaï Paulin Oloukpona-Yinnon, S. 110–115.

Entführung von Stoich Clovi: ANT, FA 3/444, S. 33–35.

Stoich Clovi in Dortmund: Stadtarchiv Dortmund, Hausstandsbücher, Münsterstrasse 277a.

Ein schwerwiegender Entscheid

Standesamt Dortmund: Geburtsurkunde von Cäcilie Bruce, 20. April 1912.

Negertaufe im Vergnügungspark am Fredenbaum, in: Dortmunder Zeitung, 25. April 1912.

Eintritt von Fritz Bruce in Neudüsselthal: DthA, 104a/2.3.1.1.

Schulzeugnisse Annie, Lisa und Fritz Bruce: DthA, 224/5.5.3.2, DthA, 224/5.5.3.3 sowie DthA, 224/5.5.4.5.

Düsselthaler Anstalten, in: P. Seiffert-Strausberg, S. 335–340.

Über «Ama, den weissen Neger» siehe Bulletins et Mémoires, 1910, Tome Premier, VI série, S. 451–455; sein Gastspiel in Brüssel: Der Artist, Nr. 1330, 7. August 1910; Nachweise zu den Gastspielen in Elberfeld und München: Täglicher Anzeiger für Berg und Mark, 14. Juli 1912 sowie Anne Dreesbach, S. 93.

Neuköllner Tageblatt, 23. Januar, Berlin 1913.

Nördlicher Vorbote, 24. und 31. Dezember 1912 sowie 5., 7. und 9. Januar 1913.

Reisepass des J. C. Bruce, 4. Februar 1913 (im Privatbesitz von Familie E. K. Bruce, Lomé).

Die Geburten von Lydia und Wilhelm Bruce sind im Reisepass eingetragen, S. 5 und 9; Lydia wurde am 13. Oktober 1913 in Kiew geboren, ihre Geburt jedoch erst am 5. März 1914 vom deutschen Generalkonsul in Odessa im Reisepass nachgetragen.

Von den regelmässigen Kontakten zur Familie erzählte Regina Bruce ihrer Nichte Regina Grisar.

«Führe meine Kinder nach Afrika zurück»

Auskünfte von Christine Bruce in den Briefen vom 29. November 1998 und 22. März 1999 an die Autorin.

Tod von Fritz Bruce in Kaiserswerth: DthA, 105/2.3.1.2, DthA, 287/4.6, S. 134 sowie Stadtarchiv Düsseldorf, Sterbeurkunde.

Typoskript von Regina Grisar nach den Schilderungen ihrer Tante Regina Bruce im Brief an die Autorin, 1. Februar 2007.

Biografische Daten von Ernst Bürgi: StAB, 7,1025-57/2 und Basler Missionsarchiv, BV 1342. Ausgewertet sind auch die Informationen des MNM.

Seminardirektor Gerber an das Basler Missionshaus: BMA, BV 1342.

Beim erwähnten Freund von Ernst Bürgi handelt es sich um Gottlieb Zurlinden, der 1878–1883 als Kaufmann für die deutsche Firma Viëtor in Togo tätig und dann zur Bremer Mission wechselte; weitere Details siehe Hans Werner Debrunner, 1991, S. 202.

Ernst Bürgi als Fotograf siehe Hartmut Müller, S. 24–26.

Laut den Memoiren von Emanuel Bruce war sein Vater, Emanuel Messan Bruce, ein Halbbruder von Nayo Bruce. Als ein jüngerer Bruder des Nayo wird verschiedentlich der Zollassistent Amussu Bruce bezeichnet: ANT, FA 1/ 295 Bl. 102, BAB, R 1001/7562, Bl. 99 (Denkschrift Kwassi Bruce) sowie StAB, 7, 1025-25/3 (Brief von Robert Baëta, 24. Juli 1924). – Amussu Bruce wiederum bezeichnet den Händler Samuel Bruce als seinen Bruder: ANT, FA 3/444, S. 54. – Am 25. Januar 1912 erklärt Samuel Bruce, er sei in Aflahu (Goldküste) geboren, als ganz kleines Kind mit den Eltern nach Anecho gekommen, bald darauf mit mehreren seiner Brüder nach Accra in die Schule gegangen: ANT, FA 3/444, S. 46.

Anlässlich eines Grundstückeintrags im Jahr 1908 in Anecho werden als Familienangehörige des Zollassistenten Amussu Bruce aufgeführt: Händler Samuel Bruce in Lagos, Händler [John] Kalbert Bruce, vorübergehend in Deutschland, Quaku Bruce in Anecho, Handlungsgehilfe Quadjo Bruce in Whydah, Photograph Asher Bruce in Duala, Händler Aholkovi Bruce in Anecho, Händler Quassi Bruce in Lome, Händler Charles Bruce in Anecho, Zollassistent Wilhelm Bruce in Boepe, Schneider Theophil Bruce in Anecho, Koch Quadjovi Bruce in Anecho, Händler Akakpovi Mesavi Bruce in Gridji (nach Abschrift von Peter Sebald aus einer Akte im Familienbesitz von Emanuel Bruce).

Hugo Zöller, S. 119–137.

Vertreter der Firma Max Grumbach im Dezember 1886: BAB, R 1001/4306, Bl. 15–18.

Subventionen der Kolonialregierungen an die Missionsgesellschaften: Bürgi, 1909.

Erwähnung des J. C. Bruce: Ernst Henrici, 1891, S. XIX.

Ernst Henrici am 10. August 1890 an den Kaiserlichen Kommissar: ANT, FA 1/577, S. 192–195. Dies war die offizielle Bezeichnung für den deutschen Gouverneur in Togo.

Über Martha Jäger-Strasser (1851–1896) siehe MNM, 1896, S. 57–59. In erster Ehe war sie verheiratet mit dem Missionar Fritz Jäger (gest. 1882). Die Hochzeit mit

Ernst Bürgi fand am 1. Oktober 1885 statt. Lydia wurde am 31. Mai 1889 geboren, Theophil am 24. Juli 1893, zwei weitere Kinder starben 1887 und 1892 im Säuglingsalter. Über Missionarskinder in Europa: MNM, 1894, S. 80–83.

Fotos von Ernst Bürgi aus Amedzofe: MNM, 1895, S. 81–83.

Ernst Bürgi: Der Gemi, MNM, 1897, S. 12–14.

Gedicht von Martha Bürgi über Amedzofe, zitiert nach Ernst Bürgi, 1909 (Februar), S. 7.

Flucht von Ernst Henrici am 20. April 1891 aus Togo: ANT, FA 1/577, S. 291, Ralph Erbar, S. 38. sowie StAAH, LinkToYourRoots, 30. November 1891.

J. C. Bruce 1892/93 an den Imperial Kommissar: ANT, FA 1/424, S. 1–6.

J. C. Bruce am 22. August 1893 über seine Arbeit für Henrici: ANT, FA 1/295, S. 104–108.

Auftritt von J C. Bruce als politischer Agent am 31. Dezember 1895 und in den Gerichtsverhandlungen vom 16. Januar 1896: ANT, FA 1/365, S. 93.

August Köhler am 2. Januar 1896 an den Reichskanzler: BAB, R 1001/4307, Bl. 72–73.

Der Text über die Heidenpredigt ist eine leicht bearbeitete Fassung von Ernst Bürgi: Durch deutsches und englisches Eveland. Eine Missionsreise, Bremen 1890.

Martha Bürgi starb am 19. Juli 1896; über die beschwerliche Heimreise siehe Ernst Bürgi, 1897.

Ernst Bürgi am 18. August 1897 nach Bremen: StAB, 7,1025-61/2.

Über Frieda Wachter (1871–1958): StAB, 7,1025-57/2 und 7,1025-57/4 sowie ihr Tagebuch: BMA, D-10.20,8.

Frieda Wachter am 17. Sept. 1897 an den Inspektor: StAB, 7,1025-61/2.

Die Hochzeit fand am 8. Juli 1898 statt. Über Ruth Wachter (1865–1946) und Hermann Fincke (1865–1959): BMA, BV 1459.

Predigertour der Seminaristen: Ernst Bürgi, 1909 (Februar), S. 9.

Ringwege: MNM, 1900, S. 38 sowie 1901, S. 82–83.

Bürgis Arbeiten für die verschiedenen Schulreformen: StAB, 7,1025-104/1-21 sowie 7,1025-115/1-12. Über das Schulwesen der Bremer Mission siehe auch Ernst Bürgi 1909 und Martin Pabst sowie MNM, speziell die Jahresberichte.

Münchner Episode 1902: Der Artist, Nr. 886, 2. Februar 1902.

Ernst Bürgi: Eine Rekognoszierungsreise nach Atakpame-Gbedzi und Akposo, in: MNM, 1902, S. 15–17, 25–26, 31–34 sowie 37–38.

Sehstörungen: MNM, 1895, S. 76–77 sowie 1898, S. 44.

Zu Ernst Bürgis Heimaturlaub von 1903 siehe auch Teil I.

Schülerzahlen aus MNM, 1905, S. 45; in derselben Nummer findet sich eine ausführliche Würdigung zum 25. Lehrerjubiläum von Ernst Bürgi.

Der Gouverneur am Examen in Amedzofe und Ho: MNM, 1904, S. 69 und 1906, S. 16–18.

Ernst und Frieda Bürgi 1909 in Bern: StAB, 7,1025-61/2.

Klassentreffen der ehemaligen Seminaristen Muristalden: Nekrolog von F. Burren, in: Schweizerisches Evangelisches Schulblatt, 11. April 1925, S. 114–116.

Bremer Missionare im Ersten Weltkrieg: MNM, speziell 1914, S. 103–105; 1915, S. 29–30, 36–46, S. 58–59; 1916, S. 57–58, 1918, S. 1–5 und S. 24.

Internierung der Bremer Missionare in Davos: MNM, 1918, S. 11 und S. 15.

Ernst Bürgi am 31. August 1919 an Flothmeyer: BMA, D-10.20,3.

Pastor Robert Baëta (1883–1944): MNM, 1919f.

Pastor Andreas Aku (1863–1931): MNM, 1931, S. 49–52, 63–77 sowie Eva-Schoeck-Quinteros/Dieter Lenz: S. 143–164.

Briefe an die Kinder und Freunde am 11. und 15. Januar, 6. Juni, 8. August und 26. August 1919: BMA, D-10.20,3. Siehe auch BMA, D-3.12 sowie D-10.21,11.

Der Abschied des letzten deutschen Missionars von Togo, in: MNM, 1921, S. 83–89 (verfasst von Jonathan Savi de Tové); zur Abreise am 2. September 1921 siehe BMA, D-10.21,22.

Frieda Bürgi am 8. November 1921 im Rundbrief: BMA, D-10.21,23.

Ernst Bürgi über Lydias Emigration im Brief vom 20. Dezember 1922: BMA, BV 1342. Lydia Bürgi starb am 6. November 1925 in den USA.

Zur finanziellen Lage der Bürgis: BMA, D-3.12 (Brief vom 25. Februar 1922).

Tod von Ernst Bürgi: MNM, 1925, S. 23 sowie 34–37; vier weitere Nekrologe: BMA, BV 1342.

Ankündigungen der Missionarinnen Bruce: MNM, 1924, S. 59; 1925, S. 52 und 58; 1926, S. 17, 40, 41, 48, 51, 55–56, 66, 73, 80, 86 sowie S. 94 (Ausreise).

Teil III

Togo 1928: «Ein Fahrrad für die drei Schwestern Bruce»

Alltag der Schwestern Bruce in Lomé: MNM, 1928, S. 133–137.

Anstellungsmodalitäten im Brief von Pastor Baëta vom 2. Februar 1927: StAB, 7,1025-25/3.

Annie und Lisa Bruce in Neu-Düsselthal: siehe auch Teil I.

Über die Krankheit und den Tod von Fritz Bruce in Kaiserswerth: DthA, 105/2.3.1.2, DthA, 287/4.6, S. 134 sowie Stadtarchiv Düsseldorf, Sterbeurkunde.

Die Familie Baron George von Fircks wohnte 1902 am Strom 58, ab 1906 an der Blücherstrasse 58 in Warnemünde und zog um 1908 nach Riga: Stadtarchiv Rostock, Adressbücher von Warnemünde sowie Aufzeichnungen von Regina Grisar.

Aufenthalt der Schwestern Bruce in der Diakonissenanstalt: StAHH, Melderegister Altona.

Pastor Baëtas Euopareise: MNM, 1924, S. 52–53 sowie 1925, S. 52.

Übereinkunft mit der Pariser Mission sowie Aufenthalt der Schwestern Bruce in Saintes: Défap, Paris, Service Protestant de Mission, EA (lettres d'Allégret).

Richard Bruce in Zimmerwald: Einträge im Gästebuch der Familie Hopf sowie verschiedene Fotos. 1928/29 war Richard Bruce an der Halberstädterstr. 4–5 in Berlin gemeldet.

Abschiedsveranstaltung in Bremen: MNM, 1926, S. 81–86.

Von der Bemerkung Reginas auf dem Schiff berichtet Schwester Lisbeth Meier im November 1926 nach Bremen: StAB, 7,1025-12,6. Vermutlich handelte es beim Generalkonsul um Charles Edward Cooper: D. Elwood Dunn et al., S. 87.

Über Lisbeth Meier (1883–1940) siehe auch MNM, 1941, S. 4–5.

Regina Bruce: Daheim in Lome, Togo, in: MNM, Januar 1927, S. 4–6. Ein weiterer Bericht von Regina Bruce in MNM, 1927, S. 36–37.

Über Gottfried Stoevesandt: MNM, 1933, S. 22–23; 30–43.

Stoevesandt im Missionsblatt über seinen Aufenthalt in Lomé und die Begegnung mit den Schwestern Bruce: MNM, 1928, S. 34–36; 50–54, 56; 104–105, 108 und 133–137.

Sammelaktionen des Hamburger Frauenmissionsvereins: MNM, 1926, S. 40 sowie 1927, S. 69.

Inspektionsbericht von Gottfried Stoevesandt über die Schwestern Bruce: StAB, 7,1025-88/6, S. 25–27. Auf der Prioritätenliste des Inspektors (ebda. S. 54) stehen die Löhne der Schwestern Bruce an zweitletzter Stelle. Die neunteilige Wunschliste umfasst: 1. Gründung des Katechistenseminars in Ho. 2. Aussendung des Leiters im Sommer nach England und im Dezember nach Afrika. 3. Aussendung eines Missionars in das französische Gebiet. 4. Hilfe für Lehrmittel im französischen Gebiet durch den Agu-Verein. 5. Aussendung einer Lehrerin und einer in Hauswirtschaft erfahrenen und womöglich geprüften weiblichen Kraft nach Keta. 6. Reparatur des Daches in Amedzofe; Neuanstrich der Gebäude in Ho; Bau einer Garage in Akpafu. 7. Neudruck der Liturgie, der Kirchenordnung, der Bibel und der biblischen Geschichten; Einbinden der Pilgerreise. 8. Übernahme des Gehalts der Fräulein Bruce durch die Mission; 9. in absehbarer Zeit die Aussendung eines Kaufmanns.

Briefwechsel Lisbeth Meier und Inspektor Stoevesandt vom 25. April und 23. Mai 1928: StAB 7,1025-12/6.

Über Jonathan Savi de Tové (1895–1971): MNM, Dezember 1921, S. 94 sowie Samuel Decalo, S. 258 und African Biographies.

Kündigung Savi de Tove, 16. April 1928: StAB, 7,1025-25/1.

Der Eklat vom 15. Juli 1928 ist ausführlich beschrieben in den Briefen von Robert Baëta vom 31. Juli 1928 StAB 7,1025-25/3 und von Andreas Aku vom 15. September 1928: StAB 7,1025-25/1.

Conseil des Notables: Samuel Decalo, S. 96–97.

Stoevesandt an Robert Baëta über die Fahrräder, 30. November 1928: StAB 7,1025-25/3.

Geburt des Kindes von Regina Bruce, im Brief an Robert Baëta, 22. Oktober 1928: StAB, 7,1025-25/3.

Brief vom 4. Dezember 1928: StAB, 7,1025-25/3 sowie Brief an Jonathan Savi de Tové vom 6. Dezember 1928: StAB, 7,1025-33/3.

Annie Bruce: Bei den Abodzokpos, in: MNM, August 1929, S. 127–128.

Pastor Baëta am 29. Juni 1929 über Charlotte Kpodar: StAB, 7,1025-25/4.

Korrespondenz zwischen Lisbeth Meier (aus dem Diakonissenheim Stenum) und Inspektor Stoevesandt vom 12. und 14. September 1929: StAB, 7,1025-69/7.

Schwangerschaft von Regina Bruce, Brief von Lisbeth Meier, 13. Januar 1930: StAB 7,1025-12/6.

Über Andreas Abutiate: MNM, 1936, S. 141–142 sowie StAB, 7,1025-32/4 (Brief vom 4. November 1938).

John Aboki Bruce ist einer der Söhne des Amussu Bruce aus Aného: Mitteilungen von dessen Enkel Silvestre Bruce an die Autorin.

Die Hochzeit von Lisa Bruce erwähnt Lisbeth Meier in ihren Briefen vom Juni 1931: StAB, 7,1025-12/6.

Lisbeth Meier und Inspektor Stoevesandt über Annie Bruce in den Briefen vom 11. Juni, 13. August 1931 sowie vom 7. Juli, 17. August, 24. Oktober und 9. November 1932: StAB, 7,1025-12/6 sowie Brief vom 6. Dezember 1932: StAB, 7,1025-69/7.

Schulstatistik Lomé 1936: MNM, Juni/Juli 1937, S. 81.

Verlegertätigkeit von Jonathan Savi de Tové: Toulabor, Comi M.

1939 in Cannes: Auf der Reise von Baku nach Lomé

Die Reisedokumente von Lydia Bruce sind im Besitz ihrer Tochter Nathalie Chabrel.

Deutsche in Baku: Nazim Allahverdi oglu Ibragimov, S. 127; vgl. auch seinen politischen Abriss aus der Geschichte Aserbeidschans zwischen 1917 und 1920, S. 63–72.

Aktivitäten der Bruce-Kinder in Baku: Brief von Christine Bruce und Paulette Bouyer an die Autorin, 5. Oktober 1998, sowie Auskünfte von Nathalie Chabrel.

Geburtsurkunde vom 12. Juni 1937: Mairie de Cannes.

Cannes um 1935: Hans O. Leuenberger, S. 98–112 sowie Gabrielle Réval, S. 107–123.
Russische Diaspora in Cannes: Hans O. Leuenberger, S. 108.
Liebesgeschichte von Lydia Bruce: Brief von Nathalie Chabrel an die Autorin, Dezember 1998
Deportation der Deutschen in Aserbaidschan: Rothfuss, S. 230.

Frühling 1949: Familientreffen in Baden-Baden

Dokumente französischer Präsenz in Baden-Baden 1945–1999, Katalog zur Ausstellung im Stadtmuseum, Baden-Baden 1999, S. 2–13.
Standesamt Baden-Baden, Heiratsurkunde vom 16. April 1949.
Beschreibung des Treffens: Gespräch mit Dorothy Bruce, 16. Februar 1998.
Kwassi Bruce an der Kolonialausstellung: Felix von Luschan, S. 214.
Biografisches über Bruno Antelmann: LAB, A Pr. Br. Rep. 030, Nr. 8751 sowie Joachim Zeller, S. 84–92 und Berliner Adressbücher 1896–1930.
Deutsche Kolonialzeitung, 1901, S. 114–115 sowie 1902, S. 15–16.
Vossische Zeitung, 29. Oktober 1898.
Konservatorium Klindworth-Scharwenka siehe Hugo Leichtentritt.
Rückreise von Achli Bruce nach Lome: StAHH, LinkToYourRoots, 9. April 1906.
Die Ankunft von Kwassi Bruce in Togo wird vermerkt von Adolf Kodjovi Johnson, S. 9. In einem Brief an das Pfarrerehepaar Küster schreibt er am 12. Juli 1913, soeben sei ein «anderer Bruce» aus Berlin in Lome eingetroffen. Er spiele sehr gut Klavier, lasse sich leider aber nicht für die Kirchenmusik gewinnen.
Die unveröffentlichten Memoiren von Ernst Vollbehr (1876–1960) befinden sich im Leibniz-Institut für Länderkunde in Leipzig, K 209–210, 755–757.
Aus dem Charlottenburger Opernhaus, 1912 gegründet, wurde später die Deutsche Oper. Über seine dortigen Tätigkeiten erzählte Kwassi Bruce seiner Tochter Dorothy, auch über einzelne Bühnenbilder, woraus sich rekonstruieren lässt, dass er 1922 bei den Proben von «Tristan und Isolde» beteiligt war.
Einbürgerungsurkunde: Brandenburgisches Landeshauptarchiv, Rep. 2 A Regierung Potsdam I St, Nr. 4188.
Entschädigung für Teilnahme in der Schutztruppe: BAB, R 1001/4457/5, Bl. 2–3.
Über Askaris siehe Stefanie Michels.
Mitgliedschaft in der Reichsmusikkammer: BAB, R 56 II/15, Bl. 6.
Denkschrift: BAB, R 1001/7562, Bl. 91–100, hier S. 93–94. Eine integrale Abschrift findet sich in Peter Martin/Christine Alonzo, S. 411–416.
Begleitbrief von Edmund Bruckner: BAB, R 1001/7640, Bl. 9/10 sowie R 1001/7562, Bl. 88–90.

Reaktionen auf die Denkschrift: BAB, R 1001/7540, Bl. 12; BAB, R 1001/7540, Bl. 13, Brückners Plädoyer für staatliche Unterstützung des Negerdorfs: sowie BAB, R 1001/6382, Bl. 8.

Deutsche Afrika-Schau: BAB, R 1001/6382 und 6383, Mitwirkung von Kwassi Bruce: BAB, R 1001/6382, Bl. 20–25, 31, 37/38, 40, 54, 65, 67, 76, 114. Siehe auch Susann Lewerenz, Elise Forgey sowie Marianne Bechhaus-Gerst, 1997.

Sitzung vom 8. Oktober 1936: BAB, R 1001/6382, Bl. 38–39.

Auflistung der Darlehen: BAB, R 1001/6382, Bl. 68 und Bl. 75.

Verhandlungen mit Alfred Schneider: BAB, R 1001/6382, Bl. 75ff.; über die Fortsetzung der Deutschen Afrika-Schau siehe BAB, R 1001/6383.

Über Sterilisation, Internierungen und Ermordungen von Afrikanern im nationalsozialistischen Deutschland siehe Lore Kleiber/Eva-Maria Gömüsay und Christine Alonzo/Peter Martin sowie Clarence Lusane, S. 93–194.

Engagement in Lagos: PAAA, Personalakten Angestellte, Akte Kwassi Bruce.

Brief von Karl Dustert an Hans Gruner vom 9. März 1940: Staatsbibliothek Preussischer Kulturbesitz, Nachlass Gruner, Nr. 73, Bl. 32–33. Bazi war laut Dustert ein Spitzname für Fritz Mayer. So hiess ein Onkel von Dorothy Bruce, er war verheiratet mit Anneliese, der ältesten Schwester von Ruth Müller: Dorothy Bruce im Gespräch mit der Autorin, 16. Februar 1998.

Ruth Müller in Ägypten: Gespräch ihrer Tochter Dorothy mit der Autorin, 16. Februar 1998.

Geburt und Taufe von Pietro Bruce: Il Messaggero sowie Avanti, 25. Januar 1899 und La capitale, 26./27. Januar 1899.

Ankunft von Pietro Bruce in Warnemünde: Rostocker Zeitung, 6. Januar 1903.

www.filmportal sowie Der Deutsche Film in Wort und Bild, 4. November 1921, S. 8.

Burg Niedeck: Landesarchiv Greifswald, Führer durch Ostseebad Göhren, Insel Rügen sowie Kataster- und Vermessungsamt Bergen: Gebäudesteuerrolle Göhren, Nr. 168.

Annonce von Pietro Bruce für das Hotel Stephanie in: Heringsdorf, See-, Sol- und Moorbad, 1931.

Auskünfte von Gertrud Nöll-Radlmayer an die Autorin.

Zwangsversteigerung des Hotels: Kataster- und Vermessungsamt Anklam, Mutterrolle Nr. 176 sowie Gebäudesteuerrolle Heringsdorf Nr. 184 sowie Amtsgericht Wolgast, Grundakte Bl. 278 bzw. Bd. 14, Bl. 210.

Rückkehr nach Berlin: BAB, R 1001/6382 Bl. 269 und Bl. 295 sowie Berliner Adressbücher von 1941–1943.

Tod von Pietro Bruce: LAB, alte Einwohnerkartei sowie Nachruf in einem undatierten Zeitungsartikel im Besitz von Regina Grisar.

Pinguin, Berlins einzige Negerbar, achtseitige Werbebroschüre im Privatarchiv von Herbert Reiprich. Zur Pinguinbar siehe auch: Von Kamerun bis Schöneberg, in: Der Abend, 22. Oktober 1949 sowie Tobias Nagl, S. 225.

Dorothy Bruce im Brief an die Autorin, 1. August 2002.

Thomas Ngambi ul Kuo (1894–1955): Paulette Reed-Anderson, 2000, S. 96; in dieser Publikation finden sich zahlreiche Kurzbiografien von Afrikanerinnen und Afrikanern in Berlin.

Über William McAllen (1909–1969): Rainer E. Lotz, S. 283–296.

Über Louis Brody (1892–1951): Tobias Nagl, S. 220–225.

Engagement auf Sylt: Brief von Herbert Reiprich an die Autorin, 8. Juli 2003.

Dorothy Bruce im Gespräch mit der Autorin, 16. Februar 1998.

Le retour d'Afrique: Vom Gehen und vom Bleiben

Auskünfte von Nathalie Chabrel-Bruce und Marina Piémontais-Bruce.

Die Angaben über den Lebenslauf von Emanuel Bruce stammen aus dessen (bisher unveröffentlichten) Memoiren.

Ausbildung der drei Kinder von Christine und Emanuel Bruce: Henry Vladimir Koffi, geboren am 27. April 1945, studierte an der Santé Naval in Bordeaux, wurde Militärarzt und spezialisierte sich in den USA zum Tropenmediziner. Olga Ellice Aheba, geboren am 11. Dezember 1947, studierte Jura in Lomé, Strasbourg und Paris und arbeitete als Richterin in Togo bis zu ihrem Tod mit 33 Jahren. Nina Liliane Neyram Ahlonkoba, geboren am 21. Juni 1949, studierte Wirtschaftswissenschaft in Toulouse und Paris.

Über Jenny Alpha (*1910): Aude-Anderson Bagoé, S. 16–21; Brief von Jenny Alpha vom 23. Juli 2005 an die Autorin. Zum Konzert im Kinderheim: Auskunft von Dorothy Bruce.

DDR/BRD: Die junge Frau mit den vertauschten Namen

Auskünfte von Regina Grisar.

1960 da und dort: Im Jahr der Unabhängigkeit

Rekonstruktion der Feierlichkeiten vom 25.–29. April 1960 nach den unveröffentlichten Memoiren von Emanuel Bruce.

Revue internationale de la Croix-Rouge, 1961, S. 495–496.

Über Sylvanus Olympio: Samuel Decalo, S. 223–225.

Politische Parteien in Togo: Samuel Decalo, S. 235–243. Unabhängigkeitsbewegung: Walter Schicho, S. 125–139 sowie Josef Schramm, S. 43–45.

Auswirkungen der Topographie in Togo siehe auch Trutz von Trotha, S. 226–231.
Krankheit von Lisa Bruce: Auskünfte der Familie Bruce und von Alfred Hopf.
Rückkehr von Annie Bruce nach Lomé: Auskunft ihres Enkels Sylvestre Bruce.

Über kurz oder länger: In Beziehung zu Deutschland

Beglaubigungsschreiben Jonathan Savi de Tové, 19. Oktober 1961: PAAA, Liste des diplomatischen Korps in Bonn.

Alexander Török, 25. August 1961: PAAA, B 8, Bd. 1083.

Regina Bruce in Bonn: PAAA, B8, Bd. 1083 und Fotos im Besitz von Regina Grisar.

«Die erste Negerbraut ...»: undatierte Zeitungsnotiz im Besitz von Regina Grisar. Die Hochzeit fand 1964 statt.

Putsch vom 13. Januar 1963: Memoiren von Emanuel Bruce; zu den Hintergründen siehe auch Walter Schicho, S. 134–135.

Universitätsarchiv Köln, 17/4885, Vorlesungsverzeichnisse vom WS 1963/64–WS 1967/68, Fachbereich Afrikanistik sowie Kölner Adressbuch.

Familienstammbaum und Todesanzeigen im Besitz der Familie Emanuel Bruce.

Annie Bruce in Lomé: Auskünfte ihres Enkels Sylvestre Bruce.

Über Etienne Gnassingbé Eyadéma (1937–2005): Samuel Decalo, S. 128–132.

Über Bruno Jao Savi (auch Bibi John Emanuel) de Tové (geb. 1922): Samuel Decalo, S. 257 sowie African Biographies. Beglaubigungsschreiben, 11. Januar 1968, PAAA, Liste des diplomatischen Korps in Bonn.

Über Jean-Lucien Kwassi Savi de Tové: Samuel Decalo, S. 258–259.

Annonay 2002: Zuhause in der Kleinstadt

Über «soleil et pluie» siehe auch Afrique noire, Nr. 27, 1998, S. 105 und 143.

Mairie de Cannes, Registre des Décès, no 1115 (Victoria Bruce, 22. Dezember 1969) sowie no 2223 (Guillaume Bruce, 12. Mai 1978).

Quellen- und Literaturverzeichnis

Unveröffentlichte Quellen

BELGIEN

Ville de Bruxelles
Etat civil, no 2401 (Geburtsurkunde Fritz Léopold Bruce, 20. August 1905).

Ville de Liège
Registre d'Etat civil, 1910, Nr. 2285 (Geburtsurkunde Christine Bruce).

Stadsarchief Sint-Niklaas
Geburtsurkunde von Marie (Marika) Bruce, 8. Dezember 1908.

DEUTSCHLAND

Kataster- und Vermessungsamt Anklam
Mutterrolle Nr. 176; Gebäudesteuerrolle Heringsdorf, Nr. 184.

Kataster- und Vermessungsamt Bergen auf Rügen
Gebäudesteuerrolle Göhren, Nr. 168.

Standesamt Baden-Baden
Heiratsurkunde Ruth Müller und Kwassi Bruce, 16. April 1949.

Bundesarchiv Berlin (BAB)
R 56II/15
Reichskolonialamt (R1001): R1001/4306; R1001/4307; R1001/4457/7; R 1001/4457/8; R 1001/5295; R 1001/5575; R 1001/5576; R 1001/5576; R 1001/6334; R 1001/6335; R 1001/6338; R 1001/6339; R 1001/6343; R 1001/6347; R 1001/6349; R 1001/6350; R 1001/6357; R 1001/6358; R 1001/6359; R 1001/6382; R 1001/6383; R 1001/7540; R 1001/7562; R 1001/7640.
Reichspostministerium: R 4701/1403.

Landesarchiv Berlin (LAB)
A Pr. Rep. 030, Nr 8751; A Pr. Rep. 030-05; Nrn. Th 726–732 sowie Th 740; Alte Einwohnerkartei; Berliner Adressbücher 1898–1939.

Politisches Archiv des Auswärtigen Amts, Berlin (PAAA)
Personalakten Angestellte, Personalakte Kwassi Bruce; B 8, Bd 1083; Liste des diplomatischen Korps in Bonn.

Staatsarchiv Bremen (StAB)
4,14/1-VI D.7 Vol 1; 4,45/1-VR.
Depositum der Norddeutschen Missionsgesellschaft (7,1025):
7,1025-12,6, 7,1025-25/3; 7,1025-25/4; 7,1025-32/4; 7,1025-33/3; 7,1025-51/4-6; 7,1025-57/2, 7,1025-57/4; 7,1025-61/2; 7,1025-69/7; 7,1025-88/6; 7,1025-104/1-21; 7,1025-112; 7,1025-115/1-12.

Standesamt Dortmund
Geburtsurkunde von Cäcilie Bruce, 20. April 1912; Hausstandsbücher, Münsterstr. 277a.

Archiv der Graf-Recke-Stiftung/Neudüsselthaler Anstalt, Düsseldorf (DthA)
104a/2.3.1.1; 105/2.3.1.2; 224/5.5.3.2; 224/5.5.3.3, 224/5.5.4.5; 287/4.6.

Staatsarchiv Hamburg (StAHH)
213-4 Landgericht-Rechtssprechung D 1937-15, Melderegister der Stadt Hamburg und von Altona, Auswandererbücher sowie Datenbank des Projekts LinkToYourRoots, 1890–1913 (elektronisierte Fassung der Passagierlisten der grossen Reiseschiffe ab Hamburg).

Standesamt Kaltenkirchen
Geburtenbuch 37/1905 (Annie Bruce).

Historisches Archiv des Erzbistums Köln
Taufbuch der Dompfarrei, 13. März 1903.

Universitätsarchiv Köln
Personalakte Jonathan Savi de Tové, 17/4885.

Staatsarchiv München (StAM)
Pol. Dir. München 924/1, 924/2 und 1051.

Brandenburgisches Landeshauptarchiv, Potsdam
Rep. 2 A Regierung Potsdam I St, Nr. 4188.

Stadtarchiv Rostock
Adressbücher Warnemünde 1902–1908.

Amtsgericht Wolgast
Grundakte Bl. 278; Bd. 14, Bl. 210.

Standesamt Wuppertal
Geburtsurkunde Regina Bruce, 13. Dezember 1900.

FRANKREICH

Mairie de Bordeaux
L'Offizier de l'Etat civil, D.V. 88, 23. Januar 1906 (Geburtsurkunde Lisa Bruce).

Mairie de la ville de Cannes
Acte de naissance, 1937, no 236 (Marina Bruce, 12. Juni 1937); Registre des Décès, no 1115 (Victoria Bruce, 22. Dezember 1969) sowie no 2223 (Guillaume Bruce, 12. Mai 1978).

Défap, Paris
Service Protestant de Mission, EA (lettres d'Allégret).

GROSSBRITANNIEN

General Register Office, London
Birth of the Subdistrict South Hammersmith, 12. Januar 1907 (Geburtsurkunde Victoria Bruce).

ITALIEN

Archivio di Stato di Napoli
Polizia Giudiziaria, fascio 2230.

Archivio storico del Vicariato di Roma
Parocchia di San Vitale, Libro de'Battesimo, anno 1899, foglio 102 v, atto numero 8.

Archivio di Stato di Torino
Questura di Torino, mazzo 142.

Archivio storico della città di Torino
Collezione Simeom C.

SCHWEIZ

Basler Missionsarchiv (BMA)
BV 1342; BV 1459; D-3.12; D-10.20; D-10.21.

Staatsarchiv Bern
Taufrodel der Münsterkirchgemeinde, Juli 1903 (Taufe Richard Habert Bruce).

Stadtarchiv Zürich
Polizeiakten 1903.

TOGO

Archives Nationales du Togo, Lomé (ANT)
Kaiserliches Gouvernement, Togo (FA 1): FA 1/295, FA 1/365, FA 1/577, FA 1/424, FA 1/365, FA 1/577.
Kaiserliche Bezirksämter (FA 3) FA 3/434, FA 3/444.

PRIVATARCHIVE

Familienarchiv Emanuel Bruce, Lomé

Pass des Nayo Bruce, Familienstammbaum, Memoiren, Nachrufe.

Familienarchiv Nathalie Chabrel, Annonay

Dokumente von Lydia Bruce aus der Sowjetunion.

Familienarchiv Regina Grisar, Koblenz

Undatierte Zeitungsartikel, Aufzeichnungen aus Gesprächen mit Regina Savi de Tové-Bruce.

Gespräche und Briefwechsel

Etienne Ahiako, Korrespondenz, 1998.
Jenny Alpha, Korrespondenz, 2005.
Paulette Bouyer, Korrespondenz, 1998.
Christine Bruce, Korrespondenz, 1998–1999.
Dorothy Bruce, Gespräche, 16. Februar 1998, 17. Oktober 1998, 7. Februar 2006. Korrespondenz 1997–2007.
Emanuel Bruce, Gespräche, 5.–8. September 2001.
Sylvestre Bruce, e-mail-Korrespondenz, 2002–2007.
Nathalie Chabrel-Bruce, Gespräche, 18.–20. April 2002; Korrespondenz 1998–2007.
Hans Werner Debrunner, Korrespondenz, 1997.
Regina Grisar, Gespräche, 11.–13. April 2007; Korrespondenz 2007.
Alfred Hopf, Gespräch, 1. November 1998.
Theodor Wonja Michael, Gespräche, 13.–15. Juni 2003.
Gertrud Nöll-Radlmaier, Korrespondenz, 2001.
Marina Piémontais-Bruce, Korrespondenz, 1998.
Herbert Reiprich, Korrespondenz, 2003.
Peter Sebald, Korrespondenz, 1997–2007.

Veröffentlichte Quellen und Sekundärliteratur

African Biographies, hrsg. von Research Institute of the Friedrich-Ebert-Stiftung, Bonn-Bad Godesberg 1967–1978.

Amtlicher Bericht über die erste deutsche Kolonialausstellung, siehe: Deutschland und seine Kolonien.

Arnold, Stefan: Propaganda mit Menschen aus Übersee, in: Kolonialausstellungen – Begegnungen mit Afrika?, hrsg. von Robert Debusmann und János Riesz, Frankfurt/M. 1995, S. 1–24.

Avornyo, Raphael Quarshie: Deutschland und Togo (1847–1987), Frankfurt/M. 1989 (Schriften zum Staats- und Völkerrecht, Bd. 30).

Baëta, Robert: Pastor Baëta's Besuch in Europa im Jahre 1924, Bremen 1925.

Bagoé Aude-Anderson: Encyclopédie de la musique traditionelle aux Antilles Guyana, Paris 2005.

Bancel, Nicolas, Blanchard Pascal, Boetsch, Gilles, Deroo Eric, Lemaire Sandrine (Hrsg.): Zoos humains. De la vénus hottentote aux reality shows, Paris 2002.

Bechhaus-Gerst, Marianne: Afrikaner in Deutschland 1933–1945, in: 1999 Zeitschrift für Sozialgeschichte des 20. und 21. Jahrhunderts, 12. Jg., Oktober 1997, Heft 4, S. 10–31.

Bechhaus-Gerst, Marianne/Klein-Arendt, Reinhard (Hrsg.): Die (koloniale) Begegnung, AfrikanerInnen in Deutschland 1880–1945, Deutsche in Afrika 1880–1918, Frankfurt/M. 2003.

Brändle, Rea: Wildfremd, hautnah. Völkerschauen und Schauplätze, Zürich 1880–1960, Bilder und Geschichten, Zürich 1995.

Brändle, Rea: La monstration de l'Autre en Suisse, in: Bancel Nicolas, Blanchard Pascal, Boetsch Gilles, Deroo Eric, Lemaire Sandrine (Hrsg.): Zoos humains. De la vénus hottentote aux reality shows, Paris 2002, S. 221–226.

Bruce Anni[e]: Bei den Abodzokpos, in: Monats-Blatt der Norddeutschen Missions-Gesellschaft. 1929, S. 127–128.

Bruce, Kwassi: Denkschrift, in: Martin, Peter/ Alonzo, Christine (Hrsg.): Zwischen Charleston und Stechschritt. Schwarze im Nationalsozialismus, Hamburg 2004, S. 411–416.

Bruce, Regina: Daheim in Lome, Togo in: Monats-Blatt der Norddeutschen Missions-Gesellschaft, 1927, S. 4–6.

Bruce, Regina: Ein Tag aus der Arbeit, in: Monats-Blatt der Norddeutschen Missions-Gesellschaft: 1927, S. 36–37.

Bruce, Sylvestre: Life Vision. A child of his abundant Grace. Studienarbeit am Theological Seminary Dallas, Dallas 2002.

Bürgi, Ernst: Durch deutsches und englisches Eveland. Eine Missionsreise, Bremen 1890.

Bürgi, Ernst: Vierte Heimreise von Afrika, in: Schweizerisches Evangelisches Schulblatt, 1897, S. 289–292, 301–302, 316–318 und 330–332.

Bürgi, Ernst: Seminarleben in Afrika, in: Mitteilungen aus der Neuen Mädchenschule [Bern], Februar 1909.

Bürgi, Ernst: Das Schulwesen der Bremer Mission in Togo, in: Schweizerisches Evangelisches Schulblatt [Bern], 24. Juli 1909.

Bürgi, Ernst: Die Norddeutsche Mission, ihr Geschick während des Weltkrieges und ihr jetziger Stand, in: Der Kirchenfreund, vom Schweizerischen evangelisch-kirchlichen Verein, Zürich, 3. April 1925.

Debrunner, Hans Werner: Presence and Prestige. Africans in Europe, Basel 1979.

Debrunner, Hans Werner: Schweizer im kolonialen Afrika, Basel 1991.

Debusmann, Robert/Riesz, János (Hrsg.): Kolonialausstellungen – Begegnungen mit Afrika? Frankfurt/M. 1995.

Decalo, Samuel: Historical Dictionary of Togo, 3rd edition, Boston 1996.

Deutschland und seine Kolonien im Jahre 1896, hrsg. von dem Arbeitsausschuss der Deutschen Kolonial-Ausstellung, Berlin 1897.

Dreesbach, Anne: Gezähmte Wilde. Die Zurschaustellung «exotischer» Menschen in Deutschland 1870–1940, Frankfurt/M. 2005.

Eissenberger, Gabi: Entführt, verspottet und gestorben. Lateinamerikanische Völkerschauen in deutschen Zoos, Berlin 1996.

Erbar, Ralph: Ein Platz an der Sonne? Die Verwaltungs- und Wirtschaftsgeschichte der deutschen Kolonie Togo, 1884–1914, Stuttgart 1991.

Essner, Cornelia: Deutsche Afrikareisende im 19. Jahrhundert. Zur Sozialgeschichte des Reisens, Stuttgart 1985.

Forgey, Elisa: «Die grosse Negertrommel der kolonialen Werbung»: Die Deutsche Afrika-Schau 1935–1941, in: Werkstatt Geschichte, Heft 9, 1994, S. 25–33 (siehe auch von Joeden-Forgey).

Geist, Johann Friedrich: Die Kaisergalerie. Biographie der Berliner Passage, München/New York 1997.

Henrici, Ernst: Das deutsche Togogebiet und meine Afrikareise 1887, Leipzig 1888.

Henrici, Ernst: Lehrbuch der Ephe-Sprache (Ewe): Anlo-, Anecho- und Dahome-Mundart, Stuttgart und Berlin 1891.

Hopf, Alfred: Unter Verfolgung und Trübsal. Missions- und Kulturbilder aus dem Orient, gesammelt auf meiner Reise zu den armenischen Flüchtlingen, Meiringen 1928.

Höpp, Gerhard (Hrsg.): Fremde Erfahrungen. Asiaten und Afrikaner in Deutschland, Österreich und in der Schweiz bis 1945, Berlin 1996.

Ibragimov, Nazım Allahverdi oglu: Heimat in der Fremde. Der deutsche Einfluss auf die Entwicklung Aserbeidschans. Aus dem Russischen von Susanne Bramerloh, Baku und Mainz 1997.

Joeden-Forgey, Elisa von: Die «Deutsche Afrika-Schau» und der NS-Staat, in: Zwischen Charleston und Stechschritt. Schwarze im Nationalsozialismus, hrsg. von Peter Martin und Christine Alonzo, Hamburg 2004, S. 451–460 sowie Illustrationen S. 461–475.

Johnson, Adolf Kodjovi: «Meine Zeit sowie mein Leben ist mir wie ein Rätsel». Briefe des Westafrikaners Adolf K. Johnson an die Pflegeeltern Gustav und Emma Küster und ihr Nachkommen, hrsg. von Uwe Schott, Münster 2000.

Karsten, Paula: «Wer ist mein Nächster?» Negertypen aus Deutschwestafrika, Berlin 1903.

Kerr, Alfred: Wo liegt Berlin? Briefe aus der Reichshauptstadt, hrsg. von Günther Rühle, Berlin 1997.

Kleiber, Lore/Gömüsay, Eva-Maria: Fremdgängerinnen. Zur Geschichte bi-nationaler Ehen in Berlin von der Weimarer Republik bis in die Anfänge der Bundesrepublik, Bremen 1990.

Kosok, Lisa/Jamin, Mathilde (Hrsg.): Viel Vergnügen. Öffentliche Lustbarkeiten im Ruhrgebiet der Jahrhundertwende, Essen 1992.

Krüger, Christian: Dr. Henrici, die Togogesellschaft und das deutsche Togogebiet, (2. Auflage) Berlin 1889.

Lange, Marie-France: L'école au Togo. Processus de scolarisation et institution de l'école en Afrique, Paris 1998.

Leichtentritt, Hugo: Das Konservatorium der Musik Klindworth-Scharwenka 1881–1931, Berlin 1931.

Leuenberger, Hans O.: Riviera und Korsika. Natur, Kunst, Volksleben. Zürich und Leipzig 1935.

Lewerenz, Susann: Die «Deutsche Afrika-Schau» (1935–1940). Rassismus, Kolonialrevisionismus und postkoloniale Auseinandersetzungen im nationalsozialistischen Deutschland, Frankfurt/M. 2006.

Lotz, Rainer E.: Black People. Entertainers of African Descent in Europe and Germany, Bonn 1997.

Lusane, Clarence: Hitler's Black Victims, The historical Experiences of Afro-Germans, European Blacks, Africans and African Americans in the Nazi Era, New York 2003.

Luschan, Felix von: Völkerkunde, in: Deutschland und seine Kolonien (= Amtlicher Bericht über die erste deutsche Kolonialausstellung) hrsg. von dem Arbeitsausschuss der Deutschen Kolonial-Ausstellung, Berlin 1896, S. 203–270.

Mabe, Jacob E. (Hrsg.): Das Afrika-Lexikon. Ein Kontinent in 1000 Stichwörtern, Wuppertal und Stuttgart 2001.

Martin, Peter/Alonzo, Christine (Hrsg.): Zwischen Charleston und Stechschritt. Schwarze im Nationalsozialismus, Hamburg 2004.

Massaquoi, Hans-Jürgen: «Neger, Neger, Schornsteinfeger!» Meine Kindheit in Deutschland, Bern/München/Wien 1999.

Meinecke, Gustav: Die Eingeborenen-Dörfer, in: Deutschland und seine Kolonien (= Amtlicher Bericht über die erste deutsche Kolonialausstellung), hrsg. von dem Arbeitsausschuss der Deutschen Kolonial-Ausstellung, Berlin 1897, S. 13–24.

Michels, Stefanie: Askari – treu bis in den Tod? Vom Umgang der Deutschen mit ihren schwarzen Soldaten, in: AfrikanerInnen in Deutschland und schwarze Deutsche, hrsg. von Marianne Bechhaus-Gerst und Reinhard Klein-Ahrendt, Berlin, Münster 2004, S. 171–186.

Müller, Hartmut: «So sahen wir Afrika». Afrika im Spiegel Bremer Kolonialfotografie 1882–1907. Eine Ausstellung des Staatsarchivs Bremen, Bremen 1984.

Nagl, Tobias: Von Kamerun bis Babelsberg – Louis Brody und die schwarze Präsenz im deutschsprachigen Kino vor 1945, in: Kolonialmetropole Berlin. Eine Spurensuche, hrsg. von Ulrich van der Heyden und Joachim Zeller, Berlin 2002, S. 84–93.

Neisser, Eugen: Das Leben und Treiben der Eingeborenen, in: Deutschland und seine Kolonien (= Amtlicher Bericht), hrsg. von dem Arbeitsausschuss der Deutschen Kolonial-Ausstellung, Berlin 1896, S. 25–42.

Norris, Edward Graham: Die Umerziehung des Afrikaners, Togo 1895–1938, München 1993.

Oguntoye, Katharina: Eine afro-deutsche Geschichte. Zur Lebenssituation von Afrikanern und Afro-Deutschen in Deutschland von 1884 bis 1950, Berlin 1997.

Oloukpona-Yinnon, Adjaï Paulin: Unter deutschen Palmen. Die «Musterkolonie» Togo im Spiegel deutscher Kolonialliteratur (1884–1944), Frankfurt/M. 1998.

Pabst, Martin: Mission und Kolonialpolitik. Die Norddeutsche Missions-Gesellschaft an der Goldküste und in Togo bis zum Ausbruch des Ersten Weltkrieges, München 1988.

Poignant, Roslyn: Professional Savages. Captive Lives and Western Spectacle, New Haven und London 2004.

Reed-Anderson, Paulette: Eine Geschichte von mehr als 1000 Jahren. Die Anfänge der afrikanischen Diaspora in Berlin, Berlin 1995.

Reed-Anderson, Paulette: Metropole, Menschen, Nahaufnahme. Afrikaner in Berlin, Berlin 1997.

Reed-Anderson, Paulette: Berlin und die afrikanische Diaspora: rewriting the footnotes, Berlin 2000.

Réval, Gabrielle: La côte d'Azur, Grenoble 1934.

Richter, Roland: Die erste Deutsche Kolonialausstellung 1896. Der «Amtliche Bericht» in historischer Perspektive, in: Kolonialausstellungen – Begegnungen mit Afrika?, hrsg. von Robert Debusmann und Riesz, János, Frankfurt/M. 2005, S. 25–42.

Riesz, János (Hrsg.): Blick in den schwarzen Spiegel. Das Bild der Weissen in der afrikanischen Literatur des 20. Jahrhunderts, Wuppertal 2003.

Rothfuss, Uli: Aserbaidschan, Land der Feuer, Bern 1997.

Scheugl, Hans: Showfreaks & Monster, Köln 1974.

Schicho, Walter: Handbuch Afrika, Bd. 2, Westafrika und die Inseln im Atlantik, Frankfurt/M. 2001.

Schlunk, Martin: Die Norddeutsche Mission in Togo. Meine Reise durchs Eweland, Bremen 1910.

Schnitter, Daniela: Zur ersten Deutschen Kolonialausstellung im Rahmen der Berliner Gewerbeausstellung, in: Die verhinderte Weltausstellung. Beiträge zur Ausstellung, hrsg. vom Bezirksamt Treptow, Berlin 1996, S. 115–124.

Schöck-Quinteros, Eva/Lenz, Dieter (Hrsg.): 150 Jahre Norddeutsche Mission 1836–1986.

Schramm, Josef: Togo. 2. erweiterte Auflage, Bonn 1962.

Schwarz, Dieter: Oskar Pfister, in: Helvetische Steckbriefe, 47 Schriftsteller aus der deutschen Schweiz seit 1800, bearbeitet vom Zürcher Seminar für Literaturkritik mit Werner Weber, Zürich und München 1981, S. 169–179.

Schwarz, Werner Michael: Anthropologische Spektakel. Zur Schaustellung «exotischer» Menschen, Wien 1870–1910, Wien 2001.

Sebald, Peter: Togo 1884–1914. Eine Geschichte der deutschen «Musterkolonie» auf der Grundlage amtlicher Quellen, Berlin 1988.

Sebald, Peter: Auf deutschen Spuren in Lomé. Ein Stadtführer, [Lomé 1998].

Seiffert-Strausberg, P. (Hrsg.): Deutsche Sorge-Erziehungsanstalten, Bd. 1, Halle a. S. 1912.

Swietochowski, Tadeusz/Collins, Brian C.: Historical Dictionary of Azerbaijan, Lanham und London 1999.

Thode-Arora, Hilke: Für fünfzig Pfennig um die Welt. Die Hagenbeckschen Völkerschauen. Frankfurt/M. 1989.

Toulabor, Comi M.: La presse togolaise, in: Riesz, János/Richard, Alain (Hrsg.): Le champ littéraire togolais, Bayreuth 1991 (= Bayreuth African Studies, Bd. 23), S. 131–146.

Trotha, Trutz von: Koloniale Herrschaft. Zur soziologischen Theorie der Staatsentstehung am Beispiel des «Schutzgebietes Togo», Tübingen 1994.

Viereckl, Maren: Das Bild von Afrika: Schau-Objekt für die eigene Kultur, unveröffentlichte Magisterarbeit am Institut für Afrikanistik in Leipzig, Leipzig 1999.

Zeller, Joachim: Das Deutsche Kolonialhaus in der Lützowstrasse, in: Kolonialmetropole Berlin. Eine Spurensuche, hrsg. von Ulrich van der Heyden und Joachim Zeller, Berlin 2002, S. 84–93.

Zöller, Hugo: Togoland und Togosee, in: Berthold Volz (Hrsg.): Geographische Charakterbilder aus Afrika. Aus den Originalberichten der Reisenden, Leipzig 1886, S. 119–137.

Periodika

Der Artist, 1898–1902 und 1904–1914 (Jahrgang 1903 ist verschollen).

Bulletins et Mémoires de la Société d'Anthropologie de Paris, 1910.

Deutsche Kolonialzeitung, Organ der Deutschen Kolonialgesellschaft, 1896–1904.

L'industriel forain, 1898–1903.

Monats-Blatt der Norddeutschen Missions-Gesellschaft, 1880–1936.

Revue internationale de la Croix-Rouge, Jahrgang 1961.

Verhandlungen der Berliner Gesellschaft für Anthropologie, Ethnologie und Urgeschichte, 1898–1902.

Vossische Zeitung, 1898 sowie 1900–1904 und 1912.

Weitere Zeitungen siehe Tourneeübersicht und Nachweise.

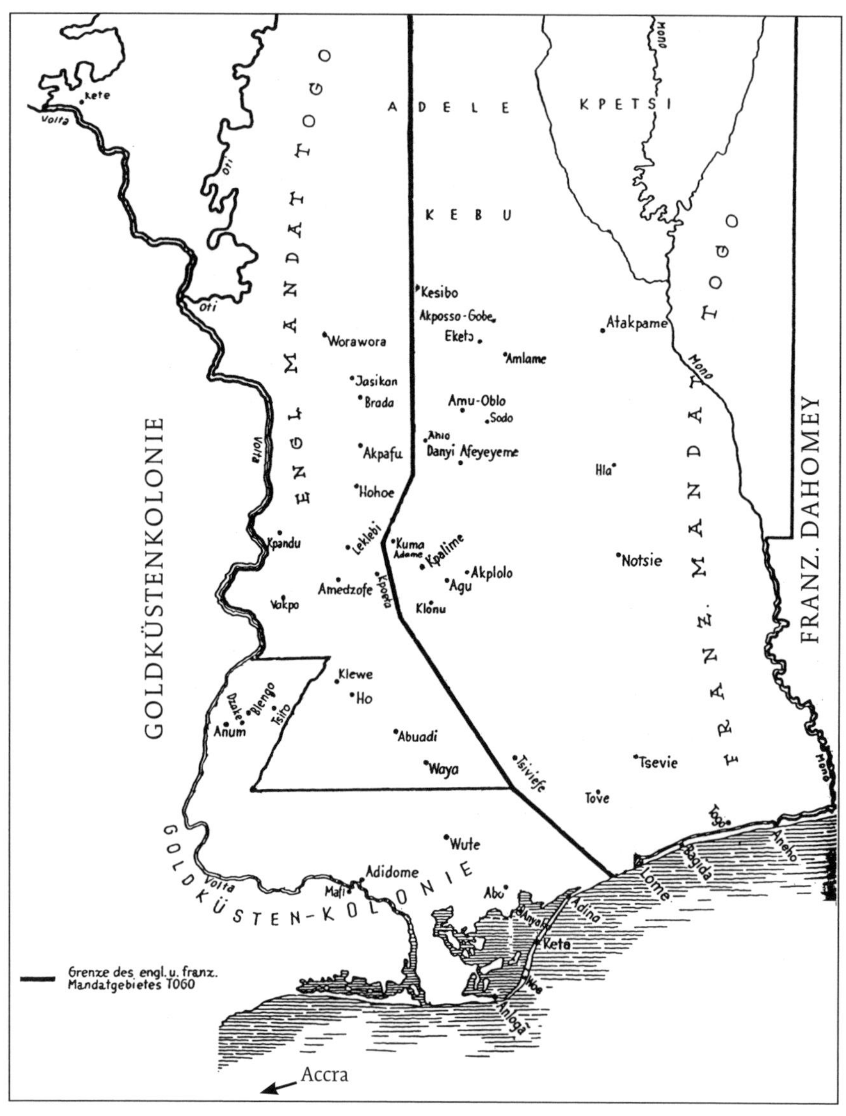

Abb. 47: Die ehemals deutsche Kolonie Togo (hier der südliche Teil) wurde nach dem Ersten Weltkrieg von den Vereinten Nationen in zwei Mandatsgebiete aufgeteilt. Englisch-Togo gehört seit 1956 zu Ghana. (Vorlage: MNM, 1936, S. 92)

Dank

Ohne die Hilfe von verschiedenen Seiten hätte ich dieses Buch so nicht schreiben können. Zuerst danke ich Nathalie Chabrel, Dorothy Bruce, Regina Grisar, Christine und Emanuel Bruce, Marina Piémontais, Sylvestre Bruce und Paulette Bouyer, die mir ihre Geschichten, Dokumente und Fotos anvertraut haben. Jenny Alpha, Herbert Reiprich, Gertrud Nöll-Radlmaier, Alfred Hopf und Theodor Wonja Michael liessen sich als Zeitzeugen befragen.

Bei meinen Archivbesuchen und den schriftlichen Anfragen haben mir zahlreiche Personen geholfen, ihnen allen möchte ich herzlich danken, namentlich Dr. Peter Gabrielsson vom Staatsarchiv Hamburg, Monika Marschalck, Dr. Hartmut Müller und Dorothea Breitenfeldt vom Staatsarchiv Bremen, Uwe Rodig vom Landesarchiv Greifswald, dott. Stefano Benedetto vom Archivio storico della città di Torino, dott. essa Felicita de Negri vom Archivio di Stato di Napoli, Sabine Schafferdt und Dr. Gisela Erler vom Landesarchiv Berlin, Matthias Klemm vom Zentrum für Berlin-Studien, Samo Kristan von der Nationalbibliothek in Ljubljana, Dr. Monika von Walter vom Staatsarchiv München, Dr. Manfred Heimers vom Münchner Stadtarchiv und Hélène Prince vom Service Protestant de Mission in Paris.

Speziell bedanken möchte ich mich bei Dr. Peter Sebald. Seit Jahren ist er damit beschäftigt, im Nationalarchiv in Lomé die Bestände aus der deutschen Kolonialzeit aufzuarbeiten und sie elektronisch zu erfassen. Er stellte mir seine Transkriptionen zur Verfügung und gab mir viele Hinweise und vermittelte den Kontakt zu Christine und Emanuel Bruce in Lomé. Auch Dr. Peter Martin und Dr. Gerlinde Viertel machten mich auf ergiebige Quellen aufmerksam, desgleichen Dr. Joachim Zeller, der sich in historischen Bilddokumenten auskennt. Gérard Lévy liess mich von seiner immensen Postkartensammlung über Völkerschauen profitieren. Prof. Dr. Marianne Bechhaus-Gerst bot mir Gelegenheit, an mehreren Tagungen in Köln einzelne Vorarbeiten zu diesem Buch mit einem fachkundigen Publikum zu diskutieren.

Hélène Baessler übersetzte die Dokumente aus dem Russischen. Monika Bucheli las mein Manuskript sehr sorgfältig und beriet mich in kniffligen Fragen.

Während mehrwöchigen Recherchen war ich im Berliner Atelier des Kantons Zürich zu Gast. Margrit Schütz von der Zürcher Zentralbibliothek war mir bei der Beschaffung der Mikrofilme zahlreicher internationaler Zeitungen behilflich.

Ein besonderer Dank gebührt Andreas Bürgi. Er hat mich auch unterstützt während Phasen, in denen meine Recherchen kaum vom Fleck kommen wollten.